Beyond the Ridge

한국의 알피니스트 아직 살아 있다

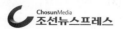

ChosunMedia
조선뉴스프레스

한국의 알피니스트는
영원히 살아야 한다

우리는 왜 산에 오를까요? 왜 끊임없이 산을 향한 도전을 계속할까요? 정상을 향한 발걸음이 멈추는 그곳에 다다르면 저 멀리 또 다른 산이 보입니다. 능선에만 올라서도 또 다른 능선이 펼쳐집니다. 그래서 산악인의 마음과 눈은 산으로만 향합니다. 산을 오르는 모든 산악인의 마음이 똑같습니다.

1969년 월간〈山〉 창립 멤버의 한 사람으로, 저는 지난 3년간 산의 능선을 넘어 또 다른 능선을 찾는 한국의 알피니스트 36명의 행적을 월간〈山〉을 통해 꼼꼼히 지켜보았습니다. 산악계가 변하고 한국의 전문 산악인이 점차 줄어들고, 예기치 못한 등반사고로 인해 유능한 산악인을 잃어가는 시대를 살면서, 현재와 미래의 한국 산악계를 되돌아볼 수 있는 이들의 현재진행형 등반이 〈Beyond the Ridge〉라는 한 권의 책으로 꾸려지니 가슴이 뜨거워집니다.

한편으로는 등반사고로 세상을 뜬 많은 친구들과 후배들이 그리워지기도 합니다. 도전과 열정으로 산을 오르던 그들의 과거가 결국 오늘 이 알피니스트들의 현재진행형 등반의 연결고리이기 때문입니다. 그렇게 치열하게 산과 마주하면서 한국의 산악계는 발전해 왔습니다.

지난 수십년 동안 서구의 알피니즘이 한국적 알피니즘으로 정착되기까지 우리 산악계와 산악인들의 보이지 않는 노력과 희생이 있었습니다. 수많은 위기를 만날 때마다, 좋아하는 악우를 산에서 잃을 때마다 그곳에는 결국 산을 사랑하는 산악인들이 남아 있었습니다. 결국 사람을 통해서 제자리를 찾았고 미래를 향해 나아갈 수 있었습니다.

지금은 과거와 달리 등반환경이 많이 변했고, 기후변화로 산도 몸살을 앓고 있습니다. 특히 2020년부터 불어 닥친 코로나 팬데믹으로 히말라야와 해외 산악지대로의 접근이 어려워지고, 산악회의 등반활동과 사회활동까지 제약을 받는 3년을 보냈습니다. 그동안 등반에 대한 그리움은 커져만 갔고 등반기회는 점점 줄어드는 과정을 겪으며, 우리 모든 산악인은 '과연 앞으로 지속가능한 등반이 가능할 것인가' 라는 고민도 함께했습니다.

저는 한국의 알피니스트가 아직도 살아 있다고 봅니다. 돌아보면 36인보다 더 많은 알피니스트들이 현재에도 도전과 성찰의 등반을 이어나가고 있다고 생각하며, 그들을 더 발굴하고 더 기록해야 한다고 봅니다. 이번 〈Beyond the Ridge〉 출간을 통해 이 책을 읽는 젊은이들이 미래의 알피니스트를 꿈꿀 수 있는 충분한 화두가 되기를 바라며, 지속적인 등반활동과 산악문화활동을 통해 한국의 알피니스트는 영원히 살아야 합니다.

끝으로 이 책이 나오기까지 애써 주신 스탠리 유해연 사장과 유학재 산악인, 월간〈山〉에 감사와 사랑을 보냅니다.

2022년 2월 22일
아시아산악연맹 회장 이인정

한국의 알피니스트 아직 살아 있다

\<Beyond the Ridge\>
출간을 축하드립니다

이 책의 시작은 한국산악계의 위기와 아웃도어 산업 침체에 대한 모티프를 제공하여 등산활동 고유의 가치와 사회에 미치는 영향을 분석해 대중 속으로 파고들어 대중의 관심과 지지를 확보해 총체적 난국을 해결하고자 시작했습니다.

"등산만 하던 시대는 끝났다"고 말합니다. 소수 엘리트 산악인의 성과주의에서 벗어나 대중의 등산활동 화두를 고민하는 것은 대한민국이 산악강국에서 산악선진국으로 향하는 진통이라 생각합니다.

지나온 산악활동은 등정, 등반의 성과(세계 최초, 초등)만 추구해 왔던 산악활동을 뛰어넘어 대중에게 미치는 영향을 분석하고자 지난 3년 동안 고생하신 여러분들께 감사드립니다.

알피니스트는 정해진 길을 가는 것이 아니라 없는 길을 개척해 가는 것입니다. 아무도 가지 않은 곳, 불확실성의 세계를 열어가는 것입니다. 알피니스트는 창의적이고, 창조적인 주체이며, 인간이 가진 탁월함을 극단까지 끌어올린 예술의 경지로 일반적 사람들이 할 수 없는 것을 추구하는 것이 알피니스트 세계인 것입니다.

하지만, 알피니스트는 만들어지는 것이 아니라 오랜 산악활동을 바탕으로 성장하는 것이라 생각합니다. 많은 알피니스트가 성장하기 위해서는 국민들 스스로 자연에 대한 가치와 야생을 탐험하는 과정에서 서로 협력해 자연을 극복할 수 있는 등산교육 시스템을 정착시켜야 할 때라고 생각합니다.

신체적 변화로 아동기에서 청년의 단계로 넘어가는 생애주기 시기 청소년들의 스트레스, 긴장, 공격성, 좌절 등으로 표현되는 본능을 야생을 탐험하며 공존과 리더십을 형성하게 하고 '산에서도 안전은 자신의 책임' 이라는 미래세대 전인교육에 목적을 두어야 합니다.

이러한 야생탐험 교육의 효과는 미래세대들이 성장하면서 자연스럽게 트레커가 되기도 하고, 클라이머로 성장할 것이며, 알피니스트가 될 것입니다. 우리가 생활등산의 저변을 확장해 나아가야 하는 이유가 그들의 변화 가능성입니다.

등산이 전 국민의 보편적 체육복지가 될 수 있도록 우리 모두 함께 노력해 나아가야 합니다. 등산활동을 통해 인성이 형성되고, 건강과 삶의 질 향상 및 자아를 실현하는 것은 등산이 가진 고유의 가치입니다. 전 국민이 등산고유의 가치를 향유할 때 비로소 대한민국은 산악강국에서 산악선진국으로 향하게 될 것이라 생각합니다.

지난 3년 동안 코디네이터로 수고하신 유학재 후배님과 사진작업을 해주신 황문성 작가님, 그리고 물심양면으로 후원해 주신 시티핸즈캄퍼니 유해연 대표님과 월간〈山〉 관계자 분들께 감사드립니다.

〈Beyond the Ridge〉 출간을 다시 한 번 축하드립니다. 감사합니다.

2022년 2월 24일
대한산악연맹 회장 손중호

'알피니스트'라는
고귀한 이름에 대하여

'알피니스트'라는 이름에는 눈과 얼음과 바위로 덮인 높은 산을 오르는 사람이라는 외형적 의미를 넘어, 마치 우리가 예술가와 철학자, 종교인을 바라보는 듯한 묵직한 시선이 담겨 있습니다. 알피니즘의 유네스코 인류무형유산 결정문을 보더라도 인간의 신체적, 지적 능력과 함께 예술성과 윤리 그리고 사람과 사람 사이의 연대를 포함하고 있어 알피니즘을 실천하는 알피니스트를 바라보는 세계인들의 시선은 이와 같음을 알 수 있습니다. 그래서 알피니스트란 너무나 고귀해 스스로 부를 수 없는 이름이며, 누군가 불러주는 이름입니다.

이 땅에 근대 알피니즘이 전해진 지 100여 년이 흘러오는 동안 우리는 해발 2,000m도 되지 않는 환경적 한계와 여러 사회적 한계를 극복하며 세계 각지로 뻗어나갔고, 우리만의 독특한 산악문화를 형성해 왔습니다. 하지만 한 가지 우리에게 부족했던 건 한국 알피니즘의 놀라운 성장 속에서도 그 기록을 제대로 남기지 못했다는 것입니다.

이런 면에서 한국의 현역 알피니스트 서른여섯 명을 인터뷰하고 정리한 〈Beyond the Ridge〉 출간의 의미가 크다 할 것입니다. 또한 서른여섯 명이 저마다의 목소리, 저마다의 빛깔로 알피니즘이라는 하나의 주제를 다양하게 이야기했다는 것도 이 책이 지닌 소중한 가치라고 생각합니다.

알피니즘의 역사는 오로지 알피니즘을 실현하며 찬란히 빛나고 때로는 슬프게 사그라져간 알피니스트들이 온몸으로 천천히 밀며 만들어온 궤적입니다. 산악문화란 마치 산과 같은 이러한 선형이 만들어내는 파장이기에, 〈Beyond the Ridge〉의 울림은 능선을 넘어 우리 산악계와 산을 좋아하는 많은 이들에게 퍼져 나갈 것입니다.

3년이라는 긴 프로젝트를 뚝심 있게 추진해 온 시티핸즈캄퍼니 유해연 대표와 산악인 유학재, 황문성 사진작가와 월간〈山〉 스태프들의 수고에 감사드리며, 무엇보다 여전히 '살아 있는' 서른여섯 명의 알피니스트들에게도 축하의 말씀을 드립니다.

자, 다시 로프와 카라비너를 챙겨 능선을 향합시다. 배낭 한켠에는 서른여섯 알피니스트들의 이야기를 담고 가슴 뛰는 산행을 합시다. 능선 너머를 궁금해하며 그곳을 바라보는 독자 모두가 이 책의 서른일곱 번째 주인공입니다.

2022년 2월 24일
한국산악회 회장 변기태

영웅이 사라진 시대,
산사람들이 던지는 화두

전무후무한 기획이었다. 그리고 누군가는 하지 않으면 안 될 숙제였다. 월간〈山〉 지면을 통해 연재된 '한국의 알피니스트, 아직 살아 있다' 시리즈가 3년 만에 길고 긴 항해를 마쳤다.

한국의 등반가들을 재조명함으로써 산악계 현주소를 살펴보고, 이들을 통해 한국산악계 미래를 가늠해 보자는 취지에서 '한국의 알피니스트' 시리즈는 시작됐다. 그동안 등장한 산악인은 모두 36명. 모험적인 도전을 하면서 산에 오르는 사람을 알피니스트라고 부른다면, 이 시리즈에 등장한 모두를 알피니스트라고 부를 수는 없을지 모른다.

자타가 공인하는 전천후 산악인으로 알피니스트라는 이름에 너무나도 합당한 세계적 등반가 유학재 대장, 한국인 최초로 프랑스 황금피켈상을 수상한 박정용, 아이스클라이밍 월드컵에서 3회 우승하며 아이거와 헌터 북벽을 알파인 스타일로 오른 박희용, 故 김창호 대장 및 박정용과 함께 황금피켈상을 공동 수상했으며 암빙벽은 물론 고산 알파인 등반에서도 당대 최고의 기량을 갖춘 최석문…. 이들은 한국이 낳은 진정한 알피니스트로 불리기에 부족함이 없다.

그러나 알피니스트를 좁은 의미의 등반 행위를 하는 이들로 국한시켰다면 이 기획은 스스로를 한계 속에 가두었을 것이다. 알피니즘을 모험적이고 극한적인 등반을 넘어 등산 자체에서 즐거움을 찾는 행위로 본다면 알피니스트의 외연은 더욱 넓어진다.

알피니즘을 학문적인 영역까지 넓히는 학자이자 산악저널리스트 오영훈, 일반인들에게 알파인 등정을 안내하는 프로 가이드 전용학, 등반 교육전문가로 이름 높은 박미숙, 한국 산악계를 세계에 알리는 데 앞장서 온 산악행정가 배경미…. 이들이 있기에 한국 알피니즘의 영역은 더욱 풍요로워질 수 있었다고 생각한다.

'한국의 알피니스트' 시리즈가 3년간의 항해를 이어올 수 있었던 것은 '유해연'이라는 신뢰할 수 있는 선장이 있었기에 가능했다. 중견 아웃도어 수입업체를 이끌고 있는 그 자신 또한 젊은 시절 알피니스트를 꿈꿨다. 비록 꿈을 이루지 못했지만 그는 산악인들을 음으로 양으로 돕는 든든한 후원자이면서 맏형 같은 존재다. 그렇게 쌓아온 인맥이 이 시리즈를 가능하게 했다.

2022년 3월 2일
월간〈山〉 편집장 이재진

Contents

012
유학재

022
구은수

032
박정용

042
안치영

052
박희용

062
장헌무

072
천준민

082
윤욱현

092
손정준

102
최석문

112
강성규

122
이영준

132
전용학

142
조벽래

152
김진석

162
배경미

172
우석주

182
유석재

192
오영훈

202
김영미

212
박명원

222
김점숙

232
민규형

242
문종국

252
최강식

262
주유혁

272
김세준

282
김주형

292
구교정

302
이명희

312
김성기

322
박미숙

332
양유석

342
강정국

352
민현주

362
채미선

한국의 알피니스트
아직 살아 있다

Beyond
the
Ridge

유학재

클라이머는 도전과 위험 극복해야 한다

소속	대한산악연맹 등산교육원 등산교수, 한국산악회 이사
1990	파미르 '브로드킨(7,545m) 루트' 한국 초등
1992	알래스카 데날리 키차트나 스파이어 동벽(2,905m) '코리안 다이렉트' 초등
1997	히말라야 가셔브룸 4봉(7,925m) 서벽 '코리안 루트' 초등
2008	네팔 꽁데샤르(6,093m) 동계 한국 초등, 파키스탄 CAC SAR(5,942m) 및 COREAN SAR(6,000m) 초등
2010	네팔 파리랍차(6,017m) 북동벽 '코리안 루트' 초등
2011	네팔 카로리피크(6,184m) 등반
2012	네팔 아마다블람 등반 및 아르헨티나 아콩카과(6,962m) 등정
2014	북미 데날리(6,194m) 등정, 대한산악연맹 '대한민국 환경상', 서울시산악연맹 '올해의 산악인' 수상
2016	북미 휘트니(4,109m), 그랜드티톤(4,200m), 데블스타워 등정, 네팔 피크41(6,648m) 북벽 초등정
2017	네팔 자보우리(6,166m) 등반, 키르기스스탄 코로나(4,440m) 등정

"한국의 알피니즘은 정의하기 어려울 정도로 난해하다. 내가 어렸을 때 읽은 등산백과 사전에는 '3,000m 이상의 산을 무상 행위로 등반하는 것을 말하고, 이를 추구하는 자를 알피니스트라 한다'고 정의했다. 따라서 3,000m 이상의 산에서 극한 등반, 즉 암벽, 빙벽, 눈 속 비박을 하는 사람을 알피니스트라고 할 수 있겠다."

"한국의 알피니즘Alpinism은 정의하기 어려울 정도로 난해하다. 내가 어렸을 때 읽은 등산백과 사전에는 '3,000m 이상의 산을 무상 행위로 등반하는 것을 말하고, 이를 추구하는 자를 알피니스트Alpinist라 한다'고 정의했다. 따라서 3,000m 이상의 산에서 극한 등반, 즉 암벽, 빙벽, 눈 속 비박을 하는 사람을 알피니스트라고 할 수 있겠다.

그런데 한국에는 높이 3,000m 이상 산이 없다. 한국적 알피니즘이 모호할 수밖에 없다. 일단 대상되는 산이 없기 때문이다. 전통도 없다. 선배들이 추구했던 문화가 있어야 하는데 그것도 없다. 본격 등반행위는 1950~1960년대 실시됐고, 이때 한국에서 현대적 의미의 알피니즘이 형성, 정립됐다. 한국에서 현대적 의미의 알피니스트는 주어진 자연환경을 최대한 극복해 나가는 사람을 가리킨다고 하면 무난하겠다."

한국의 대표적 전천후 알피니스트 유학재 대장. 그를 왜 전천후로 부르냐면, 그는 암벽 · 빙벽 · 장비 · 환경 등에 두루 관심을 가지고 있기 때문이다. 암벽 · 빙벽 등반기술은 둘째가라면 서러울 할 정도도. 뚜렷한 8,000m급 등반업적은 없지만 자타가 인정하는 등반기술가다.

한국산악회 회장을 역임했고 서울대 명예교수인 장승필 교수는 "내가 만난 산악인 중 최고의 등반기술가"라고 격찬을 아끼지 않았다. 장 교수는 한국 최초의 에베레스트 등정을 꿈꾸며 유학 간 독일에서 알프스를 오르내렸던 학자이면서 등반가다. 그런 장 교수가 유 대장을 칭찬했기에 당시 상황이 아직 귓가에 생생하게 남아 있다.

장비제작 재주 뛰어나 '한국의 에켄슈타인'

유 대장은 최고의 등반기술가가 될 자질을 어린 시절부터 지니고 있었다. 산악회에 입문한 고1 때인 1977년 한 선배로부터 〈등산백과〉란 책을 선물 받았다. 다른 책은 펴자마자 졸리고 이내 잠이 들었지만 〈등산백과〉만은 그의 호기심을 끊임없이 자극했다.

책에서 본 내용을 산에 가서 그대로 따라 실습했다. 그는 "그 책은 나만의 산 세계를 구축하는 데 큰 도움을 줬다"고 말한다. 워낙 재미있게 보던 그 책을 미술시간에 몰래 읽다 압수당했다. 그 선생님은 "학교에서 볼 책이 아니니 졸업할 때 찾아가라"고 해서 같은 책을 유일하게 돈 주고 구입해서 계속 보고 익혔다. 그는 "등산 관련 내용을 제외한 책은 모두 수면제에 가깝다"고 고백한다. 수면제가 아닌 유일한 책이 등산 · 등반 관련 책이었다. "나는 세상에서 공부가 제일 쉬웠다고 말하는 사람이 그렇게 밉기까지 했다"고 우스갯소리로 말한다.

그는 그 책의 모든 내용을 읽고 실습을 통해 머릿속에 각인시켜 놓을 정도였다. 한 번은 설악산 토왕성폭포를 갔다. 선배가 크램폰 밴드를 밟아 다리가 부러지는 사고가 발생했다. 고정이 필요했다. 그 책에 나오는 응급처치 요령대로 피켈과 슬링으로 다리를 고정시킨 뒤 안전하게 하산했다. 다행히 응급처치가 워낙 좋아 선배는 더 이상 피해 없이 치료를 마칠 수 있었다.

그는 이같이 등반장비 관련해서 어떤 조건, 어떤 상황에서든 응급처치하는 발군의 역량을 발휘했다. 이같은 자질은 등산장비 개발까지 영향을 미쳤다. 그는 1990년 등산장비업체 ㈜트랑고에 입사한다. 당시 홍성암 사장과 함께 피켈, 아이스바일, 아이젠, 하네스, 헬멧, 카라비너 등의 장비를 개발해서 국내 장비업계의 기술을 선도했다. 남들이 사용하지 못하고 생각지도 못했던 장비들을 현장에서 임기응변으로 사용하면서 회사로 돌아와 실제로 제작하곤 했다.

그는 "클라이밍을 하다 보니 자연히 장비에 관심을 가지게 됐고, 클라이밍하면서 불편했던 부분을 해결하면서 썼고, 없는 장비는 만들어서 사용했다. 외국의 장비들도 사용하면서 불편한 점은 즉시

2008년 네팔
누플라(5,885m) 원정.
하이캠프를 떠나 출발하는
대원들 뒤로 (왼쪽부터)
에베레스트, 로체,
아마다블람, 마칼루가
보인다.

개선해서 사용하는 데 익숙했다. 이런 게 장비개발과 연결된 것 같다"고 말했다. 그래서 자타가 공인하는 그의 별명은 맥가이버에 빗대 '유가이버' 혹은 영국의 유명 등반가이자 장비제작자인 오스카 에켄슈타인에 빗대 '한국의 에켄슈타인'이라 부르기도 한다. 그의 손에 들어가면 젓가락도 등반장비가 되는 등반장비계의 '미다스의 손'인 것이다. 하지만 실제 그는 등반만, 그리고 등산만 알았지, 돈과는 거리가 한참 멀었다.

왜 8,000m급은 못 했나?… 안 했나?

그는 스스로 "나는 클라이머"라고 말한다. 산악인과는 다른 뉘앙스를 풍긴다. 클라이머는 도전과 위험, 미지의 세계, 상황의 곤란성을 스스로 극복해 가는 사람이다. 알피니스트와 동격인 셈이다. 이를 추구하는 정신이 알피니즘이다.

"영어로는 클라이머, 하이커, 백패커 등 개념이 명확히 구분되는데, 우리말은 그냥 산악인으로 뭉뚱그려진다. '저 사람, 뭐하는 사람이지'라고 물었을 때 '산악인'이라고 하면 때로는 맞고, 때로는 틀리다. 그래서 '내가 산악인 맞나'라는 생각이 든다."

그렇다. 그는 천생 클라이머였다. 초등학교 6학년 때 처음으로 인수봉을 접했다. 등반으로 접한 게 아니고 북한산 등산 가다 길을 잘못 들어 인수봉을 맞닥뜨린 것이다. 슬리퍼를 신은 채 10m 가까이 올라갔고, "내가 갈 데가 아니구나"하고 돌아섰던 기억은 지금도 선명하다. 그게 그에게 산에 대한

故 황기룡 대원과
함께 2010년 네팔
파리랍차(6,017m) 정상.

첫 기억이다. 그리고 잊었다.

고교 1학년 때 "인수봉 한 번 올라가보자"는 산악회 선배들의 말을 듣고 따라 나섰다. 그때 '맞아, 내가 어릴 때 못 올라갔던 그 봉우리지. 한 번 가보자'는 궁금증이 생겼다. 등반은 남들보다 탁월한 그의 체질이었다. 암벽등반에 자부심을 느꼈다. '산에 간다'는 것과 '바위 탄다'는 것은 차원이 달랐다. 바위 타는 게 재미있었다. 하나를 완성하면 저 너머에 뭐가 있을까? 하는 궁금증이 항상 들었다. 올라가서 너머를 봐야 직성에 풀렸다. 이는 지금도 가지고 있는 산에 대한 화두다.

"지금 눈에 보이는 게 다는 아니다. 그 다음 부분에 대해 항상 궁금증이 생겼다. 그게 지금까지 산에 다니는 유인책인지 모르겠다. 눈에 보이지 않은 등반에 대한 갈증은 초등으로 풀었고, 가지 않은 길에 대한 궁금증으로 연결됐다. 초등의 묘미와 안 가본 루트에 대한 갈증을 해결하면서 등반활동은 계속됐다. 높거나 낮거나 어렵거나 쉽거나 상관없이 항상 즐겁고 새롭게 받아들여진다. 1년에 설악산을 수십 번 들락거리지만 항상 새롭다. 오늘이 지나면 과거이고, 현재는 또 다른 도전을 준비한다."

산을 보는 단상… '호수 속의 구슬'

그의 산에 대한 도전은 1986년 한국산악회에 가입하면서 본격화된다. 1987년 대둔산 '신유길'을 개척 초등했고, 1988년 설악산 토왕성폭포를 1시간 38분 만에 단독 등반한 데 이어 이듬해 설악산 개토왕폭포를 초등하기에 이른다. 그의 빙벽에 대한 갈증은 한반도 최북단 장백폭포에까지 미친다.

2008년 카니바샤샤르 등반 중에 악천후와 식량 부족으로 빙하로 탈출해 비박했다.

1992년 이용대 대장이 이끈 원정대는 조선일보 후원으로 '장백폭포 초등'을 성공리에 마쳐 중국 땅에 한민족의 기개를 마음껏 발휘한 쾌거로 기록된다.

1990년부터 본격 해외원정에 나선다. 그해 파미르 '브로드킨(7,545m) 루트'를 한국 초등했으며, 1992년 알래스카 데날리 키차트나 스파이어 동벽(2,905m) '코리안 다이렉트' 초등, 1997년 히말라야 가셔브룸 4봉(7,925m) 서벽 '코리안 루트' 초등, 2008년 네팔 꽁데샤르(6,093m) 동계 한국 초등, 파키스탄 CAC SAR(5,942m) 및 COREAN SAR(6,000m) 초등, 2010년 네팔 파리랍차(6,017m) 북동벽 '코리안 루트' 초등, 2011년 네팔 카로리피크(6,184m) 등반, 2012년 네팔 아마다블람 등반 및 아르헨티나 아콩카과(6,962m) 등정, 2014년 북미 데날리(6,194m) 등정, 2016년 북미 휘트니(4,109m), 그랜드티톤(4,200m), 데블스타워 등정, 네팔 피크41(6,648m) 북벽 초등정, 2017년 네팔 자보우리(6,166m) 등반, 키르기스스탄 코로나(4,440m) 등정 등을 잇달아 성공한다.

그의 등반을 가만히 보면, 분명 실력과 기술은 뛰어난 듯하고 초등도 제법 많은데 흔히 말하는 히말라야 8,000급은 거의 없다. 여기에 바로 돈과 거리가 먼 그의 인생이 숨어 있다.

그는 2006년 한국산악회 실버원정대를 시작으로 원정등반에 다시 도전한다. 하지만 비용이 문제였다. 원정대를 꾸려 8,000m급에 도전하려면 기본 1억 원 가까이 기업체 후원이나 모금이 있어야 한다. 그에게 그런 능력은 없었다. 높이를 6,500m급으로 내리면 비용이 절반으로 확 줄어든다. 뿐만 아니라 소규모의 원정대로 기술등반 위주로 움직이는 알파인등반을 선택한다. 그가 원하는 대로 높이는 높지 않지만 '저기 저 너머 뭐가 있을까'에 대한 궁금증을 해소하는 초등을 할 수 있었기 때문이다. 소규모 알파인 스타일로 6,500m 이하의 설벽을 등반하면 비용은 2,000만~4,500만 원밖에 안든다. 대원들끼리 십시일반 모을 수 있고, 쉽게 떠날 수 있어 그의 등반이력에 8,000m급이 거의 안보이는 이유다. 그건 그의 인생과도 연결된다.

그가 산을 다니면서 얻은 것과 잃은 것이 동시에 있다. 그는 이것을 '호수 속의 구슬'에 비유한다. 호수 속에는 구슬이 꽉 차 있다. 더 이상 채울 공간이 없다. 하나를 넣으면 하나를 빼야 한다.

호수 속의 구슬은 제각각의 역할과 기능이 있다. 어떤 구슬은 공부, 다른 구슬은 직장, 가정, 친구 등으로 메워져 있다. 그런데 거기에 산이란 구슬을 하나 넣으면 다른 기능과 역할을 가진 한 개의 구슬은 빼야 한다. 두 개를 다 얻을 수 없다. 그는 등산과 등반을 택했다. 그가 잃은 건 어렸을 적 친구들과 경제적인 부분에서의 가정 등이다. 부를 축적하기 위한 노력을 버렸다. 그의 인생은 산과 관련한 구슬로만 채워졌다. 그렇다고 그가 후회하는 건 아니다. 결국 모든 선택은 그의 몫이기 때문이다.

그는 첫 해외 등반을 1985년에 시작할 수 있었다. 하지만 같이 떠나려던 팀이 미덥잖고 본인 스스로도 '내가 과연 이런 자세로 8,000m급을 오를 수 있을까'라는 회의가 들어 포기했다. 동료를 도와줄 수 있는 능력과 지식, 재력을 갖췄을 때 다시 도전하자고 다짐했다.

그 5년 뒤 1990년부터 본격 원정도전에 나섰다. 산을 통해 남을 위하고 배려하는 자세를 터득하고 있었던 것이다. 그리고 원정은 일이십만 원 들여서 가는 행위가 아니기 때문에 한 번 갈 때 만반의 준비를 하고 가야 된다는 게 그의 소신이다. 산을 대하는 자세이기도 하다.

그는 "나는 다른 부분은 퍼석하기 짝이 없지만 등반을 떠날 때는 만반의 준비를 한다. 한 번의 실수가 죽음과 직결되고, 실수가 절대 용납되지 않기 때문에 등반만큼은 꼼꼼해야 한다"고 말한다.

또한 그는 산에 갈 때 산을 보고 가야지, 사람을 보고 가면 안 된다고 지적한다.

"사람을 보고 산에 가면 산을 오래 다니지 못한다. 나는 다른 사람과 산에 갈 때 최대한 나의 긍정적인 부분을 보여 준다. 때로는 이런 자세 때문에 산에 다니는 사람들한테 알게 모르게 이용당하기도 하지만 '내가 조금 손해 보면 되지'라고 생각하면 오히려 마음이 편하다."

앞으로 계획은?… "산을 벗어난 적 없다"

그는 "나의 인생은 산을 벗어나 생각해 본 적이 없다"고 강조했다. 산이 곧 그의 인생이고 전부라는 의미다. 10대 때 산을 오르기 시작해 지금 40여 년을 훌쩍 넘겼다. 산을 통해서 가정을 만들었고, 굶지 않을 정도로 돈도 벌었고, 친구를 사귀었다. 산을 통해서 일궜지만 산을 이용한 적은 한 번도 없다. 산에 대한 그의 꿈은 아직 끝나지 않았다. 60세까지 원정 알파인 등반을 할 계획이다. 성공이나 실패에 상관없이 실행에 옮길 예정이다.

그는 50세 넘어서 앞으로는 '닥치는 대로 산이다'라고 여긴 적이 있다. 암벽 등반만 추구하지 않고 자전거를 타고, 하이킹으로 미국으로 세계의 산으로 다닌 적이 있다. 60세까지 최대한 많은 경험을 쌓아 그 이후부터는 그 실전적 경험과 정신을 공유할 수 있도록 다양한 방법을 강구할 생각이다.

환경 관련 '에코 록 프로젝트Eco Rock Project'는 그가 등반 못지않게 앞으로 추구할 운동이다.

"평생 자연을 이용하고 훼손하기만 했지 보존과 보호하는 행위를 하지 않았다. 산을 이용할 수밖에 없지만 훼손을 최소화하거나 보호하는 운동을 본격 전개하고 있다. 산에서 볼일을 보면 본인이 챙겨 가져와야 한다. 내가 만든 에코 배낭과 에코삽, 에코봉투 등은 자연을 사랑하는 마음에서 나온 결과물이다. 산에 다니는 사람은 환경이나 자연보호에 앞장서야 한다. 자연은 후세대에게 물려줄 자연유산이기 때문이다."

1 산을 통해 인생관이 바뀌었나? 바뀌었다면 그 이유는?

어려서부터 그리고 사회에 나와서도 산을 접했고 지금까지 산과
인연을 가지고 있다. 아마 산이 인생관을 바꿨는지도 모른다.
동료와 공존하며 서로를 위해 노력하고 한계에 부딪치면 같이
해결하고 기쁨과 슬픔을 나누며 살아왔다. 산을 가기 위해 회사도
산과 관련된 곳에 적을 두었다. 까까머리 어린 녀석이 반평생을
넘게 살아도 산을 대하면 언제나 설레고 목마르다.
나는 그런 놈이고 지금도 흰 산의 꿈을 놓지 않는 산쟁이다.

**2 정상이 눈앞에 있고, 나는 삶과 죽음의 경계에 있을 때
어떤 선택을 하겠나?**

어려운 등반을 계속해 왔지만 그것이 그저 어렵다고 힘들다고
삶과 죽음의 경계에 있었다고 보지 않는다. 과거 고산등반에서
7,800m 지점에서 정상을 코앞에 두고 고소와 동상에 걸린
후배를 살리기 위해 등정을 포기하고 내려온 적이 있다. 정상의
기쁨보다는 후배의 안전이 더 중요했다. 등정은 실패했지만
동료와 함께 무사히 집에 돌아올 수 있었다. 그게 더 중요하다.

3 산에서의 특별한 버릇 같은 것이 있다면?

원정이 길어지면 주머니칼로 나무를 조각한다. 주로 나무
지팡이에 장승의 얼굴을 새긴다. 등반의 위험과 두려움을
나무를 조각하며 집중함으로써 마음을 바로 잡는 것이다.
면도도 잘 하지 않는다. 귀찮기도 하고 놔두면 추위에
조금 도움이 되는 것 같아서이다.

4 파트너를 선택하는 조건은 무엇인가?

서로를 배려하고 존중하는 마음을 가진 파트너를 선택한다.
상대방의 입장에서 바라보며 서로 부족한 부분을 보완해 줄 수
있는 파트너가 좋다.

5 자신이 생각하는 최고의 등반(좋은 등반)이란?

살아서 돌아오는 것이다. 우리는 산에 갈 때 '나는 죽지
않는다'는 믿음이 있다. 이 믿음을 토대로 어렵고 힘든 그리고
위험한 등반을 한 뒤 살아 돌아온다면 그것이 가장 최고의
등반일 것이다. 또한 원하던 등반의 목적을 달성하거나 등반의
난이도를 해결한다면 그 또한 최고의 등반일 것이다.
그것이 히말라야든 알프스든 인수봉이든 상관없다.

6 자신이 가장 영향 받은 인물은?

북산한 인수봉 밑에서 운명적으로 만나 나에게 처음 산이라는
세계를 알려준 김원식 산비둘기산우회 큰 회장님이다.
암·빙벽등반. 백두대간 종주 등을 같이 하면서 산의 다양함과
사람간의 의리와 정을 알려 주셨다.

7 본인이라면 에베레스트를 어떻게 오르겠는가?

다양한 등반을 하고 싶다. 산소가 필요하다면 산소를 사용하고
벽 등반을 해야 한다면 그 행위로 하고, 가이드가 있어야 한다면
가이드를 쓰겠다. 어떻게 오르는 것보다는 지금 내가 갈 수 있는
환경이 어떤지가 더 중요하다. 그 환경을 따라가는 것이
가장 옳은 등반일 것이다.

**8 외국과 비교했을 때 한국 알피니스트로서 장점과
부족한 점은?**

아직 한국의 등반 역사는 짧다. 그리고 남한 최고봉이
2,000m도 안 되는 열악한 산악환경을 가지고 있다. 그럼에도
한국인의 뚝심은 전 세계의 험난한 산에서 통했다. 이것은
그 무엇보다 도전 정신이 강하다는 것이다. 이것이 한국의
알피니스트로 성장할 수 있는 원동력이라 봐야 할 것이다.
단점으로는 풍부한 경험을 할 수 없다는 것이다. 열악한
산악환경이 도전 정신을 고취시키기도 했지만 반대로 보면
엄청난 단점이 된다.

9 외국 알피니스트에게 배울 점이 있다면?

어려움을 극복하는 과정에서 위험이 따르면 적당한 선에서
물러난다는 것. 그렇다고 무조건 위험하다고 포기하는 것으로
비쳐지지 않았으면 한다. 그리고 자기가 하는 행위를 충분히
즐긴다는 것이다. 이것은 다른 의미로는 산을 두고 경쟁하지
않는다는 것이다

10 본인이 생각하는 알피니스트의 기준은?

새로움에 도전해야 한다. 과거의 등반을 답습하지 않은 나만의
것을 창출해야 한다. 큰 산만 바라보는 것보다는 지금 주어진
산을 향하여 새로운 생각을 가지고 가야 한다. 동료와 함께 같이
갈수 있는 마음가짐도 중요하다. 위험을 안전하게, 어려움을
쉽게 변화를 줄 수 있는 노력과 기술이 필요하다. 다양한 경험을
받아 들여야 하며, 내가 하는 행위를 죽음을 전제로 두고
하지 않는 것이다.

11 현재 한국산악계에 가장 부족한 것은 무엇일까?

선후배 사이의 산악 경험이 단절되어 경험이 부족한 상태이다.
그에 따른 단순한 등반을 추구하다 보니 조금만 복잡한 상황이
발생하면 대처할 수 있는 능력이 부족하다. 산에 사람은 많지만
예전 형태의 산행은 MZ세대에게는 통하지 않는다. 변화하는
시대를 받아들이고 그저 산을 오르는 것 이외에 산을 이용한
다양한 형태의 행위를 제시하고 이끌어나가야 한다.

02 구은수

아웃사이더에서
실력으로 정상에 우뚝

소속	대한산악구조협회 부회장
1996	북미 최고봉 데날리(6,194m) 등정
1999	유럽 알프스 종주 등반
2000	인도 아비가민(7,310m) 등정
2001	중국령 시샤팡마(8,027m) 남벽 등정
2002	네팔 캉첸중가(8,586m) 등반
2003	중국령 에베레스트 등정
2006	탈레이사가르(6,904m) 등정, 낭가파르바트(8,125m) 등정
2013	키르기스스탄 프리코리아봉 등정
2016	네팔 피크41(6,648m) 등정
2018	파키스탄 라톡1(7,145m) 등반

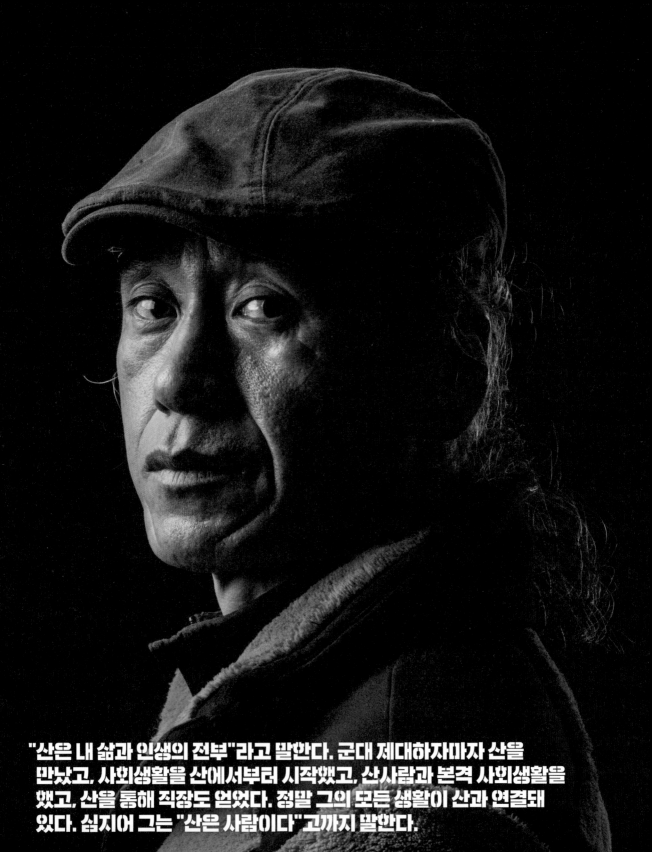

"산은 내 삶과 인생의 전부"라고 말한다. 군대 제대하자마자 산을 만났고, 사회생활을 산에서부터 시작했고, 산사람과 본격 사회생활을 했고, 산을 통해 직장도 얻었다. 정말 그의 모든 생활이 산과 연결돼 있다. 심지어 그는 "산은 사람이다"고까지 말한다.

구은수 대장에게 단도직입적으로 물었다. "등반할 때 잘 할 수 있는 게 뭐냐?"고. 거침없이 바로 답이 돌아왔다.

"남들보다 고소적응이 뛰어나다. 20여 년 이상 고산등반을 다녔지만 여태 한 번도 고소증세를 보인 적 없다. 에베레스트 정상에서도 일부러 산소마스크를 벗어봤다. 전혀 이상이 없었다. 클라이머로서 최대 장점이라고 생각한다. 또 있다. 나는 덩치는 크지만 소식가小食家이기 때문에 알파인스타일로 등반할 때 매우 유리하다. 배낭에서 식량이 차지하는 비중이 매우 큰 편인데, 상대적으로 가벼운 배낭으로 힘의 소모를 줄이고, 동시에 적게 먹고도 파워는 남들 이상으로 발휘한다. 힘도 강하면서 좋은 지구력을 가진 점이 나의 장점이라고 생각한다."

실제 그는 등반하기 좋은 체력조건이다. 키 178㎝에 몸무게 68㎏. 하지만 악력 수준은 최고급이다. 팔 힘도 아무에게나 지지 않는 수준이다. 그래서 다시 물었다. "산악인이나 함께 등반하는 사람은 구 대장을 어떻게 평가하느냐?"고.

"힘이 좋고 어깨가 넓어 짐 수송을 잘한다고 하더라. 그래서 함께 등반하자는 산악인들이 많다."

한국산악계에서는 구은수 대장을 한 손가락에 꼽는 등반가로 평가한다. 실제 그렇다. 하지만 그에게도 말 못 할 아픔이 있다. 그가 묵묵히 자기 할 일만 최선을 다해서 하는 것도 그런 아픔 때문인지 모른다. 그 아픔이 지금의 구은수를 최고의 산악인으로 자리매김하도록 했을 수도 있다.

그는 고졸이고 군대 유격훈련에서 암벽을 배웠다. 유명 산악회 출신도, 대학산악부 출신도 아니다. 쉽게 말해 주류 산악인이 아닌 아웃사이더 산악인이란 말이다. 그는 표현도 내색도 하지 않으려 애썼지만 비주류의 아픔을 인터뷰 도중 곳곳에서 느낄 수 있었다. 그가 잊지 못하는 사례도 있다.

10여 년 전, 모 유명 산악인이 각 시도대표 한 명씩 원정대원을 모집할 때 그는 서울 대표로 선발됐다. 실력을 인정받은 것이다. 합숙훈련까지 전부 마쳤다. 그런데 마지막 원정대 출발을 얼마 남겨두지 않고 갑자기 외부에서 한 명 들어오더니 그에게 "다음에 함께하자. 이번에는 양보하라"고 했다. 속으로 못마땅했지만 산악계 선배이자 집행부의 결정이니 "그러겠노라"고 흔쾌히 받아들였다. 하지만 아픈 마음은 혼자서 달래야만 했다. 산악계 아웃사이더로서 겪는 아픔은 온전히 그의 몫이었다.

가장 인상에 남는 탈레이사가르 등반

탈레이사가르 북벽 등반은 그의 인생에 잊지 못할 감동을 준 등반이다. 역으로 한국산악계로서는 잊지 못할 회한이 많은 봉우리다. 한국의 대표 산악인들이 잇달아 탈레이사가르에서 사고를 당하는 불상사가 반복됐다. 1998년 김형진 대장과 최승철, 신상만 대원이 북벽으로 등반하다 설릉 오르기 전 검은 성벽에 부딪혀 추락하는 비운을 당했다. 촉망받던 산악인이어서 한국산악계는 더욱 비통했다. 이후 김형진 대장의 형 김형일이 원정대를 꾸려 다시 시도했으나 역시 공략에 실패했다. 한국원정대는 10회 가까이 도전했으나 그때마다 눈앞에서 좌절을 겪어야 했다.

이에 서울산악구조대에서 2006년 도전장을 냈다. 당시 30대 후반으로 파워가 절정에 달한 구은수 대원을 비롯해서 몇 명이 팀을 꾸렸다. 단기간에 등정을 시도하는 알파인 등반을 시도했다. 파워와 지구력을 겸비한 구은수는 한국산악인들이 번번이 사고를 당한 검은 성벽 루트로 과감히 개척에 나섰다. 선등으로 도전했다. 마침내 난공불락 같던 탈레이사가르 북벽의 검은 성벽은 구은수에게 길을 내줬다. 한국 초등의 순간이었다. 이후부터 구은수는 명실상부 힘과 기술을 겸비한 클라이머로 한국산악계에서 평가받기에 이른다.

사실 그는 1996년 첫 원정에서 한국의 에베레스트 초등자인 고상돈이 사고를 당한 북미 최고봉

2016년 피크41
원정에서 정상으로
향하는 능선구간을
등반하고 있다.

데날리Denali(6,194m) 등정에 성공했을 때부터 촉망받는 산악인으로 한국산악계에 입문했다. 당시 그는 특전 하사관으로 갓 제대한 사회초년병이었다. 그는 사회적응을 산에서부터 한 것이다.

그는 특전사 시절 유격훈련을 혹독하게 받았다. 그런데 남들에게는 혹독했지만 그에게는 별로 어렵지 않았다. 오히려 좋은 체격과 탁월한 힘으로 남들보다 적응도 훨씬 빨랐다. 유격훈련 중 암벽훈련은 특히 재미있었다. 하사관으로 복무하면서 정승권등산학교에 입학했다. 인공암벽에서 군화 신고 홀드 타고 올라갈 때는 짜릿한 기분도 들었다. 자연암장, 즉 실제 암벽이나 빙벽에서 했을 때에도 신체조건이 좋아 상대적으로 다른 사람보다 수월했다. 잘하니 더욱 재미가 붙었다. 또 잘하다 보니 남을 가르치는 입장이 됐다. 난생 처음 학생을 가르치는 입장이 됐다. 점점 더 재미가 붙었다. 실력도 점점 더 늘어갔다.

제대하자마자 제일 먼저 정승권등산학교 문을 다시 두드렸고, OB산악회도 입회했다. 그때가 1995년 가을, 산악인 구은수의 입문이었다. 산과 산사람들은 그에게 은인과 같은 존재다. 제대 후 갈 곳 없는 구은수를 받아 준 유일한 곳이 산악계였다. 지금도 어느 정도 남아 있지만 산악계는 특히 선후배 간의 규율이 엄격하다. 선배에게 깍듯이 해야 하고, 선배가 하는 웬만한 폭력은 사랑의 행위로 받아들여야만 했다. 그런 분위기가 구은수에게는 오히려 익숙했다. 군대에서 오랫동안 해온 생활이었기 때문이다. 그는 이후 매년 해외 원정을 나가면서 산악인으로 명성을 점차 쌓아갔다.

2018년 라톡1 실패로 등반 인생 최대 위기

그의 등반인생은 순풍에 돛 단 듯 순항했다. 정승권등산학교 동문산악회 중심으로 구성된 데날리(6,194m) 등정을 시발점으로 대부분 원정은 성공적으로 끝났다. 이어서 1999년 유럽 알프스 종주등반, 2000년 인도 아비가민(7,310m) 등정, 2001년 중국령 시샤팡마(8,027m) 남벽 등정, 2002년 네팔 캉첸중가(8,586m) 등반, 2003년 중국령 에베레스트 등정, 2006년 탈레이사가르(6,904m)등정, 낭가파르바트(8,125m) 등정, 2013년 키르기스스탄 프리코리아봉 등정, 2016년 네팔 피크41(6,648m) 등정까지 거침이 없었다. 일부 산악인은 그를 두고 "파워와 기술 좋고 지구력으로 무장한 군인 같은 산악인"이라며 치켜세우기도 하는 반면 또 다른 산악인은 "그는 무대포로 너무 거칠게등반한다"고 평가하기도 한다. 엄격하게 평가하면 두 가지 다 맥락이 통한다.

하지만 그에게도 위기는 찾아온다. 역시 순풍만 있으란 법은 없다. 2018년 파키스탄 라톡1(7,145m) 세계 최초 등정에 도전한다. 라톡1은 파키스탄 북부 지역 카라코룸산맥에 위치한 난공불락의 거벽으로, 험난하기로 악명 높다. 1978년 미국팀의 첫 시도 이후 내로라하는 영국·폴란드·일본·한국팀의 잇따른 시도에도 모두 실패했다. 구은수 대장도 이미 두 번을 시도했지만 모두 정상에이르지 못하고 세 번째 도전이었다.

베이스캠프까지는 투혼이 넘쳤다. 정상까지 무난히 등정할 것만 같았다. 하지만 갑자기 기상이돌변했다. 바람이 세차게 불었다. 그래도 도전은 계속됐다. 구은수를 포함한 대원 3명이 먼저 나섰다. 5,700m쯤 갔을까, 올라가던 눈벽이 통째로 떨어져 나가는 사태가 벌어졌다. 판상 눈사태가 일어난것이다. 대원 3명이 휩쓸려 150여 m나 추락했다. 구은수가 특히 부상을 많이 당했다. 오른쪽 다리 두곳 골절과 갈비뼈가 6개 부러졌고, 폐에 구멍이 생겼다. 가만히 있기도 힘든 상황이 벌어졌다. 다른한 명은 무릎골절을 입었다. 다행히 3명 중 한 명은 무사했다. 천운이었다. 부상 없는 한 명이 두 명을응급처치했다.

부상당한 채로 귀국한 구은수는 지금까지 재활을 하고 있다. 대한산악구조대가 오는 7월 키르기스스탄 원정을 가는데, 그는 등반을 하지 못하는 상태다. 마음은 가고 싶지만 몸은 아직 정상이 아니다.

그는 올해로 결혼 12년차. 등반의 도전과 위험을 모르는 부인과 결혼했다. 그가 사고를 당하자놀란 부인이 "다시는 하지 말라"고 채근한다. 그 전까지 산에 간다면 '그러려니' 하고 받아들였는데 지금은 "조심하고 그런 위험한 등반은 절대 하지 말라"고 당부한다. 2018년 라톡1 부상으로 그의 등반인생이 안팎으로 위기를 맞고 있는 것이다.

"산이 곧 사람"… 삶의 목표도 산?

그는 "산은 내 삶과 인생의 전부"라고 말한다. 군대 제대하자마자 산을 만났고, 사회생활을 산에서부터 시작했고, 산사람과 본격 사회생활을 했고, 산을 통해 직장도 얻었다. 정말 그의 모든 생활이 산과연결돼 있다. 심지어 그는 "산은 사람이다"고까지 말한다. 대개 원정 가서 인간의 내면을 깊이 있게 볼기회를 가진다. 그리고 갔다 와서 인간관계에 금이 가는 경우도 종종 생긴다. 하지만 그는 여태 그런경우를 한 번도 겪지 않았다. 그는 "산이 사람이기 때문에 나에게는 적이 없다"며 "그런 경우 그 사람은 산을 진정으로 좋아하지 않기 때문에, 사심으로, 이해관계 때문에 산을 다니기 때문에 발생한다"고 강조한다. 그러면서 그는 알피니스트와 알피니즘에 대해서 그 나름대로 정의를 내렸다.

"등반문화와 산악문화는 조금 다르다고 본다. 등반문화는 클라이밍이고, 산악문화는 훨씬 더 광범위하다. 클라이머가 알피니스트이고, 그들이 가진 성향이나 이즘|sm이 알피니즘이다. 알피니스트

라톡1 베이스캠프에서
라톡을 배경으로

는 아무도 가지 않은 장소를 순전히 본인의 힘만으로 올라서 이용한 장비를 회수하는, 자연에 흔적을 남기지 않은 등반을 하는 자를 말한다."

그는 제대 후 1996년부터 활동한 서울산악구조대에서 여전히 활동하며 그 알피니즘을 유감없이 발휘하고 있다. 매년 북한산과 도봉산 일대를 구조대원들과 함께 해빙기 낙석처리와 산악조난자 구조에 나서는 봉사를 하고 있다. 산악구조대는 그에게 산악인으로서 그의 존재를 확인하게끔 하는 매우 상징적인 조직이다. "대원으로 입회해 대장을 지내고 지금 감사(이사)로 활동하고 있으니 저는 정말 만족한다"고 힘주어 말한다. 2013년 구조대 대장으로 선출되어 2016년 무난하게 임기를 마쳤다. 이후 김형수 대장이 맡아 지금까지 이끌고 있다.

그는 그래도 산악인, 아니 그의 인생 전부인 산에 대한 욕심을 아직 버리지 못하고 있다. 라톡1에 대한 도전이다.

"삶의 목표는 안전하게 등반하는 것이다. 생활에 문제 되지 않도록 계속 산에 오를 것이다. 나이가 들수록 부부가 같이 할 수 있는 시간을 가지려고 노력한다. 동시에 내년쯤 무사히 재활을 마쳐서 라톡1에 다시 도전해 볼 계획이다."

그의 도전은 아직 끝나지 않았다. 그 도전은 산이 줄까, 인간이 스스로 가질까. 그의 인생 전부가 산이라는데….

Beyond the Ridge

1 정상이 눈앞에 있고, 나는 삶과 죽음의 경계에 있을 때 어떤 선택을 하겠나?

경험의 중요성이 포함된 질문 같은데, 나는 하산하겠다. 이제껏 산을 통해 목적을 이루려고 산을 간 것이 아니라 산을 즐기고 싶어 산을 올랐다. 그렇다고 쉽게 포기하면 안 된다. 한 번 포기하면 다음에도 같은 생각을 하기에 현장의 판단은 훈련을 통해 많은 경험을 쌓아야 하며, 그런 결과에 대해서는 후회하지 않을 것이다.

2 파트너를 선택하는 조건은 무엇인가?

국내에서 함께 등반하고 서로의 가족들도 알고 지내고, 서로의 사정을 잘 아는 대원으로 하는 경향이 있다.

3 자신이 생각하는 최고의 등반(좋은 등반)이란?

대원들 스스로가 등반대를 이끌고 선택할 수 있을 때가 가장 행복할 것이다. 하지만 무엇보다도 중요한 것은 전 대원이 함께하는 등반대가 가장 이상적이라 생각한다. 대원의 역량은 모두가 같을 수 없으니 등반력, 행정력, 수송, 기타 대원 스스로가 가장 잘 하는 역할을 수행하는 것이 좋은 등반이라 생각한다.

4 자신이 가장 영향 받은 인물은?

우리 산악인의 영원한 대장 장봉완.

5 가이드 등반을 어떻게 평가하나?

산을 좋아하는데 등반방식을 논한다? 요즘은 가이드 등반의 대상지가 많이 변하고 있기에 산을 좋아하는 마음, 즉 등반을 하면서 과정을 느끼고 자기의 역량을 알아가는 과정을 가지고 있는 산악인이라면 등반 방식에는 문제가 되지는 않는다고 본다. 하지만 정상을 목적으로 진행하는 가이드 산행의 무분별한 등반은 반대한다.

6 본인의 약점은 무엇이라고 생각하나?

등반 시 함께하는 대원들의 능력을 너무 나에게 집중하는 경향이 있다. 그래서 대원들이 나를 부담스럽게 생각하기도 한다.

7 산에 가기 전 정보 수집을 어떻게 하나?

보통 현지 에이전시를 통해 대상지를 선정하고 그 산에 대한 정보를 인터넷 사이트를 통해 더 자세히 수집한다.

8 평소 컨디션 관리와 트레이닝 방법은?

주말 산행은 한 달에 2회 정도 하고 대상지가 선정되면 훈련 대원들과 함께 대상지 정보를 가지고 훈련 방안을 설정한다.

9 가장 감명 깊게 읽은 책이나 영화, 음악 등은?

산악영화 'K2'를 아주 재미있게 봤다.

10 산 이외의 특기는?

스킨 스쿠버와 스키를 즐긴다.

11 외국과 비교했을 때 한국 알피니스트로서 장점과 부족한 점은?

나에게도 적용되는 사항인데, 가고자 하는 욕심은 많은데 본인의 등반실력을 정확히 인지하거나 체계적으로 등반력을 키우고 등반에 나서야 하는 것들이 현실에서 조금 부족한 것 같다.

12 "이제 산악회는 죽었다"는 말에 대해 어떻게 생각하나?

앞으로도 희망은 있다고 생각한다. 암벽 대상지에 가서 보면 20대 청년부터 나이가 많으신 분들까지 등반을 많이 한다. 정작 젊은 시절부터 원정 등반도 많이 한 기존의 등반가들은 등반을 하지 않는다. 때문에 이 말은 "과거 산악계를 이끌던 선배들이 죽었다"가 맞는 표현 같다.

13 현재 히말라야의 상황을 어떻게 보고 있나?

히말라야의 등반 상황을 질문하는 것이라면, 많은 이들이 오를 수 있는 대상지가 되었다고 생각한다. 요즘은 상업등반대도 많이 생겨나고 에베레스트 정상도 많은 이들이 오르고 있으니까.

14 본인이 생각하는 알피니스트의 기준은?

본인의 실력에 맞추어 루트를 선정하고, 등반력을 키우고, 본인의 즐거움을 유지하고, 동료들과의 영원한 우정을 간직하면서 등반하는 사람.

15 한국산악사에서 최고의 등반을 꼽는다면?

2006년 인도 가르왈 히말라야 탈레이사가르 직등 루트.

16 현재 한국산악계에 가장 부족한 것은 무엇일까?

구심점의 부재. 현재의 추세는 소규모 알파인 스타일 등반을 많이 시도하고 있으니 산악단체 또는 유명산악인으로 구성된 단체가 후배들의 길을 열어 주면 좋겠다.

17 한국적 알피니즘, 한국의 산악계와 산악인들이 30년 후에 어떻게 변해 있을 것으로 예상하나?

현재 산악계를 이끄는 모든 산악인들이 후배 양성에 조금씩 노력한다면 연령대는 조금 높아지겠지만 꾸준히 산악계는 유지되리라 본다.

대원들 간의 믿음이
황금피켈상을 선사했다

소속	부산클라이밍센터 센터장
1991	부산기계공업고등학교 등산부로 클라이밍 시작
1998	아시아 챔피언십 국가대표 참가
2004	로체 남벽(7,600m) 등반
2005	파키스탄 십튼 스파이어(5,950m) 동벽 한국 초등
2007	네팔 히말라야 꽝데(6,187m) 북벽 등반
2008	네팔 마칼루(8,470m) 등정
2009	네팔 히말라야 꽝데(6,187m) 북벽 솔로 등반
2016	히말라야 강가푸르나(7,455m) 신 루트 등정

박정용은 "알피니즘은 산을 한없이 순수하게 대하는 행위"라고 말한다.
산을 오르는 행위도 자유의지, 외부 도움을 받든 안 받든 그것도
본인의 의지이고, 환경을 오염시키지 않는 행위, 이 모든 것을 포함한
순수한 등반행위가 알피니즘이라는 것이다.

세계에서 인정한 한국등반대가 있다. 산악계의 오스카상이라 불리는 프랑스 황금피켈상을 수상한 코리안웨이 강가푸르나 원정대. 그 원정대가 황금피켈상 한국 최초 수상자다. 황금피켈상은 전 세계 산악인을 대상으로 한 해 동안 가장 뛰어난 등반을 한 산악팀에게 수여하는 산악상이다.

프랑스 고산등반협회와 산악전문지 〈몽테뉴〉가 1991년 제정한 상으로, 이 상을 수상한 산악인은 이보다 더한 영광은 없다. 수상자 선정기준이 이 상의 권위와 가치를 나타내 주기 때문이다. 최소한의 장비로 창의적이고 혁신적인 신 루트를 등반한 산악인이 선정기준이다. 그 상을 수상한 한국 원정대원 중 한 명이 박정용. 한국 최고의 클라이머로 꼽히는 故 김창호와 최석문이 동행했다.

강가푸르나 원정 때 몸무게 10kg나 빠져

황금피켈상을 수상하게 했던 '2016년 코리안웨이 강가푸르나 원정'이 그의 등반인생에 있어 가장 인상적이었다. 역설적으로 가장 인상 깊으면서 동시에 가장 겁이 났던 순간이기도 했다. 이 원정대는 김창호 대장의 히말라야 14좌 국내 첫 무산소 등정 이후 김창호가 세운 새로운 코리안웨이 프로젝트의 일환이었다. 인간이 오르지 못한 미등정봉과 고산거벽에 완전한 모험정신으로 도전해서 하나의 등반 루트를 만들 계획이었다. 고정로프 없이, 캠프 없이, 고소등반 셰르파 없이, 보조 장비 없이, 순전히 등반자 스스로의 힘만으로 오르는 극단의 알파인 등반을 지향했다. 도전과 모험으로 중무장했지만 제3자가 볼 때는 무모하기 짝이 없는 등반이었다.

원정대는 아샤푸르나Asapurna(7,140m)를 먼저 등반한 후 곧바로 바로 옆 강가푸르나 Gangapurna(7,455m)로 갈 예정이었다. 인간의지의 한계 시험대였다.

박정용은 "아샤푸르나를 등반하면서 이미 체력이 완전히 바닥 난 상태였다. 100m만 올라가면 세계 초등정이라는 영광이 눈앞에 어른거렸지만 성공에 얽매이지 않고 김창호 대장과 최석문 대원에게 못 가겠다고 말했다. 김 대장도 GPS로 7,100m까지 등정했지만 과감히 포기하고 같이 하산했다"고 당시 기억을 떠올렸다. 공식 고도가 7,140m인데 시계 GPS로 7,100m까지 올라갔으면 정말 엎어지면 무릎 닿을 데까지 올라간 셈이다. 등정만 못 했을 뿐이지 정상 능선 바로 앞까지 신 루트를 만들었다는 데 만족하고 과감히 내려온 것이다.

그는 아샤푸르나에서 너무 큰 체력소모로 몸무게가 8kg 정도 빠졌다. 그 상태에서 일주일도 지나지 않아 바로 강가푸르나 등정에 도전했다. 그는 "한계를 뛰어넘는 등반이었다. 심리적으로 체력적으로 모두 흔들렸다. 등반하는 게 무섭다는 사실을 처음 느꼈다. 두려웠다. 하지만 형들이 있어 그나마 위안이 됐다"고 말했다.

아샤푸르나가 등반 전반기였다면, 강가푸르나는 후반기였다. 그는 마찬가지로 정상을 앞두고 포기하고 싶었다. "형, 저는 여기서 그냥 기다리겠습니다." 김창호가 "네가 가지 못하면 우리도 가지 않겠다"고 말했다. 잠시 숨을 가다듬고 마지막 젖 먹던 힘까지 다했다. 한 시간여 후 마침내 강가푸르나 정상에 우뚝 섰다.

"역시 창호 형은 체력이 뛰어났습니다. 정상에서도 기록과 사진 촬영을 도맡아 꼼꼼히 했어요. 저는 그저 쉬고 싶었습니다. 체력을 비축해야 했죠. 정상에서 주저앉았습니다. 너무 체력이 탈진해서 내려갈 일이 두려웠습니다."

하산길은 1,500m의 수직벽. 하산길이 아니라 하강길이었다. 하산 중 다리가 후들거렸다. 등반인생 중에 이렇게 겁이 났던 적은 없었다. 정신을 단단히 잡았다. 암각, 스토볼라드, 아발라코프 시스템, 클라이밍다운, 안자일렌 기술을 구사해서 25번의 하강으로 이틀 걸려 무사히 내려왔다. 그들이

강가푸르나 남벽의
오버행 빙벽을
오르고 있다.

산에 남겨둔 것은 박정용 10kg, 김창호 8kg, 최석문 6kg의 몸무게와 스노바 2개뿐이었다. 완벽히 성공한 알파인 등반이었다.

박정용은 "지금 생각해도 그 당시 상황은 끔찍했다. 아마 다시 하려면 절대 못 할 그런 등반이었다. 그 두려움과 체력탈진을 극복할 수 있었던 건 대원들 간의 믿음이었다"고 회상했다.

이듬해인 2017년 그들은 한국인으로 첫 황금피켈상을 수상하는 영광을 안았다. 당시 프랑스 유명 여성 산악인 카트린느 데스티벨은 수상 이유를 다음과 같이 설명했다.

"한국팀 김창호, 최석문, 박정용은 네팔에서 잘 알려지지 않은 강가푸르나 서봉 남벽을 세 번의 비박으로 등반했고, 한 명이 고소적응으로 기다리는 상태에서 두 명이 정상 100m 근처에서 동료와의 안전한 하산 없는 등정은 의미 없다고 판단해서 내려왔다. 이후 세 명은 강가푸르나 남벽에 고난도 루트를 스피디하게 등반했고, 그 높이에서 알파인스타일로 등정한 최초의 신 루트였다."

좋아하고 잘할 수 있는 일 찾은 게 클라이밍

그는 고교산악부 출신이다. 부산기계공고 등산부로 클라이밍을 시작했다. 호기심 많던 시절 새로운 건 항상 눈에 먼저 들어온다. 하고 싶어진다. 더욱이 새로우면서 도전적인 일을 하고 싶어 했다. 클라이밍이 눈에 쏙 들어왔다. 하고 싶은 일은 하면서 재미를 느끼기 마련이다. 실력이 하루가 다르게 늘었다. 일취월장, 괄목상대 할 정도였다.

하지만 20세 때 불의의 사고를 당했다. 당시 부산 빌라 알파인클럽에서 우리나라 첫 전국 암벽대회를 해운대 백사장에서 개최하면서 인공암벽을 만들어 경기를 했다. 그런데 해운대 백사장 대신 시멘트 바닥인 요트 대회장에 인공암벽을 만들다 15m 아래로 추락했다. 뒤꿈치가 바닥에 닿으면서 뼈가 으스러졌다. 뒤꿈치가 산산조각 났다.

오히려 이게 천운이었다. 비스듬히 넘어졌으면 뼈가 부러지면서 다른 부위를 찌르는 2차 부상까지 입었을 텐데, 다행히 뒤꿈치만 손상됐다. 엉덩이뼈를 잘게 잘라 이식수술을 했다. 수술은 성공적이었고, 후유증도 없었다. 정말 천만다행이었다. 이때 그는 '잘못하면 사고로 죽을 수도 있겠다'는 생각을 깊게 하게 됐다. 어쩌면 그의 인생에 조심하라는 경고를 내렸는지 모를 일이다.

사고 이후 '진정 내가 좋아하는 게 뭔지, 잘할 수 있는 게 뭔지'를 찾는 데 집중했다. 역시 클라이밍이었다. 클라이밍 선수로 승승장구했다. 1998년 아시아 챔피언십 국가대표로 선발됐다. 처음 나간 국제대회에서 12위를 했다. 계속 했지만 그만그만한 성적뿐이었다. 재미가 떨어졌다. '다른 거 뭐 할 거 없나' 두리번거리다 눈에 들어온 게 거벽등반이었다.

클라이밍에서 쌓은 기술을 거벽등반 할 때 그대로 사용할 수 있었다. 그에 대한 주변 평가도 "빠르고 악착같이 잘 잡고, 단계별로 꾸준히 올라갈 수 있는 장점을 지니고 있다"고 했다. 클라이밍이나 거벽등반의 공통점은 놓치면 죽거나 부상이다. 악착같이 잡아야 한다.

2001년부터 본격 거벽등반 훈련을 했다. 그는 2004년 로체 남벽(7,600m) 등반을 시작으로 2005년 파키스탄 십튼 스파이어(5,950m) 동벽 한국 초등, 2007년 네팔 꽝데(6,187m) 북벽 등반, 2008년 네팔 마칼루(8,470m) 등정, 2009년 네팔 히말라야 꽝데(6,187m) 북벽 단독 등반 등 기록적인 등반을 이어간다. 2008년 마칼루 등정에는 故 김창호와 함께 등정하기도 했다.

하지만 등반하는 매순간 만족스런 장면만 있었던 건 아니다. 2007년 네팔 꽝데 등반은 기억하고 싶지 않은 원정이었다. 실력을 인정받아 주도적으로 원정대를 꾸렸지만 시즌을 잘못 택해서 등반이 불가능한 상태였고, 원정을 준비하는 과정에서 심리적, 육체적으로 힘이 들었던지 카라반 도중 안면근육마비가 와서 카트만두로 돌아오는 어처구니없는 경우를 겪기도 했다.

아내는 지금도 고산등반 격렬 반대

그는 1998년 23세 때 일찌감치 결혼을 했다. 7세 연상의 아내다. 클라이밍 하면서 만나 눈이 맞았다. 신부는 결혼하면서 "히말라야 원정 가지 않고 빙벽 등반 하지 않기로 각서를 쓰라"고 강권했다. 각서 대신 말로 대신하면서 넘겼다. "위험한 등반은 절대 하지 않고, 베이스캠프까지만 간다"고. 그 말은 그가 지금까지 매년 아내에게 반복하고 있다. 아내는 지금까지 받아들이고 있다.

아마 그 반복이 그에게 위기를 대처하게 하는 힘을 주는지 모른다. 초등이라는 유혹을 과감히 포기할 줄 아는, 등정이라는 달콤한 매력을 눈앞에서 과감히 버릴 줄 아는 등반을 하게 하는 무언의 힘으로 작용한다. 그 무언의 힘은 부부 간의 사랑이고, 가족에 대한 책임감일 수 있다.

그는 "지금도 아내가 심하게 반대를 한다. 아내의 반대로 전체 원정의 3분의 1밖에 못 갔을 것"이라고 말한다. 하지만 그 반대를 그도 일정부분 받아들이고 있다. 그는 "가고 싶은 데 다 갔으면 지금 살아 있지 않거나 미친 놈 됐을 것"이라고 수긍한다.

그는 좋아서 클라이밍과 거벽등반을 하고 있지만 목숨 걸고 하는 건 아니다. 그런데 거벽등반 자체가 일상생활보다 훨씬 더 큰 위험을 안고 있다. 일반인이 볼 때는 목숨 걸고 하는 것같이 보인다. 실제로 좋아서 하는 것과 목숨 걸고 하는 행위의 구분이 모호하다. 그 경계, 기준이 어떻게 될까. 좋은 기준이 하나 있다.

얼마 전 등반 다큐멘터리 영화로 아카데미 작품상을 수상한 '프리솔로Free Solo'. 아무 장비 없이 순전히 손가락만으로 1,000m가 넘는 수직절벽의 암벽을 오르는 내용이다. 그 영화를 본 30년 넘게 클라이밍을 해온 사람들조차 "이해가 안 된다"고 말한다.

박정용은 이에 대해 "장비 없이 극단적인 리스크를 안고 하는 등반이라 이해가 안 된다고 말할 것"이라면서 "알피니스트는 항상 최상의 리스크를 안고 등반하기 때문에 일반인 가치로는 상상을 뛰어넘을 수도 있다"고 이해한다. 그러면서 "등반행위에 대한 가치도 일반인 가치와 똑 같은 하나의 행위로 보면 이해될 수 있다"고 설명한다. 일반인이 상상의 산물로 만들어낸 극단의 가치일 수 있으며, 직접 하는 행위와는 또 다를 수 있다는 것이다. 그는 "주변에서 띄워 주면 더 높은 가치처럼 보이기 때문에 그냥 일상생활 중의 하나로 보면 똑 같은 가치이고 충분히 이해 가능하다"고 덧붙였다.

그러면서 그는 "알피니즘은 산을 한없이 순수하게 대하는 행위"라고 말한다. 산을 오르는 행위도 자유의지, 외부 도움을 받든 안 받든 그것도 본인의 의지이고, 환경을 오염시키지 않는 행위, 이 모든 것을 포함한 순수한 등반행위가 알피니즘이라는 것이다. 히말라야 고산 등반가가 정상에서 몰래 산소를 마셨다 하더라도 표시는 안 난다. 하지만 내 스스로 인정하는 것이 순수함이라는 설명이다.

깊이와 깊이는 서로 통한다

그 순수는 바로 사람과 통한다. 그가 산에, 아니 등반을 하는 이유이기도 하다. 극한적 상황에서 드러나는 진심어린 행위가 그 사람이 가진 본심이라고 주장한다. 히말라야 고봉에서 체력이 바닥나고, 심리적으로 위축된 상황에서는 서로 속이 다 드러난다. 그럴 때 '아, 이 사람은 나하고 코드가 맞구나, 원래 이런 사람이었구나'하고 판단을 내린다. 안 맞으면 맞는 사람을 찾게 되고, 찾아서 원정을 가게 된다고 말한다.

그는 "고산등반은 사회적 경험과는 차원이 다르다. 사람들 깊은 속마음까지 알게 해주는 매력이 있다. 다른 놀이나 행위에서는 그런 재미를 느껴본 적이 없다"고 말한다. "한 분야에서 뛰어난 사람이 다른 분야에서 능력을 발휘하는 경우와 비슷하다"며, 깊이와 깊이는 서로 통한다는 의미로 설명했다.

그에게 산은 바로 그런 존재다. 좋아하는 사람과 좋아하는 산을 함께 즐길 수 있다면 그게 바로 최고의 가치인 셈이다. 그래서 같은 취미를 가진 연상의 아내와 동고동락하면서 수십 년의 세월을 함께 보내고 있는 것이다. 연봉 많이 받고 비싼 집에 사는 친구가 부럽다고 생각해 본 적이 1년에 한 번 있을까 말까 하다고 한다. 재미있게 좋아하는 일 하면서 사는 게 최고의 가치라고 생각한다. 그는 지금 그가 좋아하는 그리고 아내도 좋아하는 클라이밍 암장을 부부가 각각 운영하면서 생활하고 있다.

1 산을 통해 인생관이 바뀌었나? 바뀌었다면 그 이유는?
등반 초창기의 큰 사고를 통해 어떤 그 순간에 집중하고 결정에 신중함을 찾았다.

2 정상이 눈앞에 있고, 나는 삶과 죽음의 경계에 있을 때 어떤 선택을 하겠나?
돌아서는 쪽이다. 등정 후의 불확실성보다는 다른 등반을 통해 그때 했던 실수를 줄여 좀더 삶의 경계선 안에 있기를 원할 것 같다.

3 자신이 생각하는 최고의 등반(좋은 등반)이란?
좋은 파트너와 등반 끝까지 우리만의 한계를 넘나든 등반.

4 자신이 가장 영향 받은 인물은?
윤치원. 김창호

5 가이드 등반을 어떻게 평가하나?
그들만의 도전과 위험이 있다고 생각한다.
그들의 범주를 존중한다.

6 본인의 약점은 무엇이라고 생각하나?
정상 등정에 대한 의지가 약한 것. 계획을 세우고 준비하는 모든 기간 동안 등정과 안전이라는 구분에서는 안전 쪽으로 기우는 것 같다.

7 평소 컨디션 관리와 트레이닝 방법은?
가파른 곳은 걸어 오르고 뛸 수 있는 상황이면 달린다.
믹스등반이 예상된다면 빙벽장비로 외벽을 오르고, 발가락이 아파 뛰지 못하면 자전거를 타고 산을 오른다.

8 외국과 비교했을 때 한국 알피니스트로서 장점이 무엇이라고 생각하나?
장점이 부족하기 때문에 그것을 만회하기 위해 한 등반에 많이 집중한 다는 것. 그리고 멤버 간의 불화가 생겨도 '등반'이란 목적아래 이해하고 더 단단히 뭉친다는 것.

9 "이제 산악회는 죽었다"는 말에 대해 어떻게 생각하나?
변화라고 생각한다. 선후배간 위계가 철저한 산악회에서 경험 많은 등반가와 체력 좋은 등반가의 조합으로 바뀌어가는 과정(파트너십)이라고 생각한다. 그래서 산악회는 살아 있으나 그 의미는 변화한다고 생각한다.

10 현재 히말라야의 상황을 어떻게 보고 있나?
기상온난화로 그에 맞는 등반스타일로 변화가 이루어지고 있는 것 같다.

11 외국 알피니스트에게 배울 점이 있다면?
그들에 맞는 등반선을 찾아 등반하는 부분이 좋은 점이라 생각한다. 우리도 우리가 가지고 있는 가능성을 정확히 인지하고 그에 맞는 등반선을 찾아야 할 것이다.

12 본인이 생각하는 알피니스트의 기준은?
환경을 지키며 팀에 맞는 스타일로 본인 스스로의 힘으로 오르는 것.

13 한국산악사에서 최고의 등반을 꼽는다면?
1999 가셔브룸4봉 원정대. 2016 강가푸르나 원정대.

14 한국적 알피니즘, 한국의 산악계와 산악인들이 30년 후에 어떻게 변해 있을 것으로 예상하나?
여러 가능성이 있겠지만 지금 몇몇 등반가들의 연대가 있는데 후에는 더욱 더 확장되고 강화되지 않을까 싶다.

이틀 굶으며
정상에 오른
집념의 알파인 등반가

소속	프리월클라이밍짐 센터장
2005	쿰부 히말라야 로부제 서봉(6,145m) 남서벽 세계 최초 등정
2006	히말라야 로체(8,516m) 남벽 등반 한국 최초 8,200m 진출
2012	키르기스스탄 악사이산군 테케토르(4,441m) 북동벽 세계 최초 등정
2012	힘중(7,140m) 세계 최초 등정
2013	에베레스트(8,848m) 등정
2013	네팔 암푸1봉(6,840m) 세계 최초 등정
2014	히말라야 가셔브룸 5봉(7,147m) 세계 최초 등정
2015	남미 안데스산맥 오호스 델 살라도(6,893m) 자전거 등정
2017	다람수라(6,446m) 신 루트 등정

"등반은 많은 순간이
고통의 연속입니다.
그렇기 때문에 순간순간
찾아오는 짧은 행복이 더
크게 느껴지는
이유겠지요. 등반을
마치고 시간이 흘러
한가로운 때가 찾아오면
그때의 즐겁고 힘들었던
순간들이 몰려오고….
다시 산으로 가고 싶어
견딜 수 없어집니다."

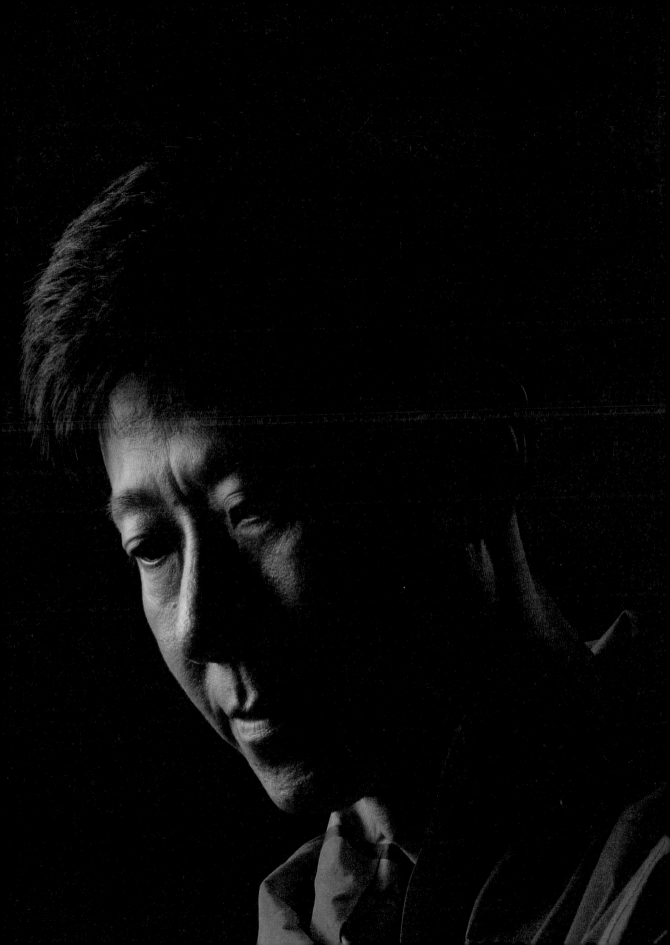

안치영은 과소평가 받은 알피니스트다. 대중에겐 덜 알려졌지만, 독보적인 길을 걸어왔다. 8,000m 고봉은 아닐지라도, 누구도 간 적 없는 벽을 소수 정예로 오르겠다고 결심한 순간부터, 대중의 관심에서 멀어지는 것은 알피니스트의 숙명인지도 모른다.

에베레스트도 돈만 있으면 줄서서 올라갈 수 있는 시대, 그 반대편에 안치영이 있다. 돈 있다고 갈 수 있는 곳이 아닌, 누구도 간 적 없는, 누구의 도움도 받을 수 없고 스스로 개척해야 하는, 에베레스트 노멀루트 등반보다 훨씬 어렵고 위험하지만 일부 산악인 외에는 아무도 알아 주지 않는, 그래서 외롭고 배고플 수밖에 없는 독기어린 길 위에 그가 있다. 한국의 알피니스트 안치영 대장을 소개한다.

마산이 고향인 그는 고교시절 마산 산바래산악회를 통해 산에 처음 발을 들여놓았다. 2004년 서울로 상경해 홍대 애스트로맨 실내암장에서 강사로 일하며 한국볼트클럽에도 가입했다. 빼어난 운동신경과 노력으로 고난이도인 5.13까지 이뤄냈지만, 15m 높이의 벽은 그의 열정을 감당하기엔 부족했다. 그는 흰 산으로 눈을 돌렸다. 2005년 한국산악회 네팔 로부제 서봉 원정대에 참가해 로부제 서봉 정상에 섰다.

첫 원정부터 알파인이었다. 사람이 오른 적 없는 6,000m대 험봉을 두 명의 대원과 함께 4박5일간 올랐다. 식량이 떨어져 이틀을 굶으며 악전고투로 벽을 올랐다. 이후 자신감에 찬 그는 무수한 미등봉과 신 루트에 도전하며, 고요하고 빠르게 자신의 능력을 입증해 왔다.

그 결과 2013년 박영석 특별상, 대한민국 산악상 개척등반상, 한국산악상 김정태상, 2014년 한국산악상 알파인클라이머상, 올해의 산악인상, 2015년 한국산악상 고산등반상, 2016년 우수 산악인상, 2017년 올해의 도전상 등을 수상했다. 일반인에게 덜 알려졌을 뿐 산악인들 사이에선 차세대 알파인 고산등반가로 유명하다.

"알파인 등반은 소규모 팀이라 원정을 꾸릴 때 짐과 경비, 시간을 줄일 수 있다는 장점이 있습니다. 장기간 등반을 해야 하는 고산등반의 부담감을 줄일 수 있고, 한 번의 출정에 여러 개의 산을 오르거나 등반을 할 수도 있어 알파인 등반을 좋아합니다."

아무도 가지 않은 산, 아무도 가지 않은 벽을 오를 때의 심정과 준비과정에 대해 물었다.

"새로운 산과 신 루트 등반은 기존 루트를 갈 때보다 등반에 대한 기대감과 긴장감이 더 강하게 느껴집니다. 더 신중하고, 더 깊이 있게 나 자신에게 집중하게 되고, 산에 대해 많은 것을 알게 됩니다. 내 신체 능력과 산의 어려움, 날씨 같은 요인들에 대해 더 많이 생각하고, 다른 등반가들이 고산등반에서 어떻게 어려움을 극복하는지에 대해 많이 공부하게 됩니다."

8,000m 알파인 등반 해보고 싶다!

그동안 안치영 대장은 6,000~7,000m대 산에서 초등과 신 루트 등반을 이뤄냈다. 목표를 상향 조정해 그 이상 높이에 대한 알파인 등반도 현실적인 가능성이 있는지, 도전 의향이 있는 궁금했다.

"등반에서 높이는 매우 중요한 요소라고 생각합니다. 짧은 시간에 6,000~7,000m 높이를 올랐다 내려오려면 그만큼 강한 체력과 기술이 필요하고, 고소적응도 확실하게 끝낸 몸 상태를 만들어야 합니다. 준비를 철저히 잘해야 합니다. 저는 아직 한 번도 8,000m에서 알파인 등반을 해본 적이 없습니다. 그 등반에 대해 많이 생각했고 도전해 볼 마음은 있지만 솔직히 내 체력이 버터 줄지 믿음이 가질 않습니다. 그 정도로 몸 상태를 끌어올리려면 시간과 노력이 필요한데 아직 그만한 여유를 찾지 못했습니다.

저는 에베레스트, 로체 남벽, 로체샤르 이렇게 3개의 8,000m 산을 등반했기 때문에 8,000m

2017년 다람수라
등반 당시 故 김창호
대장의 확보를
받으며 쿨와르를
올라오는 안치영.

위에서의 상황과 그 느낌을 잘 알고 있습니다. 특히 로체 남벽의 경우 8,200m까지 진출하며 3,000m가 넘는 거벽을 오를 때도 알파인 등반의 가능성을 생각했습니다. 물론 제 체력으로는 아직 등반할 엄두가 나지 않습니다. 대상지는 정해지지 않았지만 기회가 주어진다면 8,000m 이상의 산에서 알파인 등반을 도전해 보고 싶은 마음이 있습니다."

많은 등반가들이 그렇지만, 그 역시 형제처럼 지내던 대원들을 여럿 잃었다. 특히 고인이 된 김창호·서성호와는 함께 로프를 묶고 여러 산을 누볐던 사이다.

"2013년 에베레스트 등반 때가 기억납니다. 마지막 캠프인 사우스콜(약 8,000m)에서 텐트를 함께 쓰던 서성호 대원의 죽음과 직면했습니다. 함께 정상을 다녀와서 새벽에 차가운 텐트에서 잠을 깼습니다. 헤드랜턴 불빛이 꺼지지도 않은 채 텐트 한켠에 가만히 앉아 고개를 숙이고 있는 성호를 발견하고 정신없이 인공호흡을 하며 흔들어 깨웠는데…. 결국 눈을 뜨지 못한 성호와 함께 내려와야만 했던 그때가 가장 고통스럽고 힘들었던 순간입니다."

이토록 고통스런 기억을 멍에처럼 짊어지고 있으면서 다시 새로운 산을 찾는 이유는 무엇일까?

"등반은 많은 순간이 고통의 연속입니다. 그렇기 때문에 순간순간 찾아오는 짧은 행복이 더 크게 느껴지는 이유겠지요. 등반을 마치고 시간이 흘러 한가로운 때가 찾아오면 그때의 즐겁고 힘들었던 순간들이 몰려오고…. 다시 산으로 가고 싶어 견딜 수 없어집니다."

2012년 故 김창호와 함께 전인미답이었던
함중(7,140m)을 오를 당시.

김창호 대장과 함께한 행복한 시간

"김창호 대장님이 이끈 원정대는 대원 모두가 즐거웠고 파이팅 넘치는 시간들이었습니다. 아름다운 히말라야 아래에서 모두 자신감으로 뭉쳐 있었습니다. 등반할 때는 나와 비슷한 마음과 생각을 가진 사람들과 함께합니다. 그들과 웃으며 즐겁게 훈련하고 등반하고, 때로는 약간씩 다투기도 하지만 나중에는 '그때가 소중하고 행복했구나'라고 느껴집니다."

2018년부터 그는 흰 산을 가지 않았다. 경기도 동탄에 '프리월클라이밍짐'이라는 실내암장을 오픈해 회원들과 부대끼며 암장을 운영하고 있다. 항간에는 그가 '현역에서 은퇴한 것'이란 소문이 돌았다. 그는 "생계와 등반을 함께할 수 있는 일이라 시작한 것이고, 원정을 다니기 위한 하나의 방법이고 돌파구라 여겨 암장을 창업했다"고 한다. 안정적인 발판을 만들고 싶었던 것이다.

좁은 벽에 웅크렸던 알피니스트의 마음은 이미 히말라야에 가 있다. 하늘을 응시하는 안치영의 눈 속에 도도한 첨봉이 스쳐 지난다.

"여건이 된다면 앞으로 몇 년간은 해외등반을 하고 싶습니다. 아직 등반되지 않은 히말라야 고산 몇 개와 세계에서 가장 아름다운 전통방식의 록클라이밍 루트와 빙벽루트를 등반하고 싶습니다. 그리고 예전에 목표로 삼았던 클라이밍 난이도 5.14a까지 올려보고 싶습니다."

산악인들이 그를 최고의 알파인 고산등반가 중 한 명으로 꼽는 것은 단순히 등반능력이 뛰어나기 때문만은 아니다. 40대 중반의 나이보다 훨씬 깊이 있고 부드러운 안목을 가지고 있으며, 산 앞에선 빠르고 과감하다. 안치영 대장에게 산은 어떤 의미인지 물었다.

"산은 제 삶의 원동력입니다. 원정 계획을 짜고 사람을 만나고 하는 모든 것이 산을 가기 위함이고, 목표를 이루기 위해 꼭 필요한 곳이 산이 되었습니다. 그곳엔 나의 생각과 내가 원하는 모든 것이 있습니다. 어디를 선택하느냐에 따라 방향이 달라지기도 합니다. 산을 통해 새로운 도전을 계속 해나갈 것이고, 지금껏 그래왔듯 앞으로도 산에서 소중한 시간을 가득 채울 수 있을 것이라고 생각합니다."

강촌 구곡빙폭을
오르는 안치영.

1 산을 통해 인생관이 바뀌었나? 바뀌었다면 그 이유는?

나 자신을 낮추고 겸손하게 되었다. 히말라야 등반 중 산이 작고
쉬워 보였을 때 가장 위험하고 어려운 등반이었기 때문이다.

**2 정상이 눈앞에 있고, 나는 삶과 죽음의 경계에 있을 때
어떤 선택을 하겠나?**

파트너의 마음과 나의 마음이 움직이는 대로 결정할 것이다.
그 이유는 등반의 목표는 같지만 추구하는 방향은 다를 수 있는
것이고, 그 마음이 서로 같았을 때 어떤 선택을 하든
후회는 없을 것이다.

3 파트너를 선택하는 조건은 무엇인가?

자기가 마실 물을 동료에게 먼저 챙겨주는 사람.

4 자신이 가장 영향 받은 인물은?

폴란드 등반가인 보이테크 쿠르티카와 한국의 등반가 故김창호.

5 본인이라면 에베레스트를 어떻게 오르겠는가?

에베레스트 남벽, 캉슝페이스. 그리고 서릉을 통해
에베레스트와 로체 정상을 지나 눕체로 이어지는 트래버스
루트. 이 모든 등반을 알파인스타일로 만들고 싶다.

6 가이드 등반을 어떻게 평가하나?

가이드를 통해 산을 오르는 것은 알피니스트가 아니다.
순수한 알피니즘은 동료 간에 조건이나 대가 없이 이루어지고
모든 일을 스스로 책임져야 한다고 생각한다.

**7 외국과 비교했을 때 한국 알피니스트로서 장점과
부족한 점은?**

외국 등반가들에 비해 한국 등반가들은 근성과 정신력이
강한 것 같다. 반면 체력과 시간관리, 효율적으로 음식을
준비하는 부분은 조금 부족한 것 같다.

8 "이제 산악회는 죽었다"는 말에 대해 어떻게 생각하나?

'산악회가 죽었다'는 말은 전통이 사라진다는 말과 같다.
산악회는 죽지 않았고 방식과 방향이 바뀌었을 뿐이라고
생각한다. 클라이밍이 대중화되고 젊은 사람들이 '크루' 형태의
작은 그룹들로 움직이는 경향이 많아진 것 같다. 틀에 얽매이지
않고 좀 더 자유롭고 부담스럽지 않게 등반 방향을 잡은 것이
아닌가 생각한다.

9 현재 히말라야의 상황을 어떻게 보고 있나?

상업등반대의 대상이 되는 산들은 큰 수익을 창출하는 대상이
되기도 하고, 고객이 된 산악인들을 더 만족시키기 위해 산을
상품화시켜 서비스와 높이에 따라 가격이 책정되고 있는
상황이다.

앞으로 우려되는 상황은 알피니즘이 반영된 등반스타일의
대상들이 상품화되어 알피니즘의 근본에 상처를 내는 것이다.
하지만 한편으로는 직업으로 해오던 현지인들의 등반이 변할
수도 있다는 것인데, 외국 등반가들의 등반 모습을 본 그들이
교육을 통해 알피니즘에 대한 이해도가 더욱 높아지고
등반기술을 습득하면 좋은 체력조건을 내세워 뛰어난 등반가로
성장할 수 있다고 생각한다.

10 외국 알피니스트에게 배울 점이 있다면?

등반에 대한 창의적이고 스마트한 접근과 긍정적인 마인드를
배워야 할 것 같다.

11 본인이 생각하는 알피니스트의 기준은?

높은 산을 많이 오른다고 좋은 것은 아니다. 산을 오르는
등반가가 얼마만큼 창의적이고, 모험적이며, 지속성을
가지느냐가 중요한 요소라 생각한다.

12 현재 한국산악계에 가장 부족한 것은 무엇일까?

높이와 기록에 의존하는 등반의 편향된 이슈로 등반의 다양성이
한쪽으로 치우쳐 있다. 또한 순수한 알피니즘의 가치에 대해서
진지하게 고민하고 이해하는 매개체가 부족하다.

**13 한국적 알피니즘, 한국의 산악계와 산악인들이
30년 후에 어떻게 변해 있을 것으로 예상하나?**

알피니즘의 정의는 정해져 있다. 한국적 알피니즘을 찾는
것보다는 현재 한국의 젊은 등반가들과 새롭게 시작하는
등반가들이 알피니즘의 순수한 가치와 이념을 가질 수 있도록
선배들이 노력해야 한다.

30년 후를 생각해 본다면 산악회나 단체에 얽매이지 않는
등반가들이 많아지고, 좀 더 좋은 장비와 기술, 트레이닝 방법이
나올 것이다. 그래서 현재 등반되지 못한 대상지들이 등반되고
옛 방식으로 오른 기존의 루트들이 더 어려운 방식으로 등반될
것이라 생각된다.

경기·알파인등반
모두 즐기는
팔방미인 클라이머

소속	노스페이스 클라이밍팀
1998	대통령기 등산대회 우승
1998	서울시장배 스포츠클라이밍 고등부 우승
1998~2001	청소년 스포츠클라이밍 국가대표
2005~06	스포츠클라이밍 국가대표
2006	스포츠클라이밍 일반부 우승
2007	캐나다 부가부 등반
2011	알프스 아이거 북벽, 알래스카 헌터 북벽 등반
2011, 13, 17	아이스클라이밍 월드컵 종합우승
2011	대한민국 산악대상
2017	아이스클라이밍 월드챔피언십 우승, 전국 드라이툴링대회 7연패, 페츨 아이스클라이밍 최강자전 3연패

"고등학생 때부터 경기등반과 등산을 같이 배운 것이 도움이 많이 된 것 같습니다. 덕분에 흔하지 않게 스포츠클라이밍, 록클라이밍, 트래드클라이밍, 경기등반, 아이스클라이밍, 알파인등반을 모두 하는 등반가가 되었습니다. 여러 가지를 하다 보니 지루함을 느낄 틈이 없는 것이 아직까지 등반을 하는 가장 큰 이유인 것 같습니다."

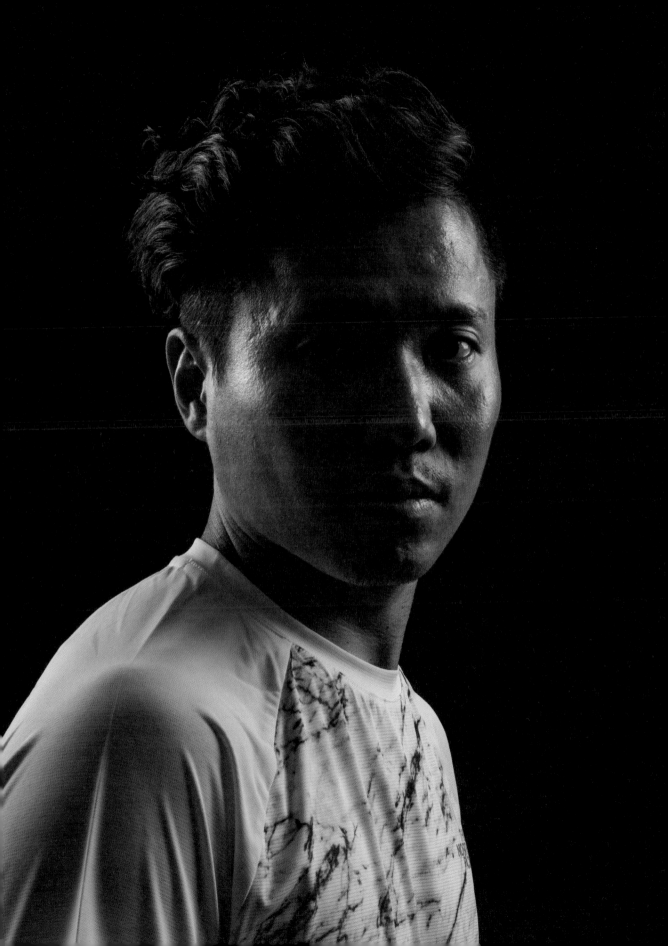

경기등반 분야에서 세계적인 두각을 나타내고 있는 우리나라 선수들이 있다. '클라이밍 여제'로 불리는 김자인을 비롯해 볼더링의 강자 천종원, '제2의 김자인'이라 불리는 차세대 클라이머 서채현 등 발군의 실력을 보여 주는 이들이 많다. 아이스클라이밍 또한 우리나라 선수들이 좋은 성적을 거뒀다. 대표적인 선수가 2011년과 2013년, 2017년 아이스클라이밍 월드컵에서 종합우승을 차지했던 박희용이다.

고교 산악부 들어가며 등반 입문

많은 사람들이 박희용을 전문 클라이밍선수로 알고 있다. 하지만 사실 그는 암빙벽은 물론 고산 알파인등반도 능숙한 올라운드 등반가다. 이는 구미전자공고 산악부에 들어가며 등반을 배우기 시작한 것이 밑바탕이 됐다. 당시 고등학교 산악부의 활동은 굉장히 활발했다. 덕분에 그는 클라이밍 경기와 등산대회, 종주등반 등 다양한 산악활동을 경험할 수 있었다.

"고등학생 때부터 경기등반과 등산을 같이 배운 것이 도움이 많이 된 것 같습니다. 덕분에 흔하지 않게 스포츠클라이밍, 록클라이밍, 트래드클라이밍, 경기등반, 아이스클라이밍, 알파인등반을 모두 하는 등반가가 되었습니다. 여러 가지를 하다 보니 지루함을 느낄 틈이 없는 것이 아직까지 등반을 하는 가장 큰 이유인 것 같습니다."

어떠한 종목에서 타고난 신체적 능력과 재능으로 최고가 된 사람이 많다. 하지만 박희용은 키 170cm 몸무게 63kg으로 신체 조건이 그리 좋은 편은 아니다. 게다가 처음에는 클라이밍을 그렇게 잘하지도 못했다고 한다. 하지만 그는 포기하지 않고 미친 듯이 자신을 몰아세우고 노력해 최고의 자리에 오를 수 있었다.

"클라이밍 훈련이나 원정등반을 하다 보면 언제나 포기의 유혹에 빠지곤 합니다. 남들보다 더 많은 훈련을 소화해야 나보다 앞선 선수들을 이겨내거나 정상에 오를 수 있다고 생각했습니다. 남들보다 더 많이 노력했고, 극심한 고통을 이겨내는 정신력만큼은 좋았던 것 같습니다."

등반의 결과보다는 과정을 더 중요시

아이스클라이밍 월드챔피언을 지낸 그도 처음에는 빙벽등반을 잘하지 못했다. 하지만 등반대회 우승 후 진로를 고민하다가 새로운 분야에 도전하기로 마음 먹고, 그동안 거리를 두던 아이스클라이밍과 원정등반에 눈을 돌리게 됐다.

"나 자신에게 새로운 자극이 필요했습니다. 사실 처음에는 빙벽을 황당할 정도로 못했습니다. 20m도 못 가서 엄청난 펌핑으로 포기했으니까요. 그후 매 주말 얼음이 있는 곳이면 어디든 가서 오르기를 수없이 반복했습니다. 얼음을 못 갈 때면 야산에서 죽은 나무를 올랐죠. 그렇게 아이스클라이밍 선수가 되었습니다. 스포츠클라이밍에서 닦은 기량 덕분에 드라이툴링 분야의 챔피언 자리에 오를 수 있었던 같습니다."

그는 경기나 등반의 결과보다는 과정을 더 중요하게 여기는 클라이머다. 우승이나 등정 순간의 희열보다는 결과를 얻기 위해 기울인 노력이 더 기억에 남기 때문이다. 자신과의 치열한 싸움을 통해 한 단계씩 발전하며 성장하는 일련의 과정을 즐기는 스타일이다.

"알파인등반에서는 모든 원정이 다 기억에 남습니다. 모든 등반이 처절했기 때문입니다. 그중에서도 마지막 원정이 저에게 가장 힘든 등반이었습니다. 많은 사람이 올랐던 곳이라, 쉽게 생각했던 아

이거 북벽은 저에게는 악몽 같았습니다."

고교 산악부 출신인
박희용은 자연암벽
등반 경험도 많다.

이거 북벽은 저에게는 악몽 같았습니다."

당시 그는 알래스카 헌터 북벽 등반 후 2주 만에 한 명의 후배와 유럽 알프스로 넘어갔다. 늦은 시즌이라 기상도 안 좋았지만 벽 상단부의 상황이 무척 나빴다. 등반 내내 대화가 불가능할 정도로 돌풍이 불었다. 선등을 선 그는 수직에 가까운 60m 믹스구간에서 확보물 하나 설치하지 못하고 올랐다. 죽음을 두려워할 여유조차 없었던 등반이었다.

"선등자나 후등자 중 한 명이라도 추락하면 끝이었어요. 올라 갈 수는 있지만 아찔한 믹스구간을 클라이밍 다운할 수도 없었어요. 눈 폭풍 속에서 살아남는 방법은 무조건 정상으로 가는 것뿐이었죠. 능선에 올라 기뻐할 정신도 없이 설동을 파고 들어가 밤새 떨었습니다. 다음날 아침 거짓말처럼 떠오른 태양을 보고 감동했던 기억이 납니다."

그에게 알파인등반은 늘 새로운 도전이다. 그러나 최소한의 장비와 인원으로, 배고픔과 추위를 이겨내며 어려운 루트를 오르는 것은 결코 쉽지 않다. 억지로 시키면 수천억 원을 줘도 하지 않을 일이다. 하지만 그에게 알파인등반은 언제나 재미있고 순수한 등반 행위였다.

"원정등반을 하고 있을 때는 재미를 모릅니다. 무척 힘들고 집에 가고 싶다는 생각을 수없이 하지요. 내가 이 짓을 왜 하는지 되새기면서 오르게 됩니다. 그 모든 것을 이겨내고 집으로 돌아오면 그 원정이 다시 그리워지고 재미있었다고 생각됩니다. 한 3개월쯤 후에요."

그는 원정등반이 성공하려면 가장 중요한 것이 '팀워크'라고 말한다. 아무리 실력이 좋은 팀도 대원들 사이에 문제가 있으면 제대로 된 등반이 불가능하기 때문이다.

"정말 좋아하는 사람, 존경하는 사람도 1개월 이상 좁은 텐트에 함께 갇혀 지내면 트러블이 생기

2019 UIAA 프랑스
아이스클라이밍 월드컵에서
경기를 펼치는 박희용.

기 마련입니다. 사람이 싫어지면 재미도 없어지죠. 어렵게 도전한 원정등반을 잘 진행하려면 자신을 낮추고 상대를 배려하는 것이 필요합니다. 이 또한 산이 주는 가르침입니다. 팀원들에게 자신을 낮추고, 등반을 할 때는 자신의 기량을 폭발시킬 수 있는 인간성이 제일 중요하다 생각합니다."

청송 아이스클라이밍 월드컵에 출전한 박희용의 등반경기 모습.

4번째 월드챔피언 노려

알파인등반과 경기등반을 모두 섭렵한 그는 "두 분야는 체력 사용 방법이 다르다"고 이야기한다. 경기등반은 가진 체력을 단 몇 분 만에 짜내야 하지만, 원정등반은 며칠에 걸쳐 나눠 써야 한다는 것이다. 하지만 어떤 등반이나 훈련과정을 버틸 수 있는 체력은 기본적으로 갖춰야 한다고 강조한다.

"경기등반은 순간적으로 폭발력에 중점을 둔 훈련을 진행하고, 원정등반에서는 좀 더 장시간 버틸 수 있는 신체코어 운동의 지구력 향상에 초점을 맞춥니다. 원정등반에서 제가 느끼는 신체적 부담은 하체와 심폐가 훨씬 컸기 때문입니다. 두 등반 모두 한 번의 실수가 승패를 좌우하기 때문에 정신력을 키우는 것도 중요합니다. 멘탈트레이닝은 등반에 필수적인 부분이라 생각합니다."

아이스클라이밍 월드챔피언을 세 번이나 차지하며 승승장구하던 그도 이제 중년의 나이로 접어들고 있다. 하지만 여전히 그는 경기등반에 최선을 다하고 싶다고 말한다. 올해 그의 목표는 이번 시즌 아이스클라이밍 월드컵에서 4번째 월드챔피언이 되는 것이지만 코로나19 사태로 지금은 잠시 날개를 접어두고 있다. 하지만 언제라도 이 목표를 달성할 수 있도록 최선을 다하고 있다. 이후 후배 선수 양성에 힘쓰며, 다양한 고난도 알파인등반을 즐길 계획이다.

1 산을 통해 인생관이 바뀌었나? 바뀌었다면 그 이유는?

인생관이 산을 통해 바뀌었다는 것보단 산을 통해 인생관이
생겼다. 어른이 되어가며 긍정적이고 도전적인 가치관을
추구하는 인간으로 성장하고 있다.
처음 산악활동을 할 때는 산과 다른 등반가들을 경쟁의
대상이라 생각해 뛰어넘고 꼭짓점을 무조건 찍어야 한다는
관점으로 산을 다녔다. 하지만 주위의 좋은 선배들이 산에서
하나둘 떠나가는 모습을 보면서 산악활동에서 경쟁은 오로지
상업적인 이기적 행동일 거란 생각이 들었다. 이후 나는 온전히
나만의 만족을 위한 등반을 하기로 마음먹었다.

2 산에서의 특별한 버릇 같은 것이 있다면?

나의 모든 등반활동을 기록한다. 산의 크기나 등반 규모가
클수록 기록도 비례할 것이다. 가벼운 산행 때라도 최소한의
사진 등을 남겨 내가 걸어온 길을 되돌아보는 것을 좋아한다.

3 파트너를 선택하는 조건은 무엇인가?

서로 간의 믿음. 나의 등반과 선택을 온전히 믿어 주는 사람.
하지만 내가 그릇된 선택을 할 때에는 단호하게 막아줄 수 있는
사람. 그리고 술을 좋아하는 사람, 못 마셔도 같이 마셔줄 사람.

4 자신이 생각하는 최고의 등반(좋은 등반)이란?

오감이 충족되는 등반. 눈에 들어오는 아름다운 산과 좋은
사람들, 그 산이 주는 차갑고 거친 바위, 즐거움의 웃음소리와
어려움에 호흡하는 거친 숨소리. 등반을 마치고 흠뻑 젖은
땀 냄새와 입의 단내, 그리고 배고픔에 떨며 굶주린 후 먹는
하산주와 음식. 이 모든 것들이 완벽하게 처절하게 다가왔다가
웃으며 마무리 할 때.

5 가이드 등반을 어떻게 평가하나?

필요한 선이 있는 것 같다. 산이 주는 환경은 매 순간 다르고
체력과 정보능력이 부족하다면 가이드 등반은 필요한 수단일
것이다. 개인적으로 히말라야에서 셰르파를 고용하는
등반보다는 유럽에서의 가이드 등반문화가 더 효율적이고
진취적인 것 같다.

6 본인의 약점은 무엇이라고 생각하나?

불면증과 향수병. 불면증은 컨디션에 영향이 크다.
체력으로 극복하고 있지만 항상 걱정이다. 그리고 한 달 이상
지속되는 원정은 향수병을 만든다. 사랑하는 가족과 친구들.
소소한 일상에서 느끼는 즐거움들이 그립고 소중해진다.
그래서 더욱 열심히 산에 가는 것일 수도 있다.

7 산에 가기 전 정보 수집을 어떻게 하나?

구글이 주된 정보 수집 기초가 된다. 그리고 경험해 본
등반가들의 조언. 가장 최근의 등반기록을 찾는 것이 중요할
것이다. 온난화는 산의 환경을 많이 바꾸어 놓았다. 예전에
몬순이 한 달 이상 지속되어 제대로 등반을 하지 못한 경험이
있다. 대상지의 루트와 코스에 대한 정보보다 중요한 것은 날씨
타이밍을 잡는 것과 하산 루트와 탈출 루트를 파악하는 것이다.

8 가장 감명 깊게 읽은 책이나 영화, 음악 등은?

2000년대 초반 발행되어 인기 있었던 〈좋은생각〉이라는
월간지를 좋아한다. 우리 이웃의 희로애락이 담긴 일상
이야기들을 다룬 책은 내가 경험해 보지 못한 사회생활과
다양한 인간세계를 엿볼 수 있어 좋다.

9 산 이외의 특기는?

전에는 자전거, 스키, 서핑, 스케이트 등 항상 아웃도어에서
즐기는 모든 스포츠를 좋아했다. 지금은 낚시를 좋아한다.
거의 모든 어종의 낚시 분야를 연마하고 있다.

10 "이제 산악회는 죽었나"는 말에 대해 어떻게 생각하나?

문화의 변화에 서 있는 것 같다. 많은 산악인들의 죽음과
아웃도어 불경기가 겹쳐 산악활동의 경기가 침체되었고,
전문등반보다는 생활운동으로 전향되었다. 개인적으로
이런 분위기에서 전문적인 교육과 시스템을 구축해 새로운
등반문화를 정착시켰으면 좋겠다. 인터넷에서 쉽게 만나
산행하다가 사고가 나 나쁜 구설수에 오르는 것이 산악인
전부를 향한 시선으로 되면 안 된다. 그러려면 국가적인 주체의
교육기관과 시스템이 필요하다고 본다. 그러면 예전의 산악회는
사라질 수 있겠지만 새로운 신문화의 좋은 산악회나
클럽이 생기지 않을까 싶다.

11 한국산악사에서 최고의 등반을 꼽는다면?

대한민국 최초의 황금피켈상을 수상한 김창호, 최석문,
박정용 선배의 강가푸르나 등반. 그리고 박영석 대장의
에베레스트 남서벽 도전.

12 현재 한국산악계에 가장 부족한 것은 무엇일까?

산악연맹과 한국산악회, 여러 등산학교 등 교육과 문화 발전에
앞장서는 조직들이 많다. 그런 조직들이 한데 모여
새로운 등반방식과 안전한 시스템을 정리하고, 일관적인 등반
지도자 교육을 하여 좋은 지도자들이 각자의 단체에서
현대적인 지도를 하면 좋겠다.

장헌무

계산 통한 정확한 판단력,
대원 잃지 않는 대장

소속	대한산악구조협회 총무이사, 경북등산학교 강사
1995	미국 요세미티 엘캐피탄 하프돔 등반
1997	히말라야 초오유(8,201m) 등정
1999	북미 데날리(6,194m) 등정
2002	중국 우쩌산(6,070m) 세계 최초 등정
2003	중국 당제전라산(6,033m) 세계 최초 등정
2004	카자흐스탄 칸텡그리(7,010m) 등정, 중국 쓰쿠냥산(5,214m) 등정
2007	킬리만자로(5,914m) 등정
2008	중국 옥주봉(6,178m) 등정, 초오유(8,201m) 등정
2010	중국 소공가산(6,027m) 등정
2012	엘브루스(5,642m) 등정
2016	남미 아콩카과(6,962m) 등정, 인도네시아 칼스텐츠(4,884m) 등정
2017	에베레스트(8,848m) 등정

"등반선을 긋는 게 가장 힘든 작업이에요. 수백 수천 번을
그렸다 지웠다 합니다. 내 머리가, 내 마음이 인정할 때까지 그 작업을
합니다. 등반선이 그어지면 필요한 장비를 준비하죠. 코스에 필요한
장비를 숱하게 넣었다 뺐다 합니다. 그러고는 시간을 계산합니다.
각 피치당 소요시간과 되돌아 올 수 있는 시간."

2010년 중국 소공가산(6,027m) 7피치를 등반 중인 장헌무 대장.

"참 허무했어요. 캠프3를 네 번이나 오르내렸고, 갈 힘이 남아 있는데, 정상 공격을 앞두고 내려오라는 무전이었어요. 실망감이 컸지요. 밤새도록 눈물이 났어요. 그리곤 해가 뜨기도 전에 캠프2로 내려왔어요. 그렇게 원했던 에베레스트를 다녀왔는데 전혀 행복하지 않았어요. 귀국해서도 한참을 방황했어요. 이때부터 '모든 대원에게 정상 기회는 주어져야 한다', '눈치를 보며 등반해야 하는 큰 외부협찬은 지양한다'는 목표를 세우고 후회 없는 등반을 하기로 결심했습니다."

8,000m 자이언트봉 등정 개수만으로 영웅이 되던 시절은 지났다. 당대를 호령했던 이 땅의 산악영웅들은 예기치 못한 사고로 고인이 되었고, 생채기는 산악인뿐 아니라 국민들 가슴에 그대로 남았다. 원정을 떠난다는 것 자체로 일반인들에게 욕을 들어야 하는, 위축된 알피니스트의 시대가 되었다. 그런 흐름을 감안하면 1990년대부터 지금껏 20년 넘도록 매년 원정을 다녀왔으며, 한 번도 대원을 잃은 적 없는 장헌무 대장을 주목할 만하다.

등반이 시작되면 물러 설 수 없다

그는 1990년대 중반부터 거의 매년 해외원정을 다녀왔으며, 남극 빈슨매시프를 제외한 6대륙 최고봉을 올랐다. 8,000m대 고봉 3개를 올랐으며, 2000년대 초 당시 등반 불모지였던 중국 5,000~6,000m 미등봉에 꾸준히 도전해 여러 봉에 세계 초등의 기록을 남겼다.

2000년 충북산악연맹 에베레스트 원정은 그의 전환점이었다. 초오유와 데날리를 등정하며 자

2003년 중국
당제전라산(6,033m)
정상에 오르기 직전의
장헌무. 세계 최초
등정이었다.

신감에 차 있던 젊은 등반가 장헌무는 1차 공격조의 등정 성공으로 2차 공격조였던 자신에게 주어진 등정 기회가 사라지자 큰 실의에 빠졌다. 나이가 든 지금은 이해할 수 있지만, 혈기 가득했던 당시에는 납득할 수 없었다. 그는 "큰돈 필요 없고, 많은 대원도 필요 없고, 오로지 등반에만 몰두할 수 있는 그런 대상지를 찾다 보니 중국 동티베트로 가게 되었다"고 한다.

이후 2001년부터 2011년까지 매년 중국 원정등반을 했다. 그 결과 누구도 오른 적 없는 미답봉을 여럿 오르게 되었고, 현지인들과 교류하며 중국 등반에 관한한 국내에서 손꼽히는 전문가가 되었다. 장 대장은 "셰르파도, 가이드도, 포터도 없는 흰 백지 위에 내 마음대로 그림 그릴 수 있는 곳이 중국이었다"고 한다. 하지만 정보가 적고, 포터가 없는 만큼 대원들의 역량이 중요하다.

"동티베트 대설산맥의 산들은 신생대에 만들어졌습니다. 그래서 날카롭고 낙석이 많아서 더 많은 주의를 요합니다. 셰르파와 포터가 없으니 모든 것이 대원들 몫입니다. 짐 옮기고, 등반하고, 밥하는 것도 말이죠. 그래서 팀워크가 제일 중요합니다."

산악인들은 그의 강점을 '부드러운 카리스마'와 '정확한 판단력'으로 꼽는다. 숱한 미등봉 등반에서 한 번도 대원을 잃지 않았던 사실에는 철저한 그의 공부와 노력, 숱하게 반복된 계산이 있었다.

"등반선을 긋는 게 가장 힘든 작업이에요. 수백 수천 번을 그렸다 지웠다 합니다. 내 머리가, 내마음이 인정할 때까지 그 작업을 합니다. 등반선이 그어지면 필요한 장비를 준비하죠. 코스에 필요한 장비를 숱하게 넣었다 뺐다 합니다. 그러고는 시간을 계산합니다. 각 피치당 소요시간과 되돌아 올 수 있는 시간."

2017년 에베레스트 원정에서
아이스폴 지대를 지나고 있다.

2017년 에베레스트 정상에 오른 장헌무 대장. 네 번의 도전 만에 세계 최고봉 정상에 올랐다. 응어리를 푸는 순간이었다.

그렇다고 해서 등반이 계산만으로 되는 건 아니다. 그는 등반 성공의 요인으로 '무식한 담대함'이 필요다고 말한다. "시간과 장비는 한정되어 있으니, 등반이 시작되면 물러 설 수 없다"고 카리스마 있는 어조로 얘기한다.

대학생 때 미국 요세미티 원정 꾸려

1990년 충청대 산악부에 입회하며 산과 인연을 맺은 그는, 학생운동을 하다 제적되어 1992년 주성대(현 충북보건과학대)에 입학해 산악부를 창립했다. 재학생 때부터 그의 원정 사랑은 유난했다. 군복무 시절 미국 요세미티 원정을 구상해, 제대 후 곧장 충북대학산악연맹 대원들을 모아 13명이 원정을 갔다. 호주머니가 얇을 때라 돼지 등뼈를 재삼탕으로 끓여 맑은 물이 나올 때까지 먹었다고 한다.

졸업 후 대학교 행정직 특채의 기회가 있었으나 포기하고, 원정에 나서 초오유 등정에 성공했다. '오직 산이 내가 갈 길이라 여겼던 그는 2001년 고향인 경북 상주에 등산장비점 '산이 좋은 사람들'을 개업했으며, 2007년에 구미로 이전해 현재까지 이어오고 있다.

구미로 온 그는 자연스럽게 구미산악구조대에 가입하게 되었고, 등반 노하우 전수와 공유를 위해 대한산악구조대 강사와 경북등산학교 강사로 활동해 왔다. 이때부터 구미시에서 추진하는 7대륙 최고봉 원정에 등반대장으로 참여했다. 이후 엘브루스, 킬리만자로, 데날리, 에베레스트, 아콩카과, 칼스텐츠 원정을 성공적으로 이끌었다.

그는 아내 조인순씨를 가장 고맙고 미안한 사람으로 꼽는다. 두 아들을 키우는 빠듯한 살림 속에서도 그의 원정을 매년 허락해 주었다. 대학산악부 6년 후배인 아내가 산을 향한 그의 열정을 이해하기에 가능했다고 한다. 그에게 산은 어떤 의미인지 물었다.

"무지개라고 말하고 싶어요. 아름답고 가지고 싶지만, 다가갈수록 어려워지고 닿을 수 없는 존재 같아요."

1 산을 통해 인생관이 바뀌었나? 바뀌었다면 그 이유는?

20~30대에는 '안 되면 되게 하라' 뭐든 할 수 있다는 자신감을 얻었다. 30~40대에는 '내가 할 수 있는 등반을 하자' 세상과 타협을 배웠으며, 40~50대에는 '함께할 수 있는 등반을 하자' 돌아볼 수 있는 여유를 배우는 중이다.

2 정상이 눈앞에 있고, 나는 삶과 죽음의 경계에 있을 때 어떤 선택을 하겠나?

2003년 동티베트에 있는 5,800m대의 미답봉을 후배 5명과 오르다 정상을 100여 m 남겨두고 시간과 장비가 부족해 내려온 적이 있었다. 하산을 결정하기까지 쉽지 않았지만 "마지막 도달지점, 여기가 우리의 정상이다"라고 말하고 눈물 찔끔 흘리고 웃으며 내려 왔다. 나의 산, 정상은 꼭 꼭대기만은 아니며, 내가 준비하고 내 능력껏 오르고 후회 없이 내려 올수 있다면 그곳이 정상이라 생각한다. 산은 다시 올 수 있으니까.

3 자신이 생각하는 최고의 등반(좋은 등반)이란?

좋은 멤버들과 웃고 떠들며 계획한 만큼 함께 오를 수 있다면 그 등반이 가장 좋은 등반이라 생각한다.

4 자신이 가장 영향 받은 인물은?

20세에 책으로 만난 우에무라 나오미는 청춘을 산에 바쳐도 아깝지 않다는 걸 깨닫게 해준 사람이다.

5 가이드 등반을 어떻게 평가하나?

자기가 차를 운전하는 게 아니라 택시를 타고 다니는 것과 같다고 생각한다. 택시를 타고 다니다 답답하면 자기차를 운전하며 다니겠지.

6 평소 컨디션 관리와 트레이닝 방법은?

매주 풋살로 인터벌 및 심폐훈련을 하고 때때로 등산과 등반을 한다.

7 외국과 비교했을 때 한국 알피니스트로서 장점과 부족한 점은?

국내에 세계에 비할 만한 높은 산이 없어 고산등반을 경험할 기회가 부족하다. 사회적인 분위기 상 등반 시간을 내기가 어렵다.

8 현재 히말라야의 상황을 어떻게 보고 있나?

인간의 오르고자 하는 욕망과 자본주의가 뒤죽박죽된 혼돈의 과정이라 생각한다.

9 외국 알피니스트에게 배울 점이 있다면?

기다릴 줄 아는 인내심과 치밀한 계획. 2000년 초반 칸텡그리 베이스캠프에서 러시아인 2명, 독일인 1명을 만났다. 이들은 15일이 넘도록 매일 같이 차를 마시며 망원경으로 산만 바라보고 있었다.
"언제 정상 가냐?"고 물었더니 "북벽으로 올라 갈 건데. 기다리고 있다"고 대답했다. 한국에 돌아와서 외신으로 그들이 기어코 북벽을 통해 정상에 올랐다는 소식을 들었다. 한동안 '이들이 기다린 건 무엇이었을까?'를 곱씹었었다.

10 본인이 생각하는 알피니스트의 기준은?

오르고자 하는 산이 목표고, 등반을 목적으로 산에서의 모든 상황들을 헤쳐 나가는 사람들.

11 현재 한국산악계에 가장 부족한 것은 무엇일까?

너무 테두리 안에(산악단체, 선후배) 갇혀 있는 게 아닐까 생각한다. 오름짓의 다양성을 인정하는 문화가 부족한 듯하다.

12 한국적 알피니즘, 한국의 산악계와 산악인들이 30년 후에 어떻게 변해 있을 것으로 예상하나?

극소수의 산악인만 남아 있지 않을까 생각한다. 지금이라도 함께 산을 오를 수 있는 후배들을 찾아 많이 응원하고 지원해야 할 것 같다.

산 없는 인천에서 탄생한
강력한 산악구조대의 수장

소속	인천광역시산악연맹 산악구조대 대장
2013	티베트 마낭강일(6,400m) 원정
2014	중국 샤문 구조경진대회 참가
2016	산림청장상 수상
2017	대만 · 미국 구조대 국내 합동 훈련
2018	키르기스스탄 악사이산군 원정,
	마니산제 우수산악인상 수상
2019	미국산악구조대 60주년 행사 참가

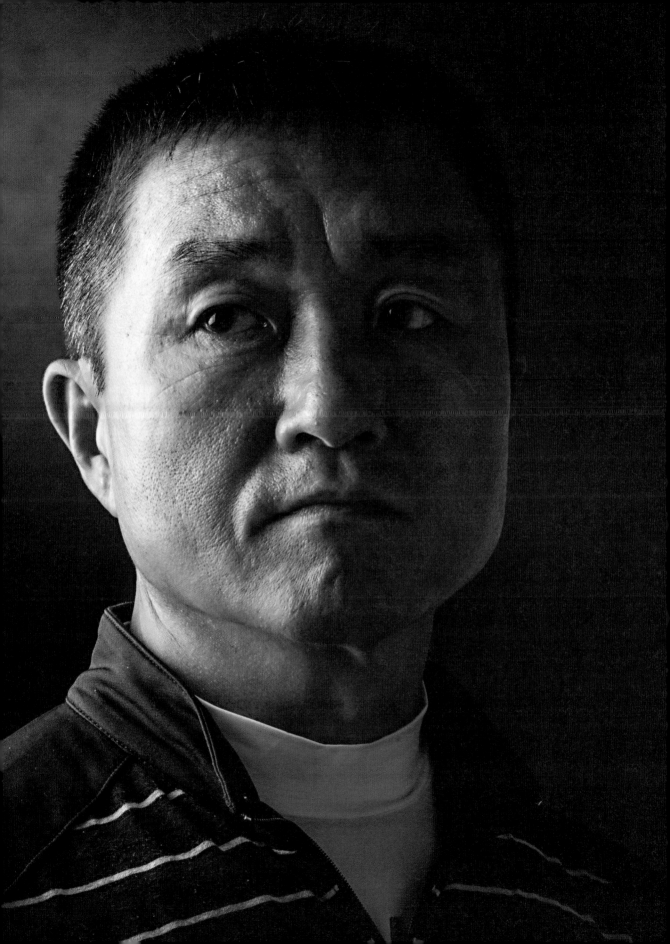

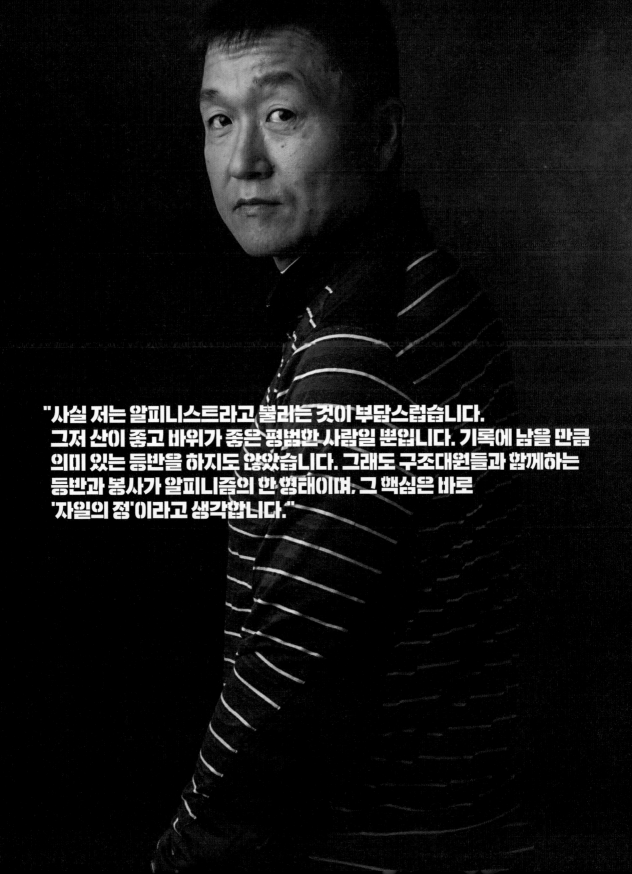

"사실 저는 알피니스트라고 불리는 것이 부담스럽습니다.
그저 산이 좋고 바위가 좋은 평범한 사람일 뿐입니다. 기록에 남을 만큼
의미 있는 등반을 하지도 않았습니다. 그래도 구조대원들과 함께하는
등반과 봉사가 알피니즘의 한 영태이며, 그 핵심은 바로
'자일의 정'이라고 생각합니다."

일반인들은 암벽을 오르는 전문등반은 위험한 행위라고 보는 경우가 많다. 보통 사람은 할 수 없는 특별한 사람들의 취미라고 생각하는 것이다. 하지만 최근 스포츠클라이밍이 인기를 끌며 등반인구가 폭발적으로 늘어나는 추세다. 이와 동시에 등반 중 일어나는 안전사고 또한 증가해 산악구조대의 역할이 주목받고 있다. 그런데 산이 거의 없는 인천에 우리나라에서 몇 손가락 안에 드는 강력한 산악구조대가 활동하고 있어 화제다.

2018년 14대 대장으로 취임한 인천광역시산악연맹(이하 인천연맹) 산악구조대 천준민씨는 인천지방경찰청에 근무하는 경찰이다. 그는 바쁜 와중에도 산악구조대의 일이라면 물불을 가리지 않고 헌신하고 있다. 시간을 쪼개 해외원정도 다녀왔고, 다른 나라 구조대와 합동 훈련을 기획해 열정적으로 참여하고 있다. 직업부터 취미생활까지 봉사정신으로 똘똘 뭉친 인간적인 알피니스트라 하겠다.

"사실 저는 알피니스트라고 불리는 것이 부담스럽습니다. 그저 산이 좋고 바위가 좋은 평범한 사람일 뿐입니다. 기록에 남을 만큼 의미 있는 등반을 하지도 않았습니다. 그래도 구조대원들과 함께하는 등반과 봉사가 알피니즘의 한 형태이며, 그 핵심은 바로 '자일의 정'이라고 생각합니다."

산악인들은 등반을 위해 많은 장비를 이용한다. 안전벨트와 카라비너, 암벽화, 퀵드로, 프렌드 등 안전한 등반을 위해 반드시 필요한 장비들로, 무엇 하나 중요하지 않은 것이 없다. 하지만 천 대장은 이렇게 많은 장비들 가운데 가장 중요한 것이 바로 '자일'이라고 이야기한다.

"모든 일에는 시작과 끝이 있듯이 자일에도 시작과 끝이 있습니다. 한쪽에는 선등자, 다른 끝에는 후등자가 서로의 안전을 확보하며 연결되어 있습니다. 말소리는 안 들려도 자일을 흐름으로 소통하고 오름짓을 하면서 바위를 느낍니다. 자일은 아무하고나 묶지 않는다는 것은 상식입니다. 그래서 자일로 이어진 '정'은 등반가들에게 매우 중요한 의미가 있다고 생각합니다."

군 복무 시절 암벽등반 입문

항구도시 인천 태생인 천준민 대장은 바다가 가까운 동네에서 어린 시절을 보냈다. 자연스레 더운 여름이면 주말마다 가족과 함께 해수욕장에서 물놀이를 하며 피서를 했다. 하지만 아이러니하게도 그는 어린 시절 바다에서 겪은 불쾌한 기억 때문에 산을 더 좋아하게 됐다고 한다.

"가족들과 송도해수욕장에 자주 갔는데, 아버지는 늘 저를 어른 키만 한 깊이의 물에 빠뜨려 놓고 허우적거리면 꺼내주는 장난을 하곤 하셨습니다. 저는 그게 무척 싫었습니다. 그래서 초등학교 6학년 무렵부터 수영장을 잘 가지 않게 되었고, 자연스럽게 산을 찾기 시작했습니다."

고등학교 시절 그는 친구들과 어울려 야영하는 재미로 전국의 산을 돌아 다녔다. 지금으로 말하면 백패킹 마니아였던 것이다. 암벽등반을 처음 접한 것은 군대에 있을 때였다. 그는 1990년 군에 입대해 7년간 직업군인 생활을 했는데, 마침 선임자 중에 산을 좋아하는 이가 있었던 것이다. 그의 손에 이끌려 1994년 여름 처음으로 북한산 인수봉을 오른 것이 계기가 됐다.

"군대 선임이 북한산 놀러 가자고 하더니, 대슬랩 앞에서 암벽화 두 켤레와 안전벨트 2개, 자일, 장비 등을 꺼내놓더군요. 선택의 여지가 없었습니다. 그날 줄을 묶고 함께 인수봉을 올랐습니다. 그이후 가끔 바위를 했는데, 1997년경 지금은 고인이 되신 백봉 이영관 선생님을 만나 등반을 배운 이후 지금까지 계속하고 있습니다."

그가 인천연맹 산악구조대 소속으로 활동하기 시작한 것은 2001년부터다. 좀더 체계적이고 수준 높은 등반을 함께할 이들을 찾다 보니 산악구조대가 눈에 들어온 것이다. 사실 인천에는 산이 없어서 산악구조대가 조난자 구조를 위해 현장 출동할 일이 거의 없다. 주로 산에서 진행되는 행사 지원을

2018년 진행한
인천산악구조대
'나눔원정대 1기'
악사이산군 원정 당시
코로나봉에 오른 천 대장.

많이 나가는 편이다. 대신 실전 경험을 쌓기 위해 월 2회 북한산이나 설악산 등에서 강도 높은 훈련등반을 실시한다.

"인천에 산이 없지만 인천산악구조대의 실력은 이미 정평이 나 있습니다. 매년 열리는 전국 산악구조대 경진대회에서 재작년과 작년에 우승해 2연패했고, 올해는 종합 3위에 입상하는 등 우수한 성적을 거두고 있습니다. 실전 투입 기회는 적지만, 언제나 등반 중에 훈련을 게을리 하지 않은 덕분입니다. 인천산악구조대 30명 대원들은 요구조자가 발생하면 언제라도 투입될 수 있도록 손발을 맞추고 있습니다."

천 대장은 인천연맹 산악구조대 소속으로 해외원정도 몇 차례 참가했다. 2013년 티베트의 마낭강일(6,400m), 2018년 키르기스스탄 악사이산군에서 인천을 대표해 등반을 펼쳤다. 여러 가지 여건 상 8,000m 고봉 등반은 어렵지만, 일선 형사로 바쁘게 근무하며 해외원정까지 다녀왔다는 것은 보통 열정이 아니면 불가능한 일이다.

"피곤하다고 쉬는 날 집에서 누워 있으면 절대 산에 못 갑니다. 근무가 없는 날은 무조건 배낭 메고 산으로 가는 것을 원칙으로 했습니다. 6년째 인천등산학교 대표강사를 맡아 교육하고 있고, 구조협회에서도 강사로 활동하고 있습니다. 이상하게 산에서 야영하고 등반을 할 때는 피곤한 줄 모르겠어요. 그래서 20년 이상 꾸준히 등반을 계속할 수 있었던 것 같습니다. 이제 퇴직하면 에베레스트 같은 높은 산도 가고 싶습니다."

그는 고산등반 경험이 많은 편은 아니지만, 인천산악구조대가 꾸린 원정대의 운영을 책임지는

핵심 멤버다. 특히 2018년 인천산악구조대가 출범한 '악사이산군 나눔원정대 1기'의 모든 훈련과 일정을 총괄하며 많은 경험을 쌓았다. 원정대 이름도 그가 지었는데, 산악활동을 통해 얻을 수 있는 소통, 배려, 나눔이라는 3가지 정신을 강조한 것이다.

　　"나눔원정대가 추구하는 3가지 정신 중 '소통'은 우리가 찾아가는 자연에 대한 존중과 호흡을 의미합니다. '배려'는 원정대의 운영에 가장 중요한 대원들 간의 팀워크를 강조하는 말이며, '나눔'은 말그대로 경제적으로 낙후된 원정대상지에 도움을 주자는 의미입니다.

　　지난 '나눔원정대 1기' 공식 일정이 끝난 뒤 현지 고아원을 방문해 준비해 간 학용품과 장난감을 나눠줬습니다. 내년에는 나눔원정대 2기 출정계획을 갖고 있습니다. 언젠가는 2013년 실패한 미답봉 티베트 마낭강일 재도전도 생각하고 있습니다."

해외 산악구조대와 교류 선구자
천 대장은 해외 산악구조대와 우리나라 산악구조대 간 교류의 물꼬를 튼 주인공이기도 하다. 지난 2014년 중국 샤문에서 열린 국제구조경진대회에서 만난 대만과 미국 구조대원들과 쌓은 친분을 바탕으로 정기적인 합동훈련을 추진한 것. 이후 대만 신북시 구조대와는 1년에 한 번씩, 미국 베일구조대와는 3년에 한 번씩 교류를 진행하고 있다. 2017년에는 대만과 미국 구조대를 국내로 초청해 함께 훈련을 진행하기도 했다. 2019년 미국팀 초청으로 미국산악구조대 60주년 행사에 참가해 미국팀과

(위)2013년 티베트 마낭강일 미답봉 원정 중.

(오른쪽)2019년 미국산악구조협회MRA 창립 60주년 행사에 초청되어 혼합팀으로 구조대회에 참여했을 당시.

함께 선수로 출전했다.

그가 이렇게 산악구조대 활동에 열심인 것은 산꾼들이 추구하는 '정통 알피니즘'을 지키고 계승하기 위해서다. 천 대장 스스로 '알피니스트'라고 불리는 것은 쑥스러워하지만, 산을 좋아하는 사람으로서 해야 할 일은 피하지 않는 성격이기 때문이다.

"요즘 들어 암벽등반 인구가 점차 고령화되고 있습니다. 젊은 친구들은 힘든 산으로 가기보다 실내나 외벽으로 빠지려 해 아쉽습니다. 저는 산꾼들 사이의 선후배 문화를 좋아합니다. 역사와 전통을 잘 아는 선배가 후배를 이끌며 세대 간의 가교 역할을 해줘야 합니다. 그것이 진정한 산악인의 모습이라고 생각합니다."

아내와 아이들 "미안하다, 사랑한다"

천 대장은 직장과 산악구조대 어느 하나 소홀히 하지 않고 최선을 다하는 열정적인 산꾼이다. 하지만 늘 집에 있는 아내와 아이들에게 미안한 마음을 가지고 산다. 평일에는 직장에서 일하고 술 마신다고 늦게 귀가하고, 주말이면 등반 간다고 집을 비웠기 때문이다.

"결혼 몇 년차까지는 집사람이 휴일이면 '또 산에 가?'라고 하더니, 언젠가부터 '산에 안 가?'로 멘트가 바뀌더라고요. 그래서 가기 싫어도 무작정 배낭을 메고 집을 나온 적도 있었습니다. 어쨌든 이런 저의 모습을 20년 동안 지켜봐 준 아내와 아이들에게 늘 고마운 마음을 가지고 있습니다. 같이 좀 놀아주고 시간을 보냈어야 했는데, 등반만 다니다 보니 어느덧 아이들이 다 커 있더라고요. 가족들에게 '늘 미안하며 사랑한다'고 말하고 싶습니다."

2017년 산악구조협회와 대만 · 미국 산악구조대가 합동훈련을 진행했다. 인수봉에서 기념촬영을 한 참가 대원들.

1 산을 통해 인생관이 바뀌었나? 바뀌었다면 그 이유는?
자만하지 않기로 했다. 산은 늘 변수가 있다. 기상이변이 생길
수도 있고 언제 어디서나 위험을 내포하고 있기 때문에 결코
자만해선 안 된다. 긴장을 늦추지 말고 이기려고 하지 말고
순응하며 극복해야 한다. 삶도 마찬가지다.

**2 정상이 눈앞에 있고, 나는 삶과 죽음의 경계에 있을 때
어떤 선택을 하겠나?**
산은 늘 그 자리에 있으니까 잠시 물러서서 다음을 기약하겠다.

3 산에서의 특별한 버릇 같은 것이 있다면?
등반이나 산행 전 꼭 두 손 모아 산신령님께 3번 기도를 한다.
첫 번째는 너를 위해, 두 번째는 나를 위해, 세 번째는 우리의
안전을 기원한다.

4 파트너를 선택하는 조건은 무엇인가?
파트너는 그 사람의 동작만 봐도 무엇을 의미하는지 알 수
있어야 하고, 때론 서로 보이지 않는 곳에서도 자일 하나로
대화를 할 수 있어야 한다. 그래서 서로 신뢰와 믿음이 있고
소통이 잘되는 사람을 파트너로 삼는 편이다.

5 자신이 생각하는 최고의 등반(좋은 등반)이란?
철저한 준비를 통하여 실패와 성공을 논하기 전에 안전하게
귀가하여 다음을 기약할 수 있는 것이 최고의 등반이라
생각한다.

6 자신이 가장 영향 받은 인물은?
故 김홍빈 대장.

7 가이드 등반을 어떻게 평가하나?
긍정적이다. 능력이 안 되서 경험하지 못하는 곳을 안전하게
이끌 수 있는 안내자가 있다면 좋지 아니한가.

8 평소 컨디션 관리와 트레이닝 방법은?
술을 즐기지만 유산소와 근력 운동을 꾸준히 한다.

9 가장 감명 깊게 읽은 책이나 영화, 음악 등은?
조코 윌링크, 레이프 바빈이 지은 〈네이비씰 승리의 기술〉이란
책을 좋아한다. 감명 깊다기보다는 리더라면 반드시
읽어봐야 할 책이다.

10 산 이외의 특기는?
트레일러닝을 즐긴다.

11 "이제 산악회는 죽었다"는 말에 대해 어떻게 생각하나?
산악회가 죽었다기보다는 모이는 방식이 달라진 것 같다.
옛날처럼 선후배의 손에 이끌려 산악회에 가입하는
전통산악회가 아닌, 스마트폰 시대에 맞춰 인터넷, 인스타그램
등을 통해 뜻이 통하는 사람들이 모이는 것이 자연스러워졌다.
소위 인터넷산악회의 홍수시대이지만 그런 곳에서 만들어진
모임도 산악회가 아닐까 생각한다.

12 본인이 생각하는 알피니스트의 기준은?
미지에 대한 설렘에 도전하는 용기를 가지고, 나보다는
동료를 우선하는 사람.

13 한국산악사에서 최고의 등반을 꼽는다면?
1977년 고상돈의 에베레스트 등정.

14 현재 한국산악계에 가장 부족한 것은 무엇일까?
"옛날엔…, 나 때는 말이야…, 내가 평생 등반했었는데 여태
아무 일 없었어" 등 '선배의 말이 다 맞아' 라는 것을
알피니즘이라고 포장해 수직적인 관계를 형성하는 것 같다.
즉 선후배의 소통이 양방이 아닌 일방적인 경향이 있다.

**15 한국적 알피니즘, 한국의 산악계와 산악인들이
30년 후에 어떻게 변해 있을 것으로 예상하나?**
눈길에 저 멀리서 되돌아보면 한 방향으로 난 발자국처럼
훌륭한 선배들의 모습을 보고 배워 세계적인 산악강국이
되어 있을 것 같다.

가난하더라도
즐거운 등반 추구하는,
강단 있는 산악인

소속	광주빌레이클럽, 광주전남등산학교 강사, G1클라이밍 대표
2000	킬리만자로(5,895m) 등정
2004	호남정맥 구간 종주, 땅끝기맥 단독 일시종주(11일)
2005	광주 석문산 석문암장 리볼팅 및 개척
2007	해남 두륜산 초의길 개척
2011	故 윤치원 · 박행수 시신 수습원정대 해발 7,000m 진출
2013	파키스탄 가셔브룸1봉(8,068m) 등정
2016	네팔 출루페어이스트(6,059m) 등반. 5,900m 진출
2017	네팔 낭파이고숨(7,312m) 등반. 6,500m 진출
2018	네팔 다울라기리(8,167m) 등반, 파키스탄 낭가파르바트(8,125m) 등반, 네팔 출루이스트(6,484m) 등정

"저는 리더십이 부족하다고 생각합니다.
저 혼자 대장을 한다고 할 수 있는 게 아닌 거죠.
원정대를 매년 꾸리고, 효율적인 원정대를
추구하고 있지만, 대장 자리에 대한 욕심은
없습니다. 사람을 컨트롤해야 하기에
대장은 쉬운 자리가 아닙니다."

"행수는 말수가 적고, 착한 후배였어요. 재학생 수가 워낙 적어 졸업생인 제가 산을 가르쳤어요. 첫 얼음도 저와 함께였지요. 제 첫 히말라야 원정이 2011년 윤치원 · 박행수 시신 수습 원정대였어요. 막내 대원이던 행수를 그 차가운 곳에 두고 온 선배들이 미웠지만, 막상 그곳에 발을 디뎠을 때 알게 되었어요. 어쩌면 제대로 가르친 것도 없이 직계 선배랍시고 있는 제 책임이 더 크다는 것을요."

'살아남은 자의 슬픔'은 산악인에게 주어진 숙명인지도 모른다. 지금도 무수한 산악인과 유가족들이, 고인을 가슴에 품은 채 간간이 울컥 차오르는 그리움을 아무도 모르게 삼키고 있을 것이다. 윤욱현은 산 사람들에 대한 그리움, 미안함, 원망, 분노, 애정을 모두 품고서 꿋꿋이 자신의 산을 오르는, 강단 있는 산악인이다.

2011년 시신 수습 원정대의 일원으로 흰 산을 처음 경험한 그는, 이후 거의 매년 히말라야 원정에 나서며 고산등반에 빠져들었다. 그 성과로 2013년 8,000m 고봉 중에서도 어렵기로 손꼽히는 가셔브룸1봉(8,068m)을 김미곤 대장과 함께 등정했다. 김미곤 대장의 대원으로 원정에 나섰던 박행수를 대신해, 김미곤 대장의 등반에 참여했다. 고산 경험이 비교적 적었던 윤욱현은 처음엔 등정 욕심이 없었다고 한다.

"원정을 떠나기 전부터 정상은 생각하지 않았습니다. 오르내리며 캠프 구축만 도울 생각이었는데, 격려차 온 장창수 선배의 권유로 정상을 바라보게 되었습니다. 3캠프를 거쳐 정상까지는 크게 힘든 것이 없었는데, 앞서가며 로프를 정리하면서 하산할 때는 다리가 풀려 몇 번을 주저앉았어요. 발을 떼기가 힘들었는데, 가족을 생각하며 내려왔습니다."

즐거운 등반이 등정보다 더 큰 목표

고산에 대한 자신감이 붙은 그는 이후 출루페어이스트(6,059m), 낭파이고숨(7,312m), 다울라기리(8,167m), 낭가파르바트(8,125m) 등반을 했으며, 2018년에는 직접 원정대를 꾸려 출루이스트(6,484m) 정상에 대원 4명 모두 올랐다. 출루이스트 원정대장은 그가 아닌, 박행수를 잃었던 원정대 대장이었던 김주형 선배였다. 윤욱현은 "선배의 자책과 아픔을 등반을 통해 조금이나마 덜어드리고 싶었다"고 한다. 나머지 대원은 그가 운영하는 광주의 실내암장 회원들이었다.

"요즘 암장에서 운동하는 사람은 등반을 운동으로 생각합니다만, 제 생각은 다릅니다. 산에 가기 위한 과정이라고 봅니다. '요즘 사람들은 실내운동만 하지 그런 것 안 해'라고 포기하기보다는, 그런 기회가 제공되지 않아서 그렇게 보이는 것일 뿐입니다. 불확실성에 대한 도전의 자리를 마련해 주고 성취감을 얻도록 도와주는 것이 제 역할입니다."

불확실성에 대한 도전의 가치를 높이기 위해 그는 대중적인 곳 대신, 출루이스트처럼 정보가 지극히 적은 산을 택했다. 직접 루트파인딩해서 코스를 잡아 산을 올랐으며, 셰르파도 산에 대한 정보가 없어 안자일렌 맨 뒤에서 따라왔다고 한다. '정말 위험한 상황이라면 정상을 고집하지 말고 후퇴하자'는 계획이었다고 그는 말한다.

원정은 최소의 비용으로 대원 각자 십시일반 하여 꾸렸다. 그는 "가난하더라도 즐거운 등반을 하자"는 것이 원정대의 이념이었다고 한다. 스폰서에 대한 부담 없이, 과정을 즐기며 모두가 즐거운 등반을 하는 것이 등정보다 큰 목표였다. 그는 8,000m 원정을 여러 번 경험했지만, "즐거운 등반에 대한 목마름이 있었다"고 한다. 탄탄한 기업의 지원이 몸은 편하지만, 이로 인해 연예인 같은 산악인이 되어야 하는 것이 싫었다고 한다.

그가 운영하는 실내암장에는 등반교실이 있어 등산입문, 기초암벽, 인공등반, 종합등반, 동계등

낭가파르바트
(8,125m)를 오르는
윤욱현. 캠프2로 향하는
설사면을 오르고 있다.

반을 배울 수 있다. 이렇게 등반의 기초를 닦아 매년 히말라야로 회원들과 함께 가는 것이 그의 계획이다. 2020년 네팔 나야캉가(5,844m) 원정을 계획했으나 갑작스런 코로나 사태로 이루지는 못했다.

암장 회원들과 나선 첫 히말라야는 2017년의 마나슬루 라운드 트레킹이었다. 대중적인 안나푸르나 트레킹이나 에베레스트 BC가 아닌 마나슬루를 택한 건, 그곳에 묻힌 윤치원·박행수를 추모하고 싶어서였다. 5,230m의 라르게패스를 넘는, 보통의 암장회원들이 하기에는 쉽지 않은 도전이었다. 또한 윤치원이 속한 진해산악회의 김덕신 회원이 함께 동행해 그들의 영혼을 기렸다. 이 트레킹을 통해 박행수에 대한 무거운 감정을 조금이나마 털어내고, 자신의 산을 찾는 계기가 되었던 셈이다.

두륜산이 낳은 알피니스트

해남 두륜산 기슭이 고향인 그는 산이 놀이터였다. 아들 셋 중 장남이었으나, 부모의 기대에 부응하는 모범생은 아니었다. 고등학교를 중퇴하고 대구의 공장을 3년간 다녔고, 목수일을 1년간 배우기도 했다. 절친한 친구가 사고로 척추신경이 끊어져 하반신 마비가 되자, 그는 친구 치료비를 벌기 위해 또래 친구들과는 다른 선택을 했다.

군대를 다녀온 후 뒤늦게 공부에 매진해 광주대 건축학과에 입학했으며, 동시에 대학산악부에

2017년 네팔 쿰부 냥파이고숨(7,312m)
초등 당시 캠프 1~2 사이를 오르는 윤욱현.

가입했다. 대학산악부의 일원으로 호남정맥을 종주하고, 고향땅 해남의 땅끝기맥을 홀로 11일 동안 걸어 완주했다. 산에 점점 빠져든 그는 등반을 더 전문적으로 하고, 졸업 후에도 등반을 계속 이어가기 위해 2005년 '광주 빌레이클럽'을 만들었으며, 창립 회장을 맡았다.

대학 졸업 후 설계사무소에 입사했으나, 자유롭게 산에 가고 싶어 1년 만에 퇴사하고 화재보험사에 입사해 10년을 일했다. 또한 지금의 아내를 광주 빌레이클럽에서 만난 것은 그의 등반인생에 있어서는 행운이었다. 치과 치기공사인 아내 덕분에 2014년 개업한 실내암장 운영에만 몰두하며 자유롭게 산에 다니게 되었던 것. 지금도 암장에서 나오는 수익은 암장에 재투자하거나 산에 다니는 비용으로 쓰이며, 1남1녀의 가족 경제를 꾸리는 것은 아내의 몫이다.

불확실성에 대한 도전 계속해 나가는 것이 나의 알피니즘

그는 대장이 아니다. 대장을 맡은 적 없다고 말한다.

"저는 리더십이 부족하다고 생각합니다. 저 혼자 대장을 한다고 할 수 있는 게 아닌 거죠. 원정대를 매년 꾸리고, 효율적인 원정대를 추구하고 있지만, 대장 자리에 대한 욕심은 없습니다. 사람을 컨트롤해야 하기에 대장은 쉬운 자리가 아닙니다."

그는 스스로 알피니스트라고 말하지 않지만, 자신만의 알피니즘을 추구한다. 등반기술을 꾸준히 습득하고, 불확실성에 대한 도전을 계속해 나가는 것이 그의 알피니즘이다. 무엇보다 윤욱현은 "결과보다는 과정을 중시하고, 경쟁보다는 배려를 통해 알피니즘을 추구하면서 산을 오르는 사람이 진정한 알피니스트"라고 힘주어 말한다.

2013년 가셔브룸1봉 정상에 오른 윤욱현 대원(오른쪽)과 김미곤 대장. 가슴에 한이 되어 남아 있던 故 박행수 대원과 윤치원 선배의 사진을 정상에 묻고 내려왔다.

1 정상이 눈앞에 있고, 나는 삶과 죽음의 경계에 있을 때 어떤 선택을 하겠나?

'정상이 눈앞에 있고 삶과 죽음의 경계에 있다'는 질문에는 항상 나의 삶 자체가 죽음의 경계선에 놓여 있다고 생각하기에 '그 가치를 위해 죽음도 뛰어넘을 용기가 있는가?' 라는 스스로에 대한 선택이라고 생각한다. 지금은 나의 가족의 행복추구가 최우선의 선택이라 생각한다.

2 파트너를 선택하는 조건은 무엇인가?

파트너는 와이프 같은 존재다. 물론 좋은 것만 있을 수 없기에, 가고자 하는 방향성이 조금 다르더라도 이해와 많은 대화를 통하여 서로를 신뢰할 수 있어야 한다. 등반이 끝날 때까지 서로 믿어 주어야 한다.

3 자신이 가장 영향 받은 인물은?

대학산악부 시절 동계훈련을 한 달여 간 설악에서 단둘이 보냈던 박성범 선배이다. 물론 선후배 사이지만 각자의 역할과 규칙을 떠나 즐거운 등반을 할 수 있었고, 악우의 따스함 속에 믿음과 신뢰가 바탕이 된다면 어떤 곳도 못 오를 곳이 없을 것 같았다.

4 본인이라면 에베레스트를 어떻게 오르겠는가?

많은 등반가가 다양한 방법을 통해 도전해 왔기에 뭔가 다른 방법보다는 내 스스로의 한계를 시험하며 올라보고 싶다. 하지만 줄 서서 올라가는 건 보류하겠다.

5 가이드 등반을 어떻게 평가하나?

무조건 부정적인 시각으로만 볼 수 없다고 생각한다. 등반의 방식과 기술은 많은 변화를 했고 누구에게나 도전의 마음이 잠재해 있으니, 그것을 추구하려 할 때 부족한 기술이나 역량을 도움 받고자 하는 것이지 않겠는가. 다만 스스로 알피니즘의 도전정신에 대한 초점을 어디에 둘 것이냐에 따라 (가이드의 의미가) 달려 있다고 생각한다.

6 가장 감명 깊게 읽은 책이나 영화, 음악 등은?

영화 〈노스페이스〉. 아이거 북벽 초등을 목표로 경쟁하듯 오르는 모습과 주인공들의 내면에 숨겨진 도전과 인류애란 여러 갈등 속에 선택들. '만약'이란 단어가 가장 많이 내포되었던 영화로 매번 볼 때마다 많은 생각을 하게 한다.

7 외국과 비교했을 때 한국 알피니스트로서 장점과 부족한 점은?

한국등반대는 어느 외국 등반대보다 조직적이고 체계적이기에 끈끈한 악우애로 희생을 통해 등반의 성공률이 높다. 하지만 개개인의 역량을 볼 때 우리에겐 자연적, 행정적 요건이 따라주지 못함으로 인한 경험의 부재가 심하다고 생각한다.

8 "이제 산악회는 죽었다"는 말에 대해 어떻게 생각하나?

동의한다. 존경심과 동경이 배제된 군대식(?)으로 만들어진 단체 대부분이 축소되는 듯하다. 물론 대의를 위해 조직은 개인의 희생을 강요할 수밖에 없을 것이다. 하지만 여러 세대를 거치는 과정에서 레저의 다양성과 정보력으로 인하여 개개인의 자아에 대한 욕구는 강해져 있다. 이제 산악회란 단어보다는 동호회란 이름처럼 같이 동등한 입장에서 '형'이 아닌 '선배'라는 칭호로 다시 변화를 모색해야 할 것이다.

9 현재 히말라야의 상황을 어떻게 보고 있나?

기후 변화와 준비되지 않은 관광객들이 이슈다. 상업등반이 주류가 되고 있지만, 언젠가는 암묵적인 윤리와 규율이 히말라야 등반의 다양성을 만들어 갈 것이라고 본다. 하지만 기후 변화로 인한 심각성은 인류가 대자연에 대해 어떤 과오를 일으키고 있는지, 그에 따르는 대가는 무엇인지 심각하게 논의해 볼 부분이라고 생각한다.

10 외국 알피니스트에게 배울 점이 있다면?

도전에 대한 자유로움이 있어 보인다. 규율과 관례에 멈춤 없이 각자 개개인의 알피니즘을 창조해 가며 스스로에게 정당성을 증명해 보이는 모습이 배울 점인 듯하다.

11 본인이 생각하는 알피니스트의 기준은?

각자가 추구하는 새로운 목표를 향한 도전 정신이라 생각한다. 산이라는 대상지를 향한 각자의 목표를 행동으로 옮겨 꿈이 아닌 현실로 만들어가는 과정.

12 한국산악사에서 최고의 등반을 꼽는다면?

어느 것 하나 쉽거나 값지지 않은 등반이 없지만 개인적인 소견으로는 1997년 가셔브룸4봉 등반을 꼽겠다. 많은 이가 14좌만을 향해 걷고 있었고 여러 원정대가 포기했지만 서벽 중앙에 코리안 다이렉트 루트를 성공적으로 마무리했던 등반은 한국산악사에 최고의 등반으로 생각된다.

대자연 속 자유등반 즐기는
스포츠클라이밍 박사

소속	을지대학교 스포츠아웃도어학과 겸임교수, 손정준 스포츠클라이밍연구소 소장
1999	태국 프라낭 5.14급 루트 한국 최초로 등반
2000	설악산 적벽 최초 자유등반
2008	설악산 울산바위 비너스길 최초 자유등반
2013	경희대학교 체육대학원 체육학 석 · 박사(스포츠학 전공)
2016	미국 요세미티 엘캡 노즈 11시간 20분 한국 최단시간 등반
기타	스포츠클라이밍 아시아선수권대회 우승 및 전국대회 20회 우승, 설악산 울산바위 개척 및 정리 등반

"미국의 이기범 선배 덕분에 요세미티의 거벽을 오르며
자유등반 세계에 눈을 떴습니다. 그런 등반을 하려면 철저하게
준비해야 합니다. 거벽에 적합한 등반기술을 익히고 강한 체력을
갖추지 않으면 어림 없습니다. 우리나라에도 거벽 자유등반 훈련에
적합한 곳이 있습니다. 바로 설악산 적벽과 울산바위입니다."

손정준은 한때 우리나라를 대표하는 자유등반가로 이름을 날렸다. 1999년 태국 프라낭에서 한국 최초로 5.14급을 올랐으며, 2000년 설악산 적벽을 자유등반으로 올라 많은 이들을 놀라게 했다. 2008년에는 우리나라의 가장 큰 벽인 울산바위 비너스길을 자유등반으로 올랐다. 모두 힘들다고 이야기하던 한계들을 과감하게 돌파한 선구적인 등반가다.

2016년 미국 요세미티 엘캡 노즈를 11시간 20분 만에 올라 한국인 최단시간 등반기록을 세웠다. 또한 총 33피치에 최고 난이도가 5.12d에 이르는 프리라이더 루트를 자유등반으로 오르는 데도 성공했다. 미국에서도 최고 수준의 클라이머만 시도하는 어려운 등반에 도전해 성과를 거둔 것이다.

그는 스포츠클라이밍 분야에서도 괄목할 만한 성과를 거둔 선수다. 1990년 마산에서 열린 볼더링 대회와 1991년 설악산에서 열린 암벽대회에서 우승하며 자신의 존재를 세상에 알렸다. 1995년부터 1997년까지 전국 인공암벽대회 3연패를 하며 최고의 자리에 올랐다. 이후 선수 생활을 하며 아시아선수권대회 우승과 전국대회 20회 우승의 기록을 세웠다.

실력과 이론 겸비한 '교수' 클라이머

손정준은 국내 최초 스포츠클라이밍 박사다. 2013년 경희대학교에서 '스포츠클라이밍 동호인들의 체력 비교 분석'에 관한 논문으로 박사 학위를 받았다. 석사 과정에서는 '스포츠클라이밍 선수들의 젖산과 피로회복'에 관한 논문을 썼다. 당시 국내에 스포츠클라이밍 관련 연구 사례가 전혀 없어 쉽지 않은 과정이었다. 박사 과정을 마치는 데 6년이 걸렸을 정도다. 그런 노력 끝에 등반 실력과 이론을 겸비한 교수가 됐다.

그는 2016년부터 을지대학교 스포츠아웃도어학과 겸임교수로 학생들에게 스포츠클라이밍과 암벽등반에 대해 가르치고 있다. 국립등산학교와 한국등산학교에서도 강사로 꾸준히 활동했다. 우리나라 스포츠클라이밍 교육 시스템 분야에서 그를 빼놓고 이야기하기 어려울 정도다. 현재 그는 '스포츠클라이밍 지도사' 인증제도를 만드는 작업을 진행 중이다.

"우리나라에 인공암장이 500개 정도 됩니다. 실내암장만 해도 350개가 넘습니다. 짧은 시간에 양적으로 크게 확장되었습니다. 하지만 소프트웨어는 여전히 부족합니다. 효율적인 운영과 교육 시스템, 인증 프로그램이 필요한 시점입니다."

그는 2018년 국립등산학교 스포츠클라이밍 최고지도자 과정을 진행하며, 사람들의 배우고자 하는 열의가 대단하다는 것을 몸소 느꼈다. 속초에서 6개월 동안 200시간 강의를 들어야 수료가 가능한 과정인데, 23명 중에 18명이 수료했을 정도다. 지도자들의 열정을 보며 체계적인 시스템의 필요성을 더욱 실감했다.

"국립등산학교의 스포츠클라이밍 최고지도자 과정은 대학원 같은 곳입니다. 그런데 우리나라에는 아직 그 전 단계인 대학 과정이 없습니다. 교육도 단계를 거치며 올라와야 효과를 거둘 수 있지만, 학교나 체육단체 같은 공공기관에서 그런 시스템을 갖추는 것이 현실적으로 쉽지 않습니다. 그래서 뜻을 함께하는 분들과 '스포츠클라이밍 지도사' 과정을 만드는 일을 추진하고 있습니다."

그는 (사)대한스포츠클라이밍협회와 손잡고 2020년 6월 스포츠클라이밍 지도사 1급 과정을 개설했다. 암장을 운영하는 실력 있는 클라이머들을 대상으로 하는 프로그램으로, 1급 지도사가 되면 2급 지도사를 양성할 수 있는 자격을 가지게 된다. 암장 수익에 도움이 될 수 있는 체계적인 교육 시스템의 기초를 만들기 위함이다. 또한 그동안 혼선이 많았던 용어의 통일과 기본 기술의 표준화 등도 지도사 과정 교육을 통해 개선할 예정이다.

마터호른 정상에 선
손정준.

그의 화려한 선수시설 성적과 강사 이력 때문에 사람들은 그를 스포츠클라이머로 기억하는 경우가 많다. 하지만 그는 모암母巖이 인수봉이고 히말라야 원정이 꿈이었던 자연등반을 즐기는 알피니스트다. 지도자 생활을 하며 꾸준히 알파인등반을 계속하고 있다. 2016년 요세미티 원정을 통해 거벽등반의 갈증을 해소했고, 2018년에는 유럽 알프스를 두 번이나 찾아갔다. 딸과 함께 올랐던 몽블랑과 마터호른이 너무 좋아, 부인 윤경임씨와 한 번 더 유럽행 비행기를 탔던 것이다. 젊은 시절에 히말라야 못 간 한을 그렇게 풀고 있다.

울산바위는 최고의 거벽 자유등반 훈련장

손정준은 은퇴한 스포츠클라이밍 선수들이 자유등반에 좀더 많은 관심을 가졌으면 좋겠다고 말한다. 우리나라는 세계적으로 이름을 날린 고산등반가와 스포츠클라이머는 많이 배출했지만 자유등반 분야는 상대적으로 취약하다. 루트 하나의 난이도에 집착하기보다 대자연의 암벽 전체를 상대하는 등반가들이 늘어났으면 하는 것이 그의 바람이다.

"미국의 이기범 선배 덕분에 요세미티의 거벽을 오르며 자유등반 세계에 눈을 떴습니다. 그런 등반을 하려면 철저하게 준비해야 합니다. 거벽에 적합한 등반기술을 익히고 강한 체력을 갖추지 않으면 어림 없습니다. 우리나라에도 거벽 자유등반 훈련에 적합한 곳이 있습니다. 바로 설악산 적벽과 울산바위입니다."

2017년 설악산 적벽
보수작업 중인 손정준.

미국 찰스마운틴
크로징다운(14a)을
오르고 있는 손정준.

최근 10년 사이 손정준은 울산바위의 기존루트를 새롭게 정리하고 볼트를 다시 박는 작업을 진행하고 있다. 그는 루트를 개척한 산악회와 소통한 뒤 요반길, 현용길, 문리대길 등을 개보수하고 있다. 그는 작업 시 자연 훼손을 막기 위해 볼트 설치를 최소화하고 있다. 설악산 적벽 에코길 상단에 볼트 한 개를 설치할지 말지 4년째 고민 중일 정도로 신중을 기하고 있다.

"제가 운동하는 암장에 울산바위 요반길을 개척한 선배님들이 계셨는데, 이야기를 나누며 루트 개보수의 필요성을 알게 됐습니다. 처음에는 그분들의 도움을 얻어 요반길의 볼트를 새로 박는 작업만 했습니다. 그런데 현장에서 살펴보니 너무나 좋은 등반대상지들이 방치되고 있었습니다. 오래 전에 개척되어 정상적으로 등반하기 힘든 곳이 너무 많아 직접 손보기로 결심했습니다."

그동안 개보수가 완료된 울산바위 암벽 루트는 30여 개. 서울대 문리대 산악부와 현용산악회, 에코클럽 등 개척자가 알려진 곳은 해당 산악회의 동의와 도움을 받아 작업을 진행했다. 하지만 울산바위에는 사방에 흔적만 남아 있는 개척자 미상의 곁가지 루트가 많다. 이런 루트 중 등반성이 있는 곳은 먼저 개보수를 하고 순수한글 이름을 붙여 기록으로 남기고 있다. 개척자를 찾으면 원래 루트명으로 바꿀 예정이다.

"루트를 개척한 산악회의 도움을 받기도 했지만, 결국은 제 시간과 비용을 투자해야 할 수 있는 일입니다. 내구성 좋은 볼트를 사용하다 보니, 구입에 들어가는 비용이 엄청납니다. 하지만 후회는 없습니다. 반드시 해야 할 일이라고 생각하기 때문입니다. 울산바위의 훌륭한 루트를 만든 선배님들은 대부분 연세가 70대 이상입니다. 이분들의 조언을 들을 수 있을 때 서둘러야 합니다."

그의 주도로 우리나라 개척 등반의 역사가 담긴 울산바위 루트들이 하나 둘 살아나고 있다. 하지만 그는 "개보수 작업을 하면서 암장 아래 수북하게 쌓인 쓰레기를 볼 때마다 안타까움을 느낀다"면서 "일반인이 못 가는 곳이니 모두 클라이머들이 버린 것이다"라고 말했다. 이에 대해 그는 "등반가들은 권리만 주장할 것이 아니라 책임도 져야 한다"면서 "정기적인 정화활동을 하거나 쓰레기 줄이기 캠페인을 벌이겠다"고 말했다. 아무래도 그의 일이 또 늘어날 것만 같다.

1 산을 통해 인생관이 바뀌었나? 바뀌었다면 그 이유는?

새로운 목표를 세우고 계획할 때는 매사에 긍정적이고 활기찬
삶이 이어진다. 나 자신을 높고 넓은 세계로 인도할 수 있는
긍정의 에너지는 산을 통해서 학습되었고 습관화되었다.
또한 산은 나에게 다양하게 생각하는 법을 알려주었다.
높은 정상의 낮게 바닥에 엎드린 나무는 자신을 낮추어
비바람에 자신을 지키기 위함이요. 또한 사람들에게
겸손함을 일깨워준다.

2 자신이 가장 영향 받은 인물은?

요반산악회 이재영 선배님과 미국의 이기범 선배님이다.
이재영 선배는 내 인생의 전부에 영향을 주었고, 이기범 선배는
요세미티의 거벽 자유등반에 영향을 주었다.

3 평소 컨디션 관리와 트레이닝 방법은?

실내인공암장에서 손가락과 동작을 훈련하고 러닝으로
심폐지구력을 향상시키고 있다.

4 가장 감명 깊게 읽은 책이나 영화, 음악 등은?

사마천의 〈사기〉를 감명 깊게 읽었다.

5 "이제 산악회는 죽었다"는 말에 대해 어떻게 생각하나?

편리함을 요구하는 젊은 세대들은 인공암장으로 유입되고 있다.
시간이 지나면 산도 다니게 되겠지만 개인성향이 강해
산악회보다는 동호회 형식의 '크루' 문화가 발달할 것으로
예상된다.

6 외국 알피니스트에게 배울 점이 있다면?

쉽고 어려움에 얽매이지 않고 미지의 새로운 루트를 찾아
본인들의 철학과 방식으로 도전하는 것.

7 본인이 생각하는 알피니스트의 기준은?

산에 대한 다양성을 겸비하고 끊임없이 도전하는 자.

8 현재 한국산악계에 가장 부족한 것은 무엇일까?

젊은 인재들을 양성하고 지원할 수 있는 시스템이 부족하다.

막강한 거벽 파괴력의
부드러운 돌격대장

소속	노스페이스 클라이밍팀
1998	몽블랑 등정, 아이거 북벽 등정, 마터호른 북벽 등정, 그랑드조라스 북벽 등정
1999	인도 탈레이사가르 등반
2001	파키스탄 카체블랑사 주봉·북봉 세계 최초 등정,
	혼보르 신 루트 등반, 레이디핑거 등반, 시카리 신 루트 등정
2003	청송 달기우폭 카르마 개척등반
2007	파타고니아 파이네 중앙봉 한국 초등
2008	파키스탄 바투라2봉 세계 최초 등정
2009	캐나다 안드로메다 등정, 터미네이터 월 완등
2010	미국 문라이트 버트레스 등반, 요세미티 노즈 16시간 40분 완등, 한국산악회 제1회 김정태상 수상
2011	노르웨이 빙벽등반 투어, 마운트 헌터 북벽 등정
2012	마운트 헌터 북벽 변형 신 루트 등정, 대한민국 산악상 개척상 수상
2014	제천 저승봉 개척
2016	북한산 고래의 꿈 개척, 아샤푸르나 신 루트 개척, 강가푸르나 남벽 신 루트 개척 등정
2017	파타고니아 세로토레 등반, 프랑스 황금피켈상 특별상, 대한민국 산악상 고산등반상 수상
2019	장군봉 히말라야 방랑자 개척 보수

"흰 산을 오르는 사람만 알피니스트는 아니라고 생각해요. 등반정신을
가지고 자연 속에서 도전을 추구하는 사람은 누구나 알피니스트가
아닐까요. 자신을 극복하고 새로운 도전을 하는 사람들 말이죠."

최석문은 뼛속까지 알피니스트다. 20년 넘게 알파인 등반을 해왔고, 그중 일부는 세계 산악계를 놀라게 한 성과였다. 국내외를 가리지 않고 아무도 오르지 않은 벽과 산을 개척하는 데 집중했다. 난이도 높은 고산 거벽 신 루트를 오른다고 했을 때, 고인이 된 김창호 대장은 함께 오를 파트너로 늘 최석문을 입에 올렸다. 암빙벽은 물론 고산 알파인 등반에서도 최고 실력을 갖춘 돌격대장이다.

최석문은 한국 최초로 황금피켈상을 받았다. 2017년 유럽 황금피켈상 심사위원들은 김창호 · 최석문 · 박정용이 알파인스타일로 오른 네팔 아샤푸르나(7,145m) · 강가푸르나(7,455m) 남벽 신 루트 개척 등반을 한국인이 이룩한 알파인스타일 등반 업적이라 평가했다. 고인이 된 김창호 대장과 최석문은 한국 산악계를 이끌던 최강의 자일파트너였다.

청춘이던 2001년 '멀티4 원정'에서도 두 사람은 함께였다. 3개월간 파키스탄에서 6,000m급 4개 봉을 오르고 시카리(5,928m) 북동벽에 신 루트를 냈다. 이때 시카리 완등 후 악천후로 하강이 어렵게 되자 침낭이 없던 이들은 설동을 파서 꼭 끌어안고 잠을 잤다. 죽음의 비박을 견뎌낸 두 사람은 이후 세계에서 손꼽히는 험산을 함께 올랐다. 2007년 남미 파이네 중앙봉을 한국 최초로 오른 것도 최석문 · 김창호 조합이었다. 5.11c급의 고난도 루트를 속공등반으로 10시간 만에 올라 완벽한 호흡을 과시했다.

故 김창호 대장과 최강의 자일파트너

여세를 몰아 2008년 당시 세계에서 가장 높은 미등봉이던 바투라 2봉(7,762m)을 함께 등정하는 데 성공했다. 바투라 2봉은 설벽, 암벽, 빙벽으로 이뤄져 있으며 등반 난이도가 무척 높아 시모네 모로를 위시한 각국의 유능한 산악인들이 도전했으나 줄줄이 실패한 바 있다. 이들은 이틀간 비박을 감행하며 정상에 올라, 산악사에 이름을 남겼다. 최강의 알파인 조합임을 증명한 것이다.

故 김창호 대장은 과거 인터뷰에서 최석문에 대해 "벽 앞에 대면했을 때 등반의 파괴력이 가장 강하다"며 "다양한 기술을 안정적으로 쓰며 밀고 올라가는 힘은 정말 대단하다"고 평한바 있다. 물론 여기서 벽은 세계 최고 수준의 난이도 높은 거벽을 말한다.

큰일을 낼 것 같았던 이들은 2016년 아샤푸르나, 강가푸르나 등반으로 한국 최초 황금피켈상의 영예를 안았다. 그러나 최석문에겐 가장 힘겨웠던 순간이었다. 아샤푸르나 신 루트 개척을 마치고 하산 중 장염에 걸린 것. 5일 동안 설사로 체력과 컨디션이 바닥에 이른 상황에서 고난이도 등반에 나섰다.

고소로 6,000m에서 걷는 것도 어려운데 난벽을 기술과 체력, 정신력으로 정면 돌파해 정상에 섰다. BC를 출발해서 돌아오는 데 7일이 걸렸으며, 그중 어떤 날은 겨우 엉덩이만 걸칠 수 있는 낭떠러지 벽에 기대어 자는 둥 마는 둥 밤을 새웠다. 일주일 간격으로 두 개의 7,000m대 봉우리 신 루트 등반을 해낸 초인들에게 황금피켈상 특별상이 주어진 건 당연한 수순이었다.

등반 성과로 보면 현역 최고 알피니스트라고 해도 좋을 최석문이다. 그러나 대중에게는 덜 알려졌다. 김창호 대장 뒤에 가려진 면도 있지만, 그가 워낙 겸손하고 부드러운 성품인 탓도 있다.

"등반은 산만 오르는 게 아니에요. 사람 관계에서 오는 갈등도 원정등반의 한 요소예요. 행정적인 것, 생계를 멈추고 시간을 내야 하는 것들도 넓은 의미에서 다 등반이에요. 이런 것을 조화롭게 풀어가야 해요."

최석문은 산의 DNA를 타고 난 사람이다. 명산의 고장 청송 출신이며, 심지어 주왕산 기슭인 하의리가 고향이다. "어릴 적부터 눈 뜨면 보이는 것이 주왕산 기암이었다"고 한다. 산에 빠진 계기는 지리산 설경에 취하면서부터다. 군 입대를 앞두고 홀로 나선 여행길에 오른 지리산에서 상고대에 매료

혼신의 힘을 짜내어 강가푸르나(7,455m) 정상을 향해 오르는 최석문. 앞은 박정용 대원이며 故 김창호 대장이 찍었다. 이 등반으로 한국 최초의 황금피켈상을 받았다.

돼 산에 빠져들었다. 이후 군복무 중에도 휴가만 나오면 고향집 대신 산을 찾을 만큼 열성 산꾼의 길로 접어들었다.

주왕산이 낳은 천부적인 등반가

등반의 길로 들어선 건, 1997년 월간《山》에서 개미산악회 회원 모집 광고를 보고 입회하면서다. 이후 그는 물 만난 물고기처럼 천부적인 재능을 드러냈다. 몇 달도 되지 않아 서울 근교는 물론 설악산 일원의 어지간한 루트는 모두 선등을 서고, 이듬해 알프스 3대 북벽을 완등했다. 한국 산악사를 통틀어 흔치 않을 폭발적인 급성장이었다. 폭주하는 기관차처럼 무섭게 험산을 돌파하던 그의 기세가 누그러진 건 결혼 덕분이다.

그의 아내는 한국을 대표하는 여성 알파인 등반가란 평을 받는 이명희다. 국내 최강의 클라이머 부부인 셈이다. 이들의 연은 2001년 파키스탄 원정에서 깊어졌다. 빙하 낭떠러지로 미끄러지던 이명희를 최석문이 잡은 것. 이때 이명희의 아이스엑스가 떨어지면서 최석문의 얼굴을 찍었고, 부상을 입은 두 사람은 결국 하산해야 했다. 얼굴에 흉터 생겼으니 "책임 져라"는 최석문의 반 농담에 이명희가 "내가 데리고 살게"라고 화답하면서 결혼하게 되었다는 산악계에서 유명한 러브스토리가 전한다.

결혼도 알파인스타일이었다. 원정을 다녀온 지 3개월 만에 결혼해 다음해 아들 보건군을 낳았다. 보통의 산악인 부부는 여기서 원정 등반을 접는 경우가 많지만, 이들은 달랐다. 부모로서 양육을

책임지기 위해 매년 번갈아 원정을 가기로 한 것. 행여 부부가 함께 원정 갔다가 사고를 당하면 졸지에 아들이 고아가 되는 걸 방지하고자 짜낸 대안이었다. 이후 두 사람은 국내외에서 각자 굵직한 등반을 계속해왔다.

최석문은 등반에 대한 의식이 확고하다. "모험 없는 등반은 스포츠"라는 것. 자연 암벽이라 해도 추락 시 다치지 않기 위해 볼트를 박은 곳은 '스포츠클라이밍 루트'라는 것. 고정 확보물을 최소화하면서 추락의 위험을 어느 정도 감내하는 것이 전통적인 등반, 즉 '트래드 클라이밍Trad Climbing'이라고 말한다. 이런 모험적이고 클린 클라이밍 문화를 보급하기 위해 3년째 제천 저승봉에서 지인들과 함께 '트래드 클라이밍 페스티벌'을 열었다.

"좋은 자연암장이 있어도 쓰레기 문제나, 대소변 처리, 주차 문제, 바위 훼손 같은 걸로 지역민과 트러블이 생기면서 폐쇄되는 경우가 많잖아요. 그런 문제를 막고 개선해 보자는 차원에서 시작된 페스티벌이에요."

UIAA 공인 국제 루트세터 활동도

그는 크랙Crack을 좋아한다. 바위가 갈라진 틈인 크랙을 이용해 등반하면 볼트를 박는 인위적 훼손을 막을 수 있기 때문이다. 그가 개척한 제천 저승봉 크랙 루트도 많다.

"스포츠 루트는 동작이 정형화되어 있지만 크랙은 다양한 변형이 가능해요. 확보물을 회수해서 하강했을 때 자연 그대로의 깨끗한 벽만 남는 것도 좋고요. 그렇다고 스포츠 루트를 비판적으로만 보는 건 아니에요. 저도 스포츠 루트를 즐길 때는 즐겨요. 다양한 등반을 좋아해요. 새로운 걸 하면 새로운 깊이와 재미를 느낄 수 있거든요. 다만 인위적인 것은 줄여가는 게 중요해요."

그에 걸맞게 한국에서 가장 어렵다는 도봉산 강적크랙(5.13a)을 국내 최초로 올랐다. 2cm가 채 되지 않는 핑거크랙의 연속이며, 미세하고 미끄러운 돌이라 엄지발톱으로 버텨야 하는 등 발놀림도 난해하다. '짧은 지옥'이라 불리는 최악의 크랙을 피부가 벗겨져 피투성이가 된 손으로 최석문이 완등했다. 고산등반가는 암벽등반에 약하다는 선입견이 있으나 그는 선운산 겨울람보(5.13d)를 완등했으며, 5.14급 해외등반 투어를 갈 정도로 벽에 있어서는 높낮이를 가리지 않는 실력파다.

의외의 이력은 UIAA 공인 국제 루트세터이며, 청송 아이스클라이밍 월드컵 경기벽을 10년간 설계해 왔다는 것. 경기가 열리기 최소 일주일 전부터 와서 문제를 고민하고 벽에 매달려 힘겨운 작업을 해야 하고 큰 보수가 주어지는 것도 아니다. 그는 "루트 세팅은 재미있다"며 "선수 기량을 선별하는 것도 있지만, 선수와 관중을 연결하는 역할이 중요하다"고 강조한다. 특히 "선수들이 문제를 풀어내고 관중들이 환호할 때 즐거운 보람을 느낀다"고 한다.

"산 높이와 기록에만 매몰되어 있으면 산의 아름다움을 못 보게 돼요. 그런 것보다 산에 가면 자연의 아름다움을 찾으려 노력해요. 동기부여가 중요해요. 항상 내 마음이 끌리는 아름다운 벽을 오르고 싶어요. 등반이 어렵더라도 자연스럽게 연결되는 명확한 선이 보이는 곳이 좋아요. 그렇다고 등정주의를 폄하할 생각은 없어요. 그런 등반이 필요한 시대가 있었고, 저는 그쪽에 관심이 없었던 것뿐이에요."

차세대 김창호로 그의 이름이 오르기도 하지만, 그에겐 김창호 같은 자일파트너가 없다. 그는 "등반이 다 그렇지만, 특히 알파인등반은 파트너가 제일 중요하다"며 "함께할 수 있는 파트너가 없다"고 말한다.

"요즘은 알파인등반하는 산악인이 나오기 어려운 환경이에요. 과거에 비해 사회적으로 많이 변

2018년 미국 오리건주
트라우트 크릭(5.11+)을
등반하는 최석문.

했어요. 이젠 20대 때부터 사회적 기반을 닦아놓지 않으면 뒤처지니까. 그런 면이 있어요. 하지만 언젠가 그런 후배가 나타날 것이라 보고, 그때가 되면 다시 가야죠."

믿음직한 알파인 파트너가 생겼을 때 그가 갈 곳은, 김창호 대장의 다음 프로젝트다. 김창호 대장이 다음 등반지로 찾아 놓은 6,000m대 미등봉이다.

"아직 언뜻언뜻 창호 형 생각이 나요. 장비를 꺼내다가도 형이랑 있었던 일이 생각나고…. 형이 가지고 있던 등반 깊이를 이해할 수 있는 사람이 많지 않다고 생각해요. 저조차도 잘 모르니까요. 그런 사람이 과연 다시 나올까 싶어요. 그런 등반력을 가진 사람은 나올 수 있겠지만 그렇게 탐험하고 연구하는 이런 사람은 당분간 나오기 어려울 것 같아요."

누구나 알피니스트가 될 수 있다

최석문은 누구나 알피니스트가 될 수 있다고 말한다. 스스로 한계를 설정하지 않고 자연 속에서 도전을 이어가는 사람이라면 누구나 알피니스트라고 믿는다.

"흰 산을 오르는 사람만 알피니스트는 아니라고 생각해요. 등반정신을 가지고 자연 속에서 도전을 추구하는 사람은 누구나 알피니스트가 아닐까요. 자신을 극복하고 새로운 도전을 하는 사람들 말이죠."

어떤 이들은 "산악계에 알피니스트가 없는 시대"라고 말하지만, 최석문의 생각은 다르다. "워킹 산행을 하는 사람도 도전을 통해 자기 한계를 넘어선다면 알피니스트"라고 말한다.

1 산을 통해 인생관이 바뀌었나? 바뀌었다면 그 이유는?
20대 초반부터 산을 접하면서 산과 등반이 삶이 되었다.
산과 자연을 접하면서 시간의 의미에 대해 알 수 있었다.

**2 정상이 눈앞에 있고, 나는 삶과 죽음의 경계에 있을 때
어떤 선택을 하겠나?**
삶과 죽음의 경계까지 이르는 등반을 아직 접해 보지 못했지만,
만약 선택한다면 후회하지 않는 쪽을 택할 것이다.
그것이 삶이든 죽음이든.

3 파트너를 선택하는 조건은 무엇인가?
등반을 감당할 수 있는 정신력과 체력, 기술적 능력을 본다.
파트너의 의지와 협동 능력은 정신력과 체력에서 나오며
기술적 능력은 등반의 성공률을 높여 준다.

4 자신이 생각하는 최고의 등반(좋은 등반)이란?
등반선이 아름다워야 한다. 등반선의 아름다움이란 클래식
루트처럼 직관적인 선을 말한다. 그리고 스스로가 만족할 수
있는 등반이 최고의 등반이다.

5 자신이 가장 영향 받은 인물은?
故 김창호 대장.

6 가이드 등반을 어떻게 평가하나?
자신의 능력에 벗어난 등반이라면 가이드를 고용하는 것이
당연하다. 스스로 위험을 감당할 수 없는 곳을 오르는 것보다
가이드를 고용해서 등반하는 것이 더 현명한 방법이다.
다만 가이드나 셰르파를 고용하고도 자신이 한 것처럼
알리는 것에는 비판적이다.

7 평소 컨디션 관리와 트레이닝 방법은?
실내암장에서 주로 트레이닝하고 주말 산에서 등반을
꾸준하게 한다.

8 가장 감명 깊게 읽은 책이나 영화, 음악 등은?
영국 가수 아델의 'Make You Feel My Love'라는 노래를
좋아한다.

9 산 이외의 특기는?
영상촬영과 편집을 좋아한다. 유튜브에서 '최석문 · 이명희 등반
이야기'라는 채널을 운영하고 있다. 구독과 좋아요, 알람구독
설정 부탁드린다.

**10 외국과 비교했을 때 한국 알피니스트로서 장점과
부족한 점은?**
부족한 환경에서도 좋은 등반을 많이 하고 있다는 것이
장점이다. 반면 스스로 과소평가하고 있는 것이 조금은 아쉽다.

11 외국 알피니스트에게 배울 점이 있다면?
새로운 대상지를 찾는 안목이 참 부럽고, 그 노하우를
배우고 싶다.

12 본인이 생각하는 알피니스트의 기준은?
목표를 위해 노력하고 준비하는 자.

**13 한국적 알피니즘, 한국의 산악계와 산악인들이
30년 후에 어떻게 변해 있을 것으로 예상하나?**
소수의 사람들이지만 알피니즘을 구현하는 사람들은
계속 나올 것이다.

11

강성규

히말라야와 극지 넘나들던
제주 대표 히말라야니스트

소속	제주대산악부 OB, 대한산악구조협회 이사
1992	북미 데날리 등반
1996	탈라이사가르 등반
1997	동계 마나슬루 등반
1998	시샤팡마 · 낭가파르바트 등정
1999	캉첸중가 · 브로드피크 등반, 초오유 등정, 마칼루 등반
2000	아콩카과 등정, 마칼루 등반, 브로드피크 등정, 시샤팡마 등정(남서벽 루트)
2001	로체 등반, K2 등정
2002	북미 데날리 등정, 체육훈장 맹호장 수훈
2004	초오유 등정
2004~12	제주 산악안전대장 역임
2011	남극탐험 에코모빌로 남극점 도달
2014	대한산악연맹 산악대상
2015	중국 니암보공가 원정대장

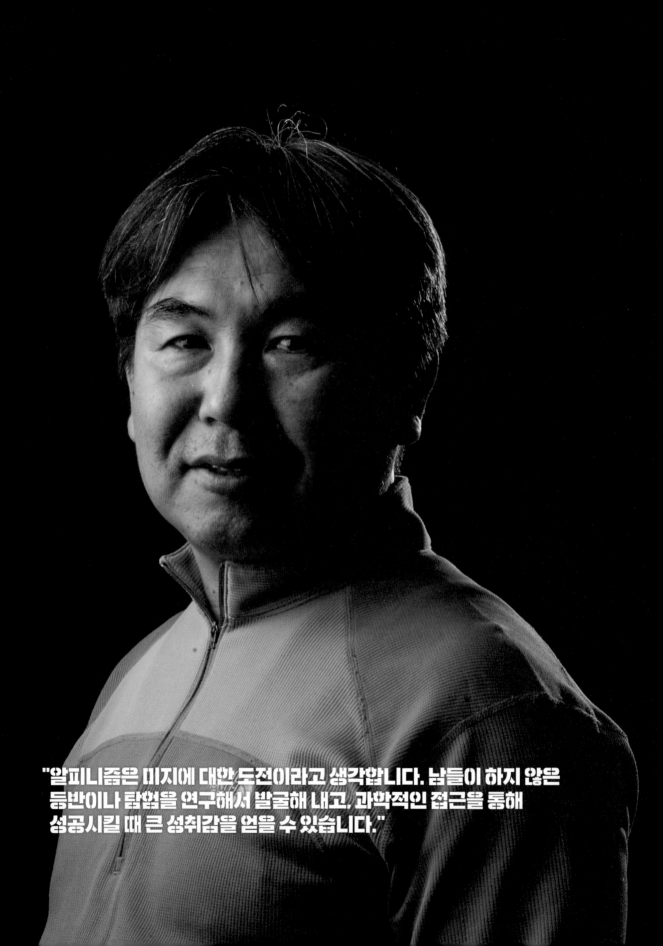

"알피니즘은 미지에 대한 도전이라고 생각합니다. 남들이 하지 않은
등반이나 탐험을 연구해서 발굴해 내고, 과학적인 접근을 통해
성공시킬 때 큰 성취감을 얻을 수 있습니다."

"요즘엔 농사짓느라고 산에 거의 못 갑니다. 먹고 살아야 하고 가족도 돌봐야 하니 예전처럼 히말라야로, 남극으로 마음껏 다닐 수는 없지요. 그래도 머릿속으로는 늘 뭔가 새로운 도전이 없을까 궁리하고 있습니다. 지금도 도전을 꿈꿀 수 있으니, 아직은 현역 알피니스트입니다."

제주도 산악인 강성규는 고향 표선에서 감귤 농사를 짓고 산다. 1993년 즈음 그는 B형 간염으로 악화된 건강을 찾기 위해 낙향을 결심했다. 공기 좋은 곳에서 여유롭게 살기 위해서였다. 하지만 젊은 날 열정을 바쳤던 산을 결코 잊을 수 없었다. 제주도에 살면서도 2011년 故 박영석 대장과 태양광 충전 전기스노모빌을 이용한 남극점 원정대에 참가했고, 2015년에는 제주연맹 중국 니암보공가 원정대 대장으로 세계 초등 기록을 세우는 데 큰 역할을 했다.

박영석 대장과 고봉과 남극 탐험

고향으로 돌아온 후 2004년부터 제주산악안전대 대장을 맡아 2012년까지 지역을 위해 봉사활동도 했다. 이러한 산악활동을 인정받아 2014년 대한산악연맹 산악대상 수상자로 선정됐다.

"더 열심히 하라고 준 상인데, 중국 니암보공가 원정 이후 전혀 산악활동을 하지 못했어요. 아버지가 병환으로 돌아가시고 어머니 혼자 계시는데 어떻게 해외원정을 다니겠어요. 열심히 농사지으며 생업에 충실했습니다. 하지만 제 버릇 남 못 준다고, 지금도 해외 원정팀의 남극탐험 소식에 귀를 기울이고 있습니다. 뭔가 재미있는 도전이 가능할 것 같아서요."

강성규는 故 박영석 대장과 함께 등반하며 제주도를 대표하는 고산등반가로 성장했다. 박 대장이 1993년 에베레스트 무산소 등정 직후 제주도를 방문했을 때 만난 것을 인연으로, 강씨는 1997년 동계 마나슬루(8,156m)부터 2001년 K2(8,611m)에 이르기까지 박영석의 14개 거봉 완등을 마무리 짓는 데 큰 역할을 해냈다. 그는 2004년 또다시(1999년 첫 등정) 초오유를 올라 2회 등정 기록을 세우는 등 8,000m급 고봉을 6회나 올랐다. 이밖에도 그가 참가한 해외 고산등반은 헤아리기 어려울 정도로 많다.

"예전에는 내 돈 없어도 후원을 해주는 분들이 있어서 걱정 없이 산에 다닐 수 있었어요. 지금은 그때와 상황이 많이 달라져서 자금 마련이 쉽지 않습니다. 원정대가 점점 줄고 있는 가장 큰 이유죠. 게다가 옛날에 함께했던 후배들도 나이가 들고 생업에 바쁘다 보니 여력이 없어요. 요즘 젊은 층은 알파인등반보다 스포츠클라이밍을 더 좋아하고요. 이제 알피니스트가 나오기 어려운 환경입니다."

강성규씨가 한참 원정을 다닌 1990년대 후반과 지금은 분명 여건이 다르다. 당시 히말라야 고봉 등정이 사회적으로 주목을 받으며 각계각층에서 많은 지원이 따랐다. 하지만 그 시절 등반을 주도했던 클라이머들의 열정도 그만큼 컸기에 가능했던 일이다. 최근 산악계 분위기가 침체된 것은 등반 열정을 지닌 이들이 줄어든 것도 이유가 될 수 있다. 소규모 등반대로 움직이는 이들도 있지만, 그 수가 예전에 비해 적어진 것은 분명하다.

"이제 제주도에는 알파인등반하는 사람이 거의 없는 것 같습니다. 등반 환경도 예전만 못합니다. 겨울이면 빙벽등반을 하려고 수시로 육지로 나갔는데, 요즘은 날이 따뜻해서 얼음이 잘 안 얼고 있습

2007년 오스트리아 포랄베르크 산악구조교육에 참가했을 때.

2015년 중국 니암보공가 등반.
원정대장을 맡았다.

니다. 최근 몇 년 만 봐도, 한라산에 제대로 눈이 쌓이지 않아 설상등반을 거의 할 수 없었습니다. 사람들이 알파인등반을 접할 기회가 점점 줄어들고 있습니다."

강성규씨는 '등반도 과학적으로 해야 한다'고 주장하는 산악인이다. 정보 수집에서 시작해 적절한 계획을 세우고 효율적으로 자원을 사용할 때 등반의 성공 가능성도 높다는 것이다. 그의 별명이 아미나이프 하나로 힘든 일을 해결하는 옛날 미국 드라마 '맥가이버'의 주인공 이름에서 따온 '강가이버'인 것은 우연이 아니다.

탁월한 손재주 지닌 원정대의 해결사

실제로 그의 손재주는 탁월하기로 정평이 나 있다. 그는 히말라야나 극지 오지에서 원정대의 전기제품이 고장 날 때마다 해결사 역할을 했다. 외국대의 장비를 고쳐 주며 감탄을 샀던 적도 자주 있었다. 이런 타고난 손재주 덕분에 많은 원정대가 그와 함께 등반하는 것을 좋아했다.

"알피니즘은 미지에 대한 도전이라고 생각합니다. 남들이 하지 않은 등반이나 탐험을 연구해서 발굴해 내고, 과학적인 접근을 통해 성공시킬 때 큰 성취감을 얻을 수 있습니다. 그리고 저는 팀워크도 중요하다고 봅니다. 마음이 맞는 동료들과 함께할 때 좀더 힘이 나고 추진력도 생기는 것 같습니다."

그는 하우스 감귤 농사일로 바쁜 와중에도 남극탐험에 관심을 가지고 꾸준히 지켜보고 있다. 2011년 박영석 대장과 다녀온 뒤 큰 매력을 느꼈기 때문이다. 그래서 2~3년 전부터 외국팀들이 어떤 방식으로 남극을 탐험하는지 주의 깊게 관찰하고 있다. 연구하는 등반가답게 정보 검색으로 탐험을 위한 사전 조사에 들어간 것이다.

"남극이 쉽게 갈 수 있는 곳은 아니잖아요. 많은 시간과 돈이 들어가는 탐험이라 원정대를 꾸리는 것이 쉽지는 않을 겁니다. 하지만 후원 받을 만한 가치가 있는 도전을 기획한다면 불가능한 것만은 아니라고 생각합니다. 요즘은 우리나라 장보고 기지에서 남극점까지 횡단하는 루트를 연구하고 있습니다. 리컴번트 자전거로 이동하는 것도 정말 재미있을 것 같습니다. 언제나 멋진 도전은 생각만 해도 가슴 뛰는 일입니다."

박영석 대장의 태양광 충전 전기스노모빌을 이용한 남극점 탐험대에 함께 한 강성규.

Beyond the Ridge

1 산을 통해 인생관이 바뀌었나? 바뀌었다면 그 이유는?
'하고 싶은 것은 할 수 있을 때 하고 살아라'라는 주의이다.

2 정상이 눈앞에 있고, 나는 삶과 죽음의 경계에 있을 때 어떤 선택을 하겠나?
포기하고 되돌아 설 것 같다. 어떤 가치를 논하더라도 살아 있는 것보다 더 중요한 가치는 없다. 그 어떤 상황에서도 삶은 계속되어야 한다.

3 자신이 생각하는 최고의 등반(좋은 등반)이란?
뒤돌아서서 후회 없는 등반이라면 최고의 등반이자 즐겁고 좋은 등반을 했다고 생각한다.

4 자신이 가장 영향 받은 인물은?
故 김종철 선생님.

5 평소 컨디션 관리와 트레이닝 방법은?
가끔 자전거 타는 것 외에는 특별히 없다. 해외원정을 갈 때에는 무박으로 3일 등인 신을 디면서 정신적인 부분을 트레이닝 한다.

6 외국과 비교했을 때 한국 알피니스트로서 장점과 부족한 점은?
목표가 뚜렷하고 의지가 강한 것은 장점이다. 반면 마케팅이나 홍보적인 면에서 너무 개인에게 맡겨놓고 있지 않나 싶다. 외국의 경우 등산잡지 외에도 여러 매체에서 알피니스트나 유명 클라이머를 다룬다.

7 "이제 산악회는 죽었다"는 말에 대해 어떻게 생각하나?
소위 '군대문화'라 불리는 수직적인 구조에서 수평적인 구조로 바뀌는 과정에서 나오는 말이 아닌가 생각된다. 장점과 단점이 공존하겠지만 산악회가 죽어가는 것은 아니라고 생각한다.

8 한국 산악사에서 최고의 등반을 꼽는다면?
박영석 대장의 에베레스트 남서벽 신 루트 개척.

9 현재 한국산악계에 가장 부족한 것은 무엇일까?
등반에 대한 새로운 시도가 부족하다. 물론 현실적인 지원이 부족한 것도 원인이겠지만. 젊은 산악인들이 많이 만들어질 수 있도록 등반을 체계적으로 교육하고 지원하는 프로그램도 좀 더 대중적으로 많이 생겨야 할 것이다.

10 한국적 알피니즘, 한국의 산악계와 산악인들이 30년 후에 어떻게 변해 있을 것으로 예상하나?
기존의 단체 위주 등반보다는 개인적 등반으로 변화할 것이며, 무조건적인 정상 등정보다는 개인의 목표와 즐거움을 추구하는 등반 위주가 되지 않을까 생각한다.

우리 산악문화 기록하고 정의하는 산악저널리스트

소속	마운틴저널 발행인, 코오롱등산학교 강사
1998	익스트림라이더등산학교 수료
2001	유럽 알프스 샤모니산군 등반
2002	네팔 촐라체(6,440m) 북벽 등반
2003	네팔 촐라체 북벽 신 루트 시도
2004	유럽 알프스 샤모니산군 등반
2006	중국 쓰촨성 반지설산(5,430m) 등반, 유럽 알프스 돌로미티산군 등반
2007	유럽 피레네산군 등반
2009	네팔 가우리상카르(7,144m) 서벽 등반
2010	유럽 알프스 오뜨루트(샤모니-체르마트) 등반
2016	북미 데날리(6,190m) 등반
2017	중국 청도 황산고 암벽 개척등반

"알피니스트와 알피니스트를 지향하는 사람들은 좀더 눈을 넓혀 새로운
시각을 갖출 필요가 있습니다. 꼭 험하고 위험한 도전을 하라는 것이
아닙니다. 지난 20년간 우리 산악계를 휩쓴 '머메리즘' 또는
'등로주의'라는 국적 없는 말에 너무나 많은 이들이 죽어갔습니다.
고산과 거벽을 오르는 것이 우리에게 필요한 것이 아닙니다. 계단을
오르듯 한 단계씩 다시 작은 도전들을 이어가야 합니다."

프로필 사진 촬영을 위해 스튜디오에 나타난 이영준은 머리카락을 하나도 남김없이 밀어 버린 상태였다. 얼마 전 청송에서 만났을 때와 너무 많이 달라진 모습이었다. 뭔가 심경의 변화라도 있었나 싶어서 가볍게 이유를 물었다.

"머리가 하도 빠져서요. 별거 없습니다. 외관을 꾸미는 일에 별로 관심이 없습니다. 편한 게 좋지요. 3년 전에 처음 머리를 깎았습니다. 이런 하찮은 것에 왜 지금까지 신경을 쓰고 살았는가 하는 생각이 들었어요."

현재 그는 산악뉴스를 다루는 '마운틴저널'을 설립해 운영하고 있다. 이전에도 산악잡지에서 12년 동안 기자로 일했다. 등반가보다는 기록자의 입장에서 산악계와 더 길게 인연을 맺어 온 것이 사실이다. 하지만 산동네 입문부터 지금까지 그의 산악활동을 살펴보면, 그는 분명 '알피니스트'의 길을 고스란히 걸어왔다.

"아버지의 영향으로 6세 때부터 산에 따라다녔습니다. 아버지는 중학교 때부터 등산과 암벽등반을 하셨지만 고등학교 때 오봉에서 하강사고로 전문등반은 그만 두셨습니다. 하지만 캠핑과 야외활동을 좋아하셔서 아버지와 함께한 추억이 많습니다. 그리고 제 스스로 산에 갈 만한 나이가 되자 중학교 때부터 친구들과 주말 등산을 시작했습니다. 당시 저는 연신내에 살았는데, 바로 보이는 산이 북한산인지도 모르고 친구들과 '돌산'이라고 부르곤 했습니다. 친구들과 자전거를 타고 지금의 독바위역 인근까지 가서 향로봉 부근을 오른 게 스스로 한 첫 산행이었습니다."

그는 북한산을 오르며 백운대에서 보이는 인수봉 클라이머들이 궁금해졌다. 좀더 어려운 코스도 가보고 싶어 암릉을 타기도 했다. 하지만 등반을 배울 선배가 없어 손경석의 〈등산기술백과〉를 읽고 등반장비와 기술을 스스로 익혔다. 빨랫줄을 이용해 백운대 난간에서 듈퍼식 하강도 해보고, 암벽화를 구입해 짧은 슬랩에서 등반하는 흉내도 냈다.

"저는 초등학교 4학년 때 소아당뇨가 생겨 체력이 매우 좋지 않았는데 아버지의 권유로 6학년 때부터 고등학교 졸업 때까지 신문배달을 했습니다. 신문배달을 통해 체력도 기르고 용돈벌이도 했는데요, 때문에 산에 가는 것이 차츰 스스로를 극복해 가는 과정이기도 했습니다."

고등학교 2학년 겨울 전문등반에 빠져

그가 본격적인 등반을 시작한 건 서울공업고등학교 2학년 겨울방학 때였다. 등산잡지에서 본 '로우알파마요65'라는 대형 배낭을 사러 종로5가 장비점에 갔다가 점원에게 "암벽등반을 어떻게 하는 거냐?"고 물어봤던 게 계기가 됐다. 그 점원이 블루마운틴산악회 김성진 선배였고 "이번 주말에 구곡폭포로 오라"고 해 처음으로 전문등반을 하는 모습을 가까이서 볼 수 있었다.

"그때가 3.1절 연휴로 그해 시즌 마지막 빙벽등반이었습니다. 물론 구곡폭포를 3분의 1쯤 올라가고 펌핑이 나서 내려왔지만 등반에 대한 관심과 열정이 생겨나는 계기가 되었습니다. 이후 3학년 봄부터 거의 매주말 등반을 하러 갔습니다. 블루마운틴산악회는 당시 주로 선인봉에 다녔는데요, 때문에 선인파 산악회나 클라이머들과 친하게 지냈습니다. 이때 최승철, 김형진도 알게 되었고, 의정부로 이사를 가며 도봉산과 더욱 가까워져 산에 가는 일이 더 많아졌습니다. 시험기간에도 학교가 일찍 끝나면 책을 들고 산에 가서 공부를 하고 내려오곤 했습니다. 당시엔 평일에 산에 가는 사람이 거의 없었기 때문에 산은 독서실보다도 훨씬 공부하기 좋은 환경이었습니다."

당시 그는 운동신경이 둔하고 체력이 약해 등반을 썩 잘하지는 못했다고 자평했다. 구곡폭포나 박쥐길, 표범길을 겨우 선등할 정도 수준이었다고 한다. 그러던 중 선배들의 권유로 최승철, 김형진

2006년 돌로미티
치마 그란데 정상에서.

두 사람이 만든 익스트림라이더 등산학교에 들어가, 1998년 봄에 2기로 ER을 수료했다. 그는 그곳에서 새로운 대상지와 등반세계를 접하는 경험을 쌓았다. 하지만 그해 가을 그들이 탈레이사가르에서 사고를 당하며 한동안 큰 충격에 휩싸였다.

"한동안 산을 떠났다가 다시 돌아온 곳이 한국산악회였습니다. 더욱 큰 산으로 가고 싶었기 때문입니다. 히말라야에 가려고 돈을 모았고, 자문을 구하러 당시 역삼동 산악회관을 찾아가 허긍열 형을 만났습니다. 허긍열 형은 히말라야에 가기 전에 먼저 알프스에서 경험을 쌓으라 했고, 그래서 2001년 여름 샤모니로 떠났습니다. 처음 접한 고소는 힘들었습니다. 4,000m도 안 되는 산에서 너무나 무기력한 자신을 보았습니다. 큰 벽 큰 산으로 가기 위해서는 아직 훈련해야 할 것들이 너무 많다고 느꼈어요. 그리고 돌아와 한국산악회 산악기술위원회에 입회했습니다."

이듬해인 2002년 한국산악회는 강성우 대장을 중심으로 촐라체 북벽 등반대를 꾸리고 있었다. 이영준은 그 팀에 합류하기 위해 매주 인수봉을 올랐다. 1년간 마땅한 직업 없이 우이동을 기웃거리며, 산동네에서 만나는 사람들과 줄을 묶고 술을 마셨다. 그때의 경험과 인맥이 지금까지 그를 산으로 향하게 하는 원동력이 됐다.

자신의 한계 인식하고 기록하는 역할에 충실

비록 정상에 서지는 못했지만, 2002년과 2003년 두 차례 도전했던 촐라체 북벽 원정 과정은 그의

2003년 졸라체
북벽 등반을 마치고
종글라에서 북벽을
배경으로 왼쪽 두
번째 앉은 이. 당시
6,100m까지 진출했다.

인생의 방향을 결정하는 데 큰 역할을 했다. 처음 만난 히말라야에서 느꼈던 신비와 공포, 힘듦 등이 이후 살아가며 만난 여러 난관들 앞에서 '졸라체 북벽보다는 쉬운 일인데'라는 생각으로 극복할 수 있는 힘이 되었던 것이다.

"2017년부터 시작한 코오롱등산학교 강사 활동이 거의 유일하게 산에 가는 일입니다. 가끔 예전과 같이 만년설산을 다시 오르고 싶은 생각도 듭니다만, 몇 차례 원정등반에서 저는 유명 등반가들과 같은 고산등반을 할 수 없다는 한계를 알았습니다. 오히려 저의 역할은 인수봉과 같은 낮은 산에서 우리 산악인들이 남기고 간 무수한 발자취를 다시 조명하고 발굴하는 일이라고 생각합니다."

2004년부터 2016년까지 월간 〈마운틴〉에서 기자 생활을 하며 그는 산과 산을 오르는 사람들에 대한 다양한 시각을 갖게 됐다. 또 세 차례 참가한 국제산악연맹 총회와 트렌토산악영화제, 밴프산악영화제 등에서 만난 세계 산악인들과의 교류를 통해 우리 산악계가 문화적 측면에서 얼마나 취약하며 알피니즘을 잘못 이해하고 있었는지에 대해서도 알게 됐다.

"알피니즘은 당연히 행위가 우선되어야 하는 활동이며, 따라서 저는 현재 알피니스트라고 할 수 없습니다. 일마 전 다니구치 게이 평전 〈태양의 한 조각〉을 쓴 일본의 오이시 아키히로씨와 선인봉을 등반한 적이 있습니다. 그가 "한국에는 알피니스트가 몇 명이나 되나?"라고 묻기에 저는 "100명쯤은 되는 것 같다"고 무심코 말했는데, 그가 매우 놀라며 일본에는 10여 명도 되지 않는다고 했습니다. 가까운 나라이지만 알피니즘과 알피니스트에 대한 개념과 기준이 이렇게 다르다는 것을 알았습니다."

그는 모든 사람이 알피니즘을 추구하고 알피니스트가 될 수는 없으며, 단지 '한국적 산악운동'의 한 부분으로 알피니즘이 존재했다고 말한다. 그리고 이제 '산악운동'은 좀더 다양한 갈래로 분화되고 발전되어야 하며, 그런 면에서 우리 산악문화를 정의하고, 창조하고, 공유하고 기록하는 것이 알피니즘보다 더욱 중요한 일이라고 주장한다.

"마운틴저널을 시작하면서부터 다양한 시도들을 해왔습니다. 2018년 아내 곽정혜와 함께 영국 산악인 스티븐 베너블스의 책을 번역하고 그를 한국에 초청하기도 했고, 2019년에는 우이동에서 산악영화 상영회를 열기도 했습니다. 우리 산악문화의 중심지인 백운산장 보존을 위해서도 노력했습니다. 최근에는 우이동 지역산악인들과 '우리우이협동조합'을 만드는 준비를 하고 있습니다. '우리우이'에서 구상하고 있는 사업들은 최종적으로 우이동이 세계적인 산악문화의 중심지로 거듭나는 것입니다."

"세상 변화에 맞춰 '포스트 알피니즘' 고민해야"

그는 지금껏 한국에서는 알피니즘의 의미가 지나치게 과대포장된 경향이 있다고 말한다. 이제 세상은 너무나 많이, 그리고 빠르게 변화하고 있다. 여기에 맞춰 우리의 시각도 바꿔야 한다는 것이다. 세계의 새로운 트렌드에 맞추어 포스트 알피니즘을 고민해야 한다는 것이 그의 생각이다. 그가 늘 선배들에게 하는 말인 "산에 젊은 산악인이 없는 것이 아니라 여기에 없을 뿐이다"는 이러한 생각을 반영한 것이다.

"앞서 말씀드린 것들처럼 알피니스트와 알피니스트를 지향하는 사람들은 좀더 눈을 넓혀 새로운 시각을 갖출 필요가 있습니다. 꼭 험하고 위험한 도전을 하라는 것이 아닙니다. 지난 20년간 우리 산악계를 휩쓴 '머메리즘' 또는 '등로주의'라는 국적 없는 말에 너무나 많은 이들이 죽어갔습니다. 고산과 거벽을 오르는 것이 우리에게 필요한 것이 아닙니다. 계단을 오르듯 한 단계씩 다시 작은 도전들을 이어가야 합니다."

2009년 네팔
가우리샹카르 서벽
등반 중.

또한 그는 사회의 갈등과 양극화같이 산악계 또한 그러한 모습을 닮아가서는 안 된다고 말한다. 혐오와 차별이 아무렇지도 않게 이어지는 모습을 우리 산악계에서도 쉽게 볼 수 있는데, 특히 정치, 환경, 젠더와 같은 문제에서 산악계는 분열로부터 자유롭지 못하다는 것이다.

"에베레스트 초등을 세상에 처음 알린 영국 타임스 기자 제임스 모리스는 일약 대영제국의 상징과 같은 존재가 되었지만, 그가 46세 때 성전환을 해 존 모리스라는 여성으로 살아가고 있다는 사실을 아는 사람은 많지 않습니다. 영국의 산악문화가 우리보다 낫다고 여기는 것은 이런 데 있습니다. 그들은 오랜 문화적 전통 속에 관용을 찾았고 그것이 저마다 다름을 인정하는, 그리고 어떤 가치 판단에도 영향을 끼치지 않는 문화 수용의 기본자세로 자리 잡았습니다. 한국의 전통적인 가치관인 '예禮'라는 말은 볼 시示 변에 풍요로울 풍豊자를 씁니다. 상대를 바라보는 풍요로운 시선이 바로 예인 것입니다. 산악계는 늘 '예절이 중요하다'고 말합니다. 그것이 과연 상대에 대한 풍요로운 시선이었는지 우리는 다시 물어야 합니다."

1 산을 통해 인생관이 바뀌었나? 바뀌었다면 그 이유는?

인생관이 바뀌었다기보다, 나의 인생관을 찾아 산으로 간 것
같다. 산은 언제나 정직한 땀방울을 요구하며, 누구에게나
평등하다.

**2 정상이 눈앞에 있고, 나는 삶과 죽음의 경계에 있을 때
어떤 선택을 하겠나?**

삶을 택할 것이다. 정상에 오르는 행위란, 정상에 오른 이후의
삶을 위한 것이 아니겠는가. 산은 한정된 인간의 시간 속에서
오르는 과정이 만들어내는 선형의 궤적이 곧 목표인 것이지
정상이라는 정적인 한 지점이 목표가 될 수 없다.

3 자신이 생각하는 최고의 등반(좋은 등반)이란?

살아서 돌아온다. 친구로 돌아온다. 정상에 오른다. 영국산악인
로저 백스터 존스의 말과 같은 등반이라고 생각한다.

4 가이드 등반을 어떻게 평가하나?

가이드 등반을 하고 싶지는 않다. 산은 혼자 가거나,
오랫동안 호흡을 맞춰온 좋은 동료와 함께 가는 것이 좋다.
하지만 산악지역 경제를 위해서 가이드가 활동하는 것은
찬성한다. 알피니즘과 투어리즘은 그래서 서로 다르다는 것을
인식해야 한다.

5 "이제 산악회는 죽었다"는 말에 대해 어떻게 생각하나?

'산악회'라는 전통적인 커뮤니티는 이제 차츰 그 형태와 양상이
변화하고 있다고 본다. 과거와 같은 집단등산을 통한 소속감,
그리고 이러한 소속감이 만들어내는 '산악계'라는 공동체는
이제 곧 소멸할 것으로 생각된다. 대신 그 자리엔 좀더 개인화된
소규모 그룹과 이들이 저마다 파편적으로 만들어내는 콘텐츠,
그리고 콘텐츠의 이면에 형성되는 여론이 존재한다. 나는 늘
"후배가 없는 것이 아니라, 후배가 여기에 없는 것이다"라는
말을 한다. 이처럼 산을 오르는 사람들이 확산되고 분화하며
산 위의 사회는 변화하게 될 것이다.

6 외국 알피니스트에게 배울 점이 있다면?

〈알피니스트〉 한국어판을 발행하며 다른 이들보다는 비교적
많은 정보를 다양하게 받아들이는 편이다. 단지 '외국'이라서가
아니라, 세계적으로 늘고 있는 산에서의 다양성에 대한 시각을
우리도 계속 고민하고 발견하고 논의하고 실행해야 하는 단계가
된 것 같다. 물론 이는 산뿐 아니라 그 사회가 성숙해야 가능한
일이라고 본다.

7 본인이 생각하는 알피니스트의 기준은?

한국은 알피니즘이라는 말을 확대 해석하는 경향이 있어서,
여전히 많은 이들과 언론까지도 알피니즘이 무슨 말인지조차
모르고 사용하는 경우가 있다. 알피니스트란 알피니즘을
실천하고 삶으로 살아가는 사람이다.

8 한국산악사에서 최고의 등반을 꼽는다면?

한국의 산악사를 들여다보면 누구에게나 가장 빛나는 시절
모든 열정을 다해 했던 등반들이 눈에 띈다. 알피니즘은
누가 어떤 평가를 하는 것이 아니라고 생각하기 때문에,
최고의 등반이란 각 개인의 추억 속에 있는 것이 아닐까.

9 현재 한국산악계에 가장 부족한 것은 무엇일까?

전체적인 노령화, 그리고 알피니즘을 실행할 사람이 부족한
것이다. 또한 문화적 역량이 부족한 것도.

**10 한국적 알피니즘, 한국의 산악계와 산악인들이
30년 후에 어떻게 변해 있을 것으로 예상하나?**

이대로라면 과거와 같은 기준의 한국적 알피니즘이라거나
산악계는 30년 후에 소멸해 없을지도 모른다.
한국의 인구감소와 여러 사회적 요인들은 이 같은 하락세를
더욱 가속시킬 것이다. 때문에 한국 알피니즘의 불씨를
살리려면 아주 큰 사회적 변화가 필요하다고 본다.
가령, 남북의 통일이라거나 자유로운 왕래도
새로운 미래 알피니즘의 대안이 될 수 있다.

13

전용학

한국 알파인등반 가이드의
지평을 열다

소속	코리아 마운틴 가이드 KMG 대표, 한국등산학교 강사
2001	설악산 소토왕골 '산빛JK' 루트 개척
2001	설악산 적벽 '자유 2836' 루트 개척
2002	노적봉 남벽 '그들과 함께라면', '4인의 우정길' 루트 개척
2003	남미 파타고니아 포인세노트 등반
2004	설악산 선녀봉 '솜다리 추억' 루트 개척
2007	중국 쓰쿠냥 야오메이(6,250m) 남벽(900m) 신 루트 개척
2009	파키스탄 유스사르 서벽(6,000m) 세계 초등
2013	유럽 알프스 그랑드조라스 북벽 워커루트 완등
2015	도봉산 '요세미티 가는 길' 개척, 대한민국 산악상 개척상 수상
2019	남한산성 준암장 스포츠클라이밍 15개 루트 개척

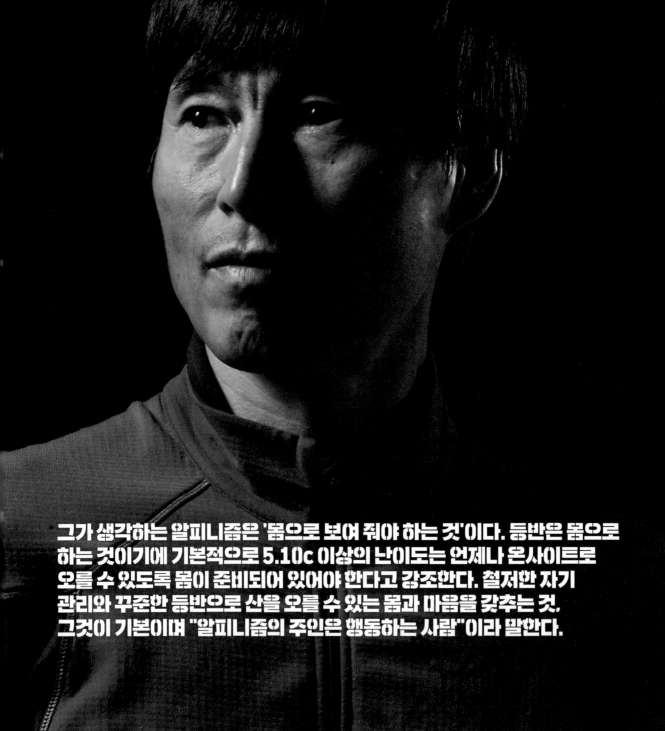

그가 생각하는 알피니즘은 '몸으로 보여 줘야 하는 것'이다. 등반은 몸으로 하는 것이기에 기본적으로 5.10c 이상의 난이도는 언제나 온사이트로 오를 수 있도록 몸이 준비되어 있어야 한다고 강조한다. 철저한 자기 관리와 꾸준한 등반으로 산을 오를 수 있는 몸과 마음을 갖추는 것, 그것이 기본이며 "알피니즘의 주인은 행동하는 사람"이라 말한다.

알피니스트의 길이 아무도 가지 않은 산을 개척하는 것이라면, 전용학은 알피니스트다. 그는 현직 알파인등반 가이드다. 일본 북알프스, 미국 요세미티 거벽, 유럽 알프스 같은 곳을 전문적으로 가이드하는 등반가다. 돈을 받고 고산등반을 이끄는 상업 가이드인 것. 주변의 사고에 대한 염려와 비난의 시선도 있었지만, 흔들리지 않고 자신만의 방식으로 산을 올라 "안전한 시스템으로 원하는 등반을 할 수 있도록 도와주는 합리적인 알파인등반 가이드"라고 평가 받기에 이르렀다.

1997년 정승권등산학교를 통해 등반에 입문했으며, 학창 시절 정구, 복싱, 합기도 등으로 단련된 운동신경에 걸맞게 빠른 성장을 했다. 2000년 설악산 적벽 '무라길(A4)'과 '트랑고의 꿈(A5)'을 오르며 자신감을 가진 그는 설악산과 북한산에 여러 바윗길을 개척했다. 편식 없는 등반으로 인공등반, 자유등반, 리지길 등 다양한 신 루트 개척을 했다.

유독 신 루트 개척을 고집했던 건 1999년 가을 탈레이사가르 북벽 신 루트 등반 중 추락사한 최승철, 김형진의 정신을 이어 받아야 한다고 생각했기 때문이다. 아무도 가지 않은 길을 택해 더 어렵고 새로운 등반을 하고자 했던 그에게 '개척등반'은 당연한 수순이었다.

2005년, 알파인등반 가이드 시작

그의 개척은 해외에서도 이어졌다. 중국 쓰쿠냥 야오메이(6,250m) 남벽 900m를 3일 동안 28피치를 올랐다. 2009년에는 파키스탄 유스사르(6,000m) 서벽을 초등했다. 당시 대학산악부 재학생이던 홍승기씨와 함께 올랐다. 그의 해외원정을 두고 "등반 능력이 뛰어난 파트너와 함께했다면 더 좋은 결과를 얻었을 것"이란 평가가 많았다. 하지만 그는 "실력이 부족한 사람과 함께 정상에 서는 것이 더 보람 있다"고 말한다.

반면 사업은 신통치 않았다. 13년간 일한 무역회사를 나와 독립해 무역업에 나섰으나 쓴맛을 봤고, 치킨집 운영도 신통치 않던 차에 부친마저 2005년 교통사고 후유증으로 숨을 거뒀다. 안 좋은 일이 한꺼번에 찾아와 긍정적인 성격의 그가 나락에 빠졌을 때, 우연히 여행사에서 일본 북알프스 안내 등반 가이드를 해달라는 요청이 왔다. 등반 가이드가 천직이라 여긴 그는 2005년 KMG코리아 마운틴 가이드를 세우고 '알파인등반 가이드'라는 새로운 신 루트 개척에 나섰다.

해외 워킹산행부터 시작해서 차곡차곡 노하우를 쌓아 유럽 알프스와 미국 요세미티까지 범주를 넓혔다. 난이도가 높아지면서 국내 훈련 등반을 통해 자연스럽게 손발을 맞추고 트레이닝을 하면서 KMG 자체 클라이밍스쿨로 발전하게 되었다.

대표적인 사례가 2008년 요세미티 조디악을 6명의 대원을 이끌고 오른 것으로, 당시 미국 클라이머들에게 놀라운 사건이었다. 보통 2~3명이 팀을 이뤄 오르는 거벽을 73세와 59세의 노장 클라이머들을 이끌고, 3박4일 만에 완등했기 때문이다. 사람이 많으면 지체되기 마련인데 보통 2인1조 등반시간과 같은 기록이었다.

성공 요인은 철저한 분업 시스템이었다. 국내 훈련을 통해 각자 임무에만 충실하도록 했다. 각각 장비 회수, 고정로프 설치, 어센더, 홀링만, 로프 정리만 하는 효율적인 방식으로 훈련해 완등을 이루었다. 그의 등반은 콧대 높은 미국 클라이머들로부터 "오리를 백조로 만들었다"는 평가를 받았다.

일본 북알프스와 유럽 알프스에서도 이런 성공이 반복되자, 한국 인바운드 등반도 의뢰받게 되었다. 외국인들의 국내 등반을 가이드하는, 한국의 대표적인 알파인 가이드가 됐다. KMG는 2010년 이후부터 자리 잡기 시작해 지금은 매년 일본 북알프스, 요세미티, 유럽 알프스를 다녀오는 일정이 대략 정해져 있을 정도로 안정적으로 운영하고 있다.

해외 설산에서 동계
등반 · 스키 교육을
하고 있다.

우리나라에선 아직 낯선 등반 가이드로 그가 자리 잡기까지 많은 노력이 있었지만, 가장 큰 원동력은 '안전'이었다. 여기에는 자존심을 내세우기보다 스펀지처럼 타인의 장점과 새로운 기술을 습득하는 열린 마인드가 있었다. 대장이나 대표 같은 직함 없이 부르고 싶은 대로 부르라고 하는 소탈한 성격에 걸맞게, 외국 클라이머들의 새로운 기술을 배우는 데도 거리낌 없이 세계적인 등반의 흐름을 빠르게 받아들여 효율적인 등반 시스템을 구축했다. 월간〈山〉에도 3년간 '안전등반' 코너를 연재했다. 그는 한국의 등반팀들이 알프스 고산원정에서 실패하는 사례가 잦은 것은 이유가 있다고 말한다.

"등반 실력의 문제가 아니고 속도와 변수 대처가 안 돼서 실패를 많이 해요. 줄 하나에 4~5명이 함께 가는 방식으로는 속도가 느리기 때문에 2인1조로 나눠서 올라야 속도가 나고 소통이 잘돼요. 어렵게 시간 내고 준비해서 갔는데, 엉뚱한 준비를 해서 실패하는 거죠. 알프스에 맞는 등반 시스템 훈련을 해야 해요."

가이드인 그도 거절하는 산이 있다

돈을 낸다고 해서 무조건 갈 수 있는 것은 아니다. 트레킹이 아닌 고산등반이기에 사고 위험이 있어 국내에서 함께 등반을 한 후 결정하며, 충분히 훈련해 스스로 올라가도록 한다. 기존의 등반 습관을 버리고 안전한 등반 시스템과 백업을 손에 익도록 하는 것부터 시작한다. 그는 말보다 행동을 강조한다. "훈련을 통해 몸에 밴 등반 시스템이 자신을 지켜주지, '조심해야지' 하는 생각이 지켜주지 않는

다"고 말한다. 더불어 가이드와 손님 사이가 아닌 대원, 즉 같은 팀으로 함께 등반한다. 외국의 호화 상업원정대가 아닌, 한국형 산악인 스타일의 효율적인 팀에 가깝다.

익스트림라이더등산학교, 두리등산학교, 한국등산학교에서 강사를 맡았으며, KMG에서도 초보자와 리더 교육을 하고 있다. KMG 클라이밍스쿨은 6명 이하의 소수 전문 교육으로 좋은 평을 얻고 있다. 동계 알파인반, 암벽입문반, 리더반이 있는데 등반대장을 위한 리더교육은 안전등반 시스템과 리더 소양, 등반 기술, 구조 교육 등을 진행한다.

대산련 등산강사 자격을 가지고 있는 그는 등반가이드 협회를 만들라는 권유를 받기도 하지만 조심스런 입장이다. 먼저 프랑스나 일본 같은 검증된 세계적인 가이드 협회에서 인증을 받고, 다시 한국 협회를 세우는 복잡한 과정을 거쳐야 한다. 또 사고의 우려가 있어 협회를 통해 상업 가이드를 하기는 쉽지 않다. 그는 "7년 전 요세미티에서 한 명이 낙석을 맞아 팔 골절상 당한 걸 제외하면 사고는 한 번도 없었다"며 "신뢰가 쌓여야 이 일을 할 수 있다"고 얘기한다.

가이드인 그도 거절하는 산이 있다. 바로 알프스 3대 북벽(아이거, 그랑조라스, 마터호른)이다. 알피니즘이 시작된 곳이므로, 이곳만큼은 가이드를 거절한다. 그럴 때면 "알피니즘이 깃든 곳이니 스스로의 노력으로 가라"고 한다.

많은 산악인들이 등반 가이드의 수입을 궁금해 한다. 전용학 가이드는 "자리가 잡혔다 해도 수입이 일정치 않다"며 그럼에도 유지할 수 있는 것은 적게 쓰기 때문이다.

"수입이 불규칙하다고 해서 고달픈 삶을 사는 건 아니에요. 나름 즐겁고 풍요롭게 살고 있습니

(왼쪽)2018년
요세미티 국립공원
투올러미 카테드럴피크
첨봉에 올랐다.

(아래)2019년 알프스
아이거 미텔리기리지를
대원들과 함께 오르는
전용학.

2019년 불곡산
독립봉 암장을
등반하는 전용학.

다. 저는 행복하기 위해서 산에 가요. 사람들이랑 산에 가면 행복하거든요. 가이드로 가지만 한 코스는 제가 가고 싶은 곳으로 가요. 그러면 대개 대원들도 좋아해요."

그의 이런 자유로운 가이드 활동 뒤에는 가족들의 후원도 있었다. 산악 활동을 오랫동안 해온 아내는 그의 열정을 이해해 주고, 장성해 이제 막 취업한 아들은 "항상 아무도 가지 않은 길을 가는 아빠가 자랑스럽다"고 힘을 실어 준다.

알피니즘의 주인은 행동하는 사람

한국의 대표적인 등반 가이드로 자리 잡은 전용학. 그가 생각하는 알피니즘은 '몸으로 보여 줘야 하는 것'이다. 등반은 몸으로 하는 것이기에 기본적으로 5.10c 이상의 난이도는 언제나 온사이트로 오를 수 있도록 몸이 준비되어 있어야 한다고 강조한다. 철저한 자기 관리와 꾸준한 등반으로 산을 오를 수 있는 몸과 마음을 갖추는 것, 그것이 기본이며 "알피니즘의 주인은 행동하는 사람"이라 말한다.

1 정상이 눈앞에 있고, 나는 삶과 죽음의 경계에 있을 때
어떤 선택을 하겠나?
과거 두 번 돌아선 적이 있다. 대원들의 컨디션을 보고 안전이
우선이라고 생각했다.

2 산에서의 특별한 버릇 같은 것이 있다면?
어려운 고비를 넘기면 좋아하는 노래를 흥얼거린다.

3 자신이 생각하는 최고의 등반(좋은 등반)이란?
계획하지 않은 즐거움과 행복을 주는 등반.

4 가이드 등반을 어떻게 평가하나?
가이드는 불확실성을 최소화해 주는 역할이다. 자신의 부족한
부분을 채워주기 위해 가이드에게 도움을 요청한 사람도
자신의 산을 대하는 면에서는 알피니즘은 같다고 생각한다.

5 산에 가기 전 정보 수집을 어떻게 하나?
대부분 인터넷 검색으로 시작해서 신뢰가 가는 현지 클라이머를
찾아 자세한 정보를 제공해 줄 수 없겠냐고 부탁한다.

6 평소 컨디션 관리와 트레이닝 방법은?
매 주말에는 등반 또는 교육을 하고, 주중에도 1~2회 등반을
하기에 별도의 트레이닝은 잘 하지 않는다. 다만 훈련이
부족하다고 생각하면 나만의 자가 테스트가 있는데 기준
미달이면 홈 트레이닝을 시작한다.

7 가장 감명 깊게 읽은 책이나 영화, 음악 등은?
책은 조 심슨의 〈친구의 자일을 끊어라〉를 좋아하고,
음악은 1997년 방영된 드라마 '산'의 배경 음악을 즐겨 듣는다.

8 산 이외의 특기는?
스키나 사진을 하긴 하지만 그것도 산과 깊은 관련이 있는
것이라 산 이외의 특기라 할 만한 게 없는 듯하다.

9 외국과 비교했을 때 한국 알피니스트로서 장점과
부족한 점은?
장점은 여러 요건으로 산을 쉽게 접할 수 있다는 것이다.
대도시 안에 이렇게 멋진 산이 있는 나라는 많지 않다. 하지만
그로 인해 좀 더 모험적인 등반으로 들어서면 산에 대한 기본과
상식을 다시 배워야 하는 모순이 오는 듯하다.

10 "이제 산악회는 죽었다"는 말에 대해 어떻게 생각하나?
파트너가 바뀌지 않는 소규모로 움직이는 것이 즐겁고 안전하게
등반을 즐길 수 있다고 생각한다.

11 본인이 생각하는 알피니스트의 기준은?
산에 가면 즐거움과 행복을 느끼는지 스스로 자문해 보면 알 수
있다. 그에 따른 자신의 위치에서 책인과 의무는 필수이다.

12 한국적 알피니즘, 한국의 산악계와 산악인들이
30년 후에 어떻게 변해 있을 것으로 예상하나?
급변하는 세상이라도 모험의 세계는 크게 변하지 않을 듯하다.
다만 장비의 변화로 모험의 요소가 변할 듯하다.

한국식 팀워크등반의 모범답안,
동아대산악회의 등반대장

소속	동아대산악회 OB
1993	승학암 개척
1994	설악산 토왕폭 등반, 칸텡그리(7,010m) 등반
1996	인도 마나파르바트 2봉(6,771m) 신 루트 등정
2006	가셔브룸1봉(8,068m) 등정
2008	유럽 엘브루스(5,642m) 등정
2010	에베레스트(8,848m) 등정
2012	로부제 동봉(6,119m) 중학생 아들과 등정
2015	오세아니아 칼스텐츠(4,884m) 등정
2016	북미 데날리(6,194m) 등정
2017	라오스 방비엥 지역 암벽등반
2018	유럽 치마그란데 북벽 · 아이거 · 몽블랑 등정
2019	파키스탄 미등봉 Peak39(6,120m) 등반

"알피니스트는 사상에 따라 움직이는 사람이겠죠. 사상을 받아들여
산노래도 하고 등반기도 쓰고, 생각을 몸으로 표현하는 사람이
알피니스트라 생각해요. 오직 몸으로만 표현하는 이는 알피니스트가
아니에요. 그래서 많은 공부도 필요하고, 산에 다녀와서
기록도 해야 돼요."

"에베레스트 베이스캠프 직전인 페리체(4,371m)에서 집에 전화를 했는데 '어머니가 위독하니 돌아오라'고 하더군요. 등반대장인 제가 돌아가면 우리 원정대는 처음 해외원정 온 후배 장재용·김남구 대원만 남는 거였어요. 몇 년을 준비한 등반을 포기할 수는 없었어요. 그때부터 집에 전화를 안 했어요. 대원 모두 정상에 오르는 데 성공한 뒤 하산해서 전화했어요."

유럽의 알피니즘만이 정답은 아니다. 개인보다는 조직을 위해 헌신하는, 우리나라 특유의 단체 문화를 바탕으로 한 '한국적인 팀 등반 정신'도 존경 받을 만하다. 그렇게 본다면 부산 동아대산악회의 조벽래를 빼놓을 수 없다.

에베레스트 출국 당일 응급실로 실려간 어머니

그는 동아대산악회의 6대륙 최고봉 등정을 성공적으로 이끈 견인차 역할을 했다. 7대륙 최고봉 중 한 곳인 남극 빈슨매시프를 포기한 건 비용 소모가 지나치게 크다고 여겼기 때문이다.

부산 동아대산악회는 1996년 인도 마나파르바트 2봉(6,771m) 신 루트 등정 이후 2006년 개교 60주년을 기념해 가셔브룸1봉(8,068m) 등정에 성공했다. 당시 조벽래는 등반대장을 맡았다. 개교 50주년, 60주년처럼 큰 기념행사가 있을 때만 원정을 가다 보니 산악회원들의 원정 경험 축적이 안 된다는 어려움이 있었다.

10년 만에 다시 원정을 가려 하니 경험 있는 대원이 적었던 것. 열띤 토론을 거쳐 6대륙 최고봉 등반이라는 장기 등반 계획을 세웠다. 전 세계 고산을 매년 오르며 산악회의 꿈을 이루고, 경험치도 쌓겠다는 계획이었다. 가장 큰 난관은 역시 최고봉 에베레스트였다. 고산등반 경험이 가장 많았던 조벽래가 등반대장을 맡았고, 나이 차이가 열 살 넘게 나는 어린 대원들과 혹독한 훈련을 했다.

"동아대산악회 장점은 '훈련을 열심히 한다'는 거예요. 우리는 훈련을 1970년대 기준에 부합할 정도로 철저하게 오래했어요. 에베레스트 베이스캠프에서 함께했던 허영호 선배가 우리 팀을 '원정 등반의 FM'이라 평했을 정도였어요. 계획했던 대로 1년 반 동안 거의 매주 모여 훈련했어요."

고대하던 에베레스트 원정 출국 당일, 그날 새벽 암 치료 중이던 어머니가 응급실에 실려 가는 일이 생겼다. 깊은 고민에 빠졌지만, 결국 그는 비행기를 타고 떠났다. 네팔에 도착해서도 집에 전화를 하지 않고 캐러밴에 몰두하다 베이스캠프 도착 직전에서야 전화했다.

모친이 위급하다는 얘기를 듣고 '지금 돌아가더라도 일주일 이상 걸린다'고 판단해 더 이상 집에 연락하지 않고, 등반에만 집중해 후배 대원 2명과 정상에 올랐다. 하산 후 카트만두까지 가서야 전화를 했고, "아직 목숨이 위급한 채 생존해 계신다"는 얘기를 듣고 가슴을 쓸어내렸다. 귀국한 그를 보고 어머니는 일주일 뒤 숨을 거두었다.

3남2녀 중 막내였던 그는 형과 누나들에게 집중성토를 들어야 했다. 결과는 원정도 성공했고, 모친도 돌아가시기 전에 뵈었지만 '가족을 버리면서까지 산에 가야 하나'하는 자책과 죄책감에 산에 대한 회의를 갖게 되었다. 이후 한동안 산을 놓고 살았으나, 2년 후 가족을 동반한 에베레스트 트레킹으로 다시 산을 찾게 되었다.

"제가 에베레스트에 있는 동안 형제들에게 아내가 얼마나 시달렸겠습니까. 제가 보았던 멋진 에베레스트 풍경을 아내와 아들에게 보여 주고 싶었어요. 어머니에게 미안한 마음도 가족 트레킹으로 풀고 싶었고요. 식구들과 다시 가니 참 좋았어요."

조벽래 대장은 온 가족이 동아대산악회. 아내를 학창시절 산악회에서 만났고, 아들은 어릴 적부터 산에 데리고 다니면서 자연스럽게 산행과 등반을 즐겨 스스로 산악부 입회를 택했다. 2012년

2015년 오세아니아 최고봉 칼스텐츠 등반 당시.

12월 가족과 에베레스트 트레킹을 갔을 때, 중학교 1학년이던 아들과 함께 로부제 동봉(6,119m)에 오르며 놀라운 등반 열정을 보여 주었다. 이를 위해 트레킹 떠나기 전 아들과 함께 국내에서 철저한 훈련을 했다.

운명처럼 다가온 칼스텐츠

에베레스트 등정 이후 그는 산악회 해외원정에선 뒤로 빠져 있었으나, 2015년 오세아니아 최고봉 칼스텐츠(4,884m) 원정을 시작으로 다시 주춧돌 역할을 하게 되었다.

2016년 북미 최고봉 데날리(6,194m) 원정 때는 원정대장으로 대원 8명을 정상에 세우는 기염을 토했다. 데날리 등반사에서 유례를 찾기 어려운, 한국 특유의 단합력으로 일궈낸 기록적인 성과였다. 더불어 세계적인 산악인 여럿이 숨을 거뒀을 정도로 쉽지 않은 산임에도 많은 대원을 정상에 올리며, 탁월한 판단력과 리더십을 증명했다.

2015년 원정 당시 조벽래는 칼스텐츠 대원이 아니었다. 출발이 얼마 남지 않은 상황에서 현지 일정에 변화가 생기며 대원들의 원정 스케줄이 엇갈리게 되었고, 예약해 둔 원정 경비를 날릴 처지가 되었다. 이런 상황을 보고 있을 수 없었던 그가 동참하게 되었다. 한편으론 어머니에 대한 죄책감을 덜어낼 뭔가가 필요하던 상황에 칼스텐츠가 운명처럼 앞에 다가왔고 놓치지 않았다. 그는 "모친이 위급할 때도 산에 간 인간이 다른 핑계로 산을 안 가는 것이 말이 안 된다는 생각이 들었다"고 한다.

"9명이 가서 8명 등정했어요. 연락책을 맡은 선배 한 명 빼고 모두 데날리 정상에 올랐어요. 3캠프에 도착했는데 계산과 달리 식량이 모자란 거예요. 비행기 착륙 가능한 랜딩포인트까지 2박3일 거리인데 6명이 뛰다시피 하여 24시간 만에 식량을 가져왔어요.

데날리 원정을 준비하면서 훈련을 엄청 많이 했어요. 우리는 정말 과하게 훈련해요. 1년간 매주 훈련했어요. 원래 등반하던 사람들이 1년 동안 폭발적으로 훈련량을 늘리니 기량이 크게 올라왔죠. 또 원래 한 팀이니, 소통이나 팀워크는 탄탄했죠."

그는 데날리 정상을 포기하고 연락책을 자처한 성기진 선배에게 공을 돌렸다. '1년 동안 고생해서 훈련했는데 누구에겐 등정 기회가 주어지지 않은 건 말이 안 된다'고 조 대장은 생각했고, 대장의 마음을 읽은 성 대원이 "나는 여기까지만 하고 싶다"며 홀로 4캠프에 남아 만약의 사태를 대비했다.

산악계에선 조벽래의 능력을 산악회 내에서만 쓰기엔 아깝다 여겼으나, 그는 "동아대산악회원들과 함께여서 가능했다"고 말한다.

"연합 원정 가자는 얘기는 많이 들었는데, 그분들 등반에 내가 맞추지를 못해요. 실력 차이가 있어도 팀워크로 극복 가능한데, 팀워크는 함께 흘린 땀으로 가능한 것이거든요. 1년 동안 훈련하자고 하면 대부분 거절해요. 사실 프로 수준의 산악인들과는 수준 차이가 나서 함께 못 하고, 우리 팀밖에 같이 할 수 있는 사람이 없어요. 아무리 등반 잘한다고 소문났어도 내 목숨을 잘 모르는 사람에게 맡길 수는 없어요. 그 팀이 싫어서 안 가는 게 아니에요."

6대륙 최고봉을 마친 동아대산악회는 "등반의 폭을 넓혀보자"고 의견 일치를 보았고, 이후 매년 원정을 떠났다. 고산 등정이라는 틀에서 벗어나 2017년에는 라오스 암벽등반 투어를 다녀왔고, 2018년에는 유럽 알프스를 다녀왔다.

여름휴가 일정을 맞춰 치마그란데 북벽을 오르고 아이거와 몽블랑 정상에 올랐다. 신입생으로 산악회에 입회한 아들과 아내가 함께해 그에겐 더 의미가 깊었다. 가족이 동아대산악회고 동아대산악회가 가족인 셈이었다.

"보통 1~2주에 한 번은 만나죠. 호칭만 형동생이지 거의 친구 사이예요. 동지이자 친구죠."

그가 꼽는 동아대산악회의 또 다른 장점은 '배움에 열려 있다'는 것과 '안전을 중요시 여긴다'는 것. 등반 경력이나 나이에 상관없이 새로운 것을 배우는 데 부끄러움이 없다. 올해에도 미국 요세미티를 가기 위해 5명의 회원들이 거벽등반 교육을 별도로 받았다.

동아대산악회는 어떤 등반을 하든지 헬멧을 쓴다. 심지어 인공암벽장에서도 헬멧을 쓴다. 안전을 가장 중요시 하여 "헬멧 때문에 등반이 불편하면, 등반 실력을 더 키워라"라는 것이 산악회의 기조다.

"위험하니 재학생끼리 암벽등반 가지 말라고 해요. 저도 재학생 때는 그랬지만 돌이켜보면 아찔한 순간이 많았어요. 그래서 안전을 더 강조하죠. 내 자식이라 생각하면 그렇게 위험하게 등반시킬 수는 없어요."

알피니스트라면 공부와 기록 필요

그는 자신이 알피니스트는 아니라고 말한다. 조벽래는 "알피니스트가 되는 것이 꿈이며, 실현하지는 못했다"고 말한다. 스스로를 "머리는 엔지니어이고, 가슴은 알피니스트인데 어느 쪽에서 봐도 만족스럽지 않다"고 한다.

그는 발전소 설비부품을 만드는 케이텍플러스 대표이사다. 2002년 홀로 창업해 10년 만에 법인으로 전환했다. 2014년 우수 중소기업으로 선정되어 국무총리상과 산업통상자원부 장관상을 수

2018년 8월 스위스
알프스 뮌히(4,107m)
정상에 올라 산악회
깃발을 들었다.

상한 내실 있는 회사의 수장이다. 조 대표는 "법인으로 바꾸면 집착이 줄어들지 않을까 생각했는데,
직원 7명인 작은 회사라 별 차이는 없다"며 스스로를 낮춘다.

"사장이 한 달 넘게 원정을 가는 건, 회사 문을 닫고 가는 것과 같아요. 거래처에선 미쳤다고 하
죠. 반대로 등반하는 사람들은 저에게 '산에 다니는 것도 아니고, 안 다니는 것도 아니'라고 하죠. 저
는 알피니스트 반열에 오를 만한 사람이 아니에요. 그냥 꿈이 알피니스트인 사람이죠."

조벽래 대장이 생각하는 알피니즘은, 그저 산을 오르는 행위가 아닌 사상이다.

"알피니스트는 사상에 따라 움직이는 사람이겠죠. 사상을 받아들여 산노래도 하고 등반기도 쓰
고, 생각을 몸으로 표현하는 사람이 알피니스트라 생각해요. 오직 몸으로만 표현하는 이는 알피니스
트가 아니에요. 그래서 많은 공부도 필요하고, 산에 다녀와서 기록도 해야 돼요. 요즘은 원정 보고서
다운 보고서가 정말 드물어요. 보고서도 알피니즘의 한 부분인데 너무 그레이드(난이도 등반)에만 몰
두하는 경향이 있어요. 저도 아직 도달하지 못했지만 알피니즘을 추구하고 있습니다."

그에게 동아대산악회는 무엇인지 궁금했다. 그는 "내 푸른 날의 조벽래"라며 "산악회만 생각하
면 젊을 적의 내가 생각난다"고 호쾌하게 웃으며 말한다.

1 정상이 눈앞에 있고, 나는 삶과 죽음의 경계에 있을 때 어떤 선택을 하겠나?

잠시 몸과 마음을 안정시킨 뒤에도 삶과 죽음의 경계라 느낀다면 하산하겠다. 산의 거침으로 인한 것이든 실력 부족 때문이든 간에 준비가 덜 된 상태로 등반하지는 않겠다.

2 자신이 생각하는 최고의 등반(좋은 등반)이란?

팀원 모두가 공감하는 등반대상지(목표)를 정해서 모두가 함께 준비(훈련)하고 대원 모두가 등반(등정)하고 같은 성취감을 가지는 등반.

3 자신이 가장 영향 받은 인물은?

한국은 故 김홍빈 내징. 외국은 우에무라 나오미. 김홍빈은 등반에서의 고통뿐만 아니라 그의 장애 또한 극복의 대상이었고, 우에무라 나오미는 등산 초년생 때 읽었던 그의 책들이 기억에 남는다. 이 두 사람에게서는 끝 모를 고독과 처절한 용기가 느껴진다.

4 본인이라면 에베레스트를 어떻게 오르겠는가?

한 번 더 에베레스트를 오른다면 친한 사람들과 일정을 길게 잡고 카트만두에서부터 지나가는 마을과 산과 계곡을 하나하나 음미하면서 천천히 오르고 싶다. 정상에 가지 못하더라도 우리의 힘으로 우리 능력이 되는 만큼 오르고 싶다.

5 본인의 약점은 무엇이라고 생각하나?

익숙함에 안주하는 경향이 있다. 사람도 일도 취미도, 뭐든 바꾸는 걸 좋아하지 않는다.

6 산에 가기 전 정보 수집을 어떻게 하나?

등반한 팀의 보고서를 읽는다. 요즘은 보고서를 발행하는 팀이 적어 개인적으로는 아쉬움이 크다. 지형 정보는 구글어스를 주로 이용하고, 인터넷이나 현지 에이전시에게서 정보를 받기도 한다.

7 가장 감명 깊게 읽은 책이나 영화, 음악 등은?

박인식 〈사람의 산〉. 20~30대에 사는 게 힘들거나 등산이 싫어질 때 가끔씩 펴보았다. 여러 산악인의 다양한 이야기가 때로는 위로를, 때로는 용기를 주었다.

8 "이제 산악회는 죽었다"는 말에 대해 어떻게 생각하나?

단단한 결속력과 끈끈한 유대감을 가진 산악회는 줄어들고 있지만 새로운 형태의 등반모임은 넘쳐난다. 옛날 방식의 산악회 일원으로서 안타까운 마음이지만 이럴 때일수록 초심을 유지해야 한다고 생각한다. 힘들다는 해병대는 매번 모집 정원을 초과한다지 않는가. 그럴 가치가 있으면 육체적 수고로움은 큰 문제가 되지 않을 것이다.

9 현재 히말라야의 상황을 어떻게 보고 있나?

지구 온난화로 인한 자연적 변화가 눈에 보일 만큼 일어나고 있고, 산을 찾는 사람들도 넘쳐난다. 10년 전의 산은 지금 거기에 없다. 무엇을 해야 되고 무엇을 할 수 있을지 모르지만, 산도 사람도 너무 빨리 변하고 있어 불안하다.

10 외국 알피니스트에게 배울 점이 있다면?

등산의 역사 및 기술, 장비 등 다방면에서의 연구를 깊이 있게 하고, 그 결과들을 다양한 기록물로 제작하고 활용하는 것.

11 한국 산악사에서 최고의 등반을 꼽는다면?

1997년 가셔브룸4봉 '코리안 다이렉트'. 우선 등반선이 깔끔하다. 7,900m가 넘는 산의 루트 초등을 알파인스타일로 했으며 조난당한 타 원정대를 돕는 산악인 자세도 좋았고, 동영상을 비롯한 많은 기록물을 제작한 것도 훌륭하다.

12 현재 한국산악계에 가장 부족한 것은 무엇일까?

세대교체가 필요하다. 1980년대에서 1990년대까지 활발한 활동으로 대단한 성과를 일구어낸 선배 산악인들이 여전히 산악계 곳곳에 공고히 자리 잡고 있다. 상대적으로 젊은 산악인들보다는 범접하기 힘든 성과와 경륜을 가지고 산악계를 실질적으로 이끌고 있지만 세대교체가 늦어진다면 어느 순간 단절되는 상황이 올 것이라 예상된다.

13 한국적 알피니즘, 한국의 산악계와 산악인들이 30년 후에 어떻게 변해 있을 것으로 예상하나?

지금까지의 알피니즘은 점점 희석될 것이고, 소수이지만 극단적 난이도를 추구하는 쪽과 체험으로서의 즐거움을 추구하는 쪽으로 양분화되어 새로운 개념의 알피니즘이 형성되리라 예상한다.

살아가는 동안
꾸준히 등반하는 것이
'나의 알피니즘'

소속	광운대산악부 OB, 코오롱등산학교 강사
2006	네팔 아마다블람(6,812m) 남서릉 등반
2007	인도 쉬블링(6,543m) 서릉 등반
2009	마다가스카르 안드링기트라 국립공원 차란노로산군 암벽등반
2012	중국 쓰촨성 그로스베너(6,376m) 북벽 등반,
	네팔 에베레스트(8,848m) 남동릉 등반
2014	네팔 랑탕히말 3개봉 등반(랑탕원더러스 등반대),
	제5회 한국산악상 김정태상 수상, 한국대학산악연맹 박영석 특별상 수상
2017	유럽 알프스 몽블랑, 타퀼 삼각북벽 등반

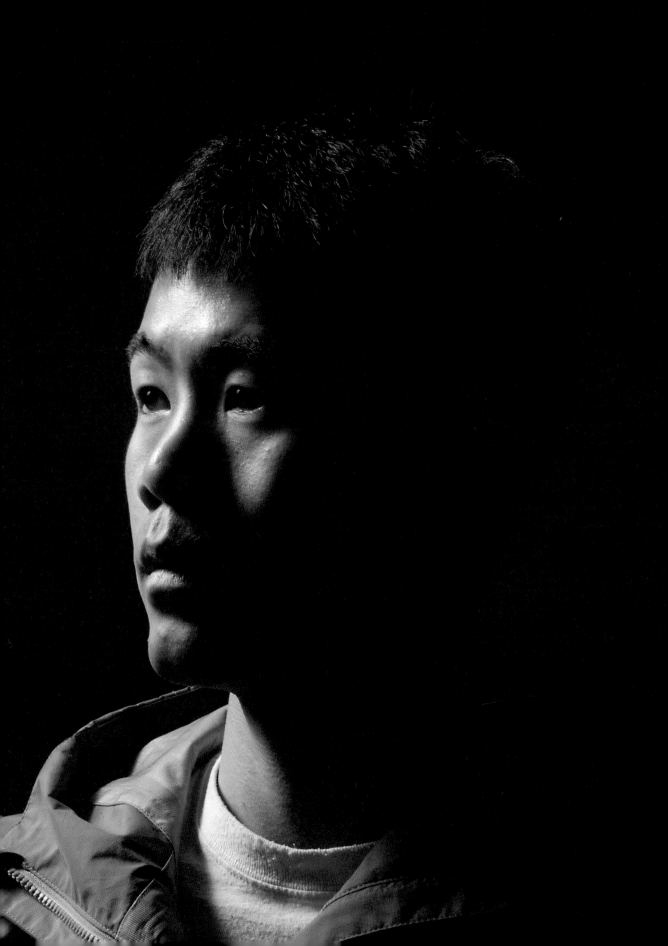

"일반인들에게 산악인은 목숨을 걸고 히말라야 고산 어딘가의 거벽을
오르는 모습을 떠올리게 하는 경향이 있습니다. 하지만 저에게
알피니즘은 그렇게 거창하지 않습니다. 단지 성실하게 직장생활하면서
화목한 가정을 꾸려 나가는 동시에 등반활동도 꾸준히 유지해 나갈 수
있는, 그 의지가 저에게는 알피니즘입니다."

광운대산악부 OB 김진석은 특별한 사람들에게만 허락되는 지구 끝에 그의 근무지가 있다. 2014년부터 극지연구소에서 기술원으로 근무하는 그는 매년 남극의 하계기간(북반구의 겨울) 1~2개월 정도를 현장에서 활동한다. 남극의 여러 관측소에서 연구 자료를 수집하고 기기 유지 보수작업을 진행하는 것이 그의 임무다. 이런 전문적인 업무를 맡게 된 배경에는 그의 알파인등반 경력도 한몫을 했다.

"남극에서 이동할 때는 주로 헬기를 이용하지만, 관측소가 암벽이나 빙하 위의 크레바스 지역인 경우가 많아 현장 안전요원 업무도 병행하고 있습니다. 이럴 때는 동계등반이나 고산등반을 통해 습득한 기술이 유용할 때가 많아 보람을 느낍니다. 산악활동이 지금의 직업에도 적지 않은 영향을 미쳤습니다."

등반 방식 가리지 않는 토털 클라이머

그는 광운대학교 1학년 때인 2005년 산악부에 들어가며 산에 다니기 시작했다. 암벽이나 빙벽을 오르는 전문등반 위주로 산을 배웠다. 사실 처음부터 산에 관심이 있었거나 등반활동을 하려고 산악부에 찾아간 건 아니었다. 학과 공부는 재미없고 학교생활이 심심하던 차에, 같은 과 동기 한 명이 산악부에 다녀왔는데 재밌었다는 얘기를 듣고 찾아간 것이 인연이 됐다.

"산악부는 적당히 운동을 좋아하는 학생인 저에게 완전히 새로운 세상이었습니다. 처음부터 등반자체가 재미있지는 않았어요. 특별한 설명이나 교육 없이 선배들과 무작정 바위에 붙었으니 사실 무서운 마음이 더 컸던 것 같습니다. 초반에는 사람들과 어울려 산에 가서 야영하고 술 마시며 노는게 좋았습니다. 그런데 자꾸 다니다 보니 등반 자체에 흥미를 느끼기 시작했습니다. 암장운동도 함께하며 더 큰 산과 등반에 대한 목표가 하나둘 생겼던 것 같습니다."

그는 어느 한쪽으로 치우치지 않는 등반가다. 특정 등반 방식을 가리지 않고 전부 좋아하는 편이다. 그는 운 좋게 재학생 시절 다양한 등반을 경험하는 많은 기회를 잡을 수 있었다. 대규모 에베레스트 원정대에도 참가했고, 소수정예의 알파인등반도 했다. 또 후배들과 소규모로 원정대를 꾸려 고산등반을 다녀오기도 했다.

"모든 등반이 의미가 있지만, 최소한의 비용을 가지고 소수의 인원으로 다녀왔던 도전이 기억에 많이 남습니다."

2009년 그는 산악부 선배 한 명, 동기 한 명과 외국 등반잡지에서 본 아프리카 마다가스카르로 훌쩍 떠났다. 각자 큰 배낭 하나씩 메고 출발한 자유로운 도전이었다. 마다가스카르 차란노로산군은 한국에는 거의 알려지지 않았지만, 요세미티 엘캐피탄 못지않은 표고차 800m의 수직 벽들이 솟아있는 곳이다. 유럽 등반가들이 개척한 자유등반 루트들이 산재해 있는 암장이다.

"한 달 동안 약 10개 루트를 모두 당일 자유등반으로 올랐습니다. 당시에는 그렇게 큰 벽을 자유등반만으로 오른다는 생각을 못 했는데, 그곳에서 지내며 등반능력과 시스템에 대해 많은 것을 느꼈습니다. 한 달 동안 현지에서 구한 감자만 삶아먹으면서 등반을 해서 배는 고팠지만 재미있는 추억입니다. 재학생 시절 젊은이들의 패기가 있었기에 가능했던 것 같습니다."

2014년 오영훈(서울농대97) 선배와 꾸린 '랑탕원더러스' 등반대도 최소한의 장비, 비용만으로 다녀왔다. 패기 있게 단둘이 산속에 들어가 이 골짜기 저 골짜기 헤매며 정신없이 등반을 했다. 동계시즌이라 기온은 낮았지만 날씨가 쾌청해 히말라야 고산들을 비교적 안전하게 등반했다. 이런 여러 등반 경험들을 통해 그의 생각이 많이 바뀌었다.

"다른 환경에서 등반경험이 많아지며, 국내의 익숙한 환경에서 생각하기 어려운 부분들을 많이

2014년 네팔
나야캉가 정상 능선
등반 중.

느꼈습니다. 산에서는 꼭 사람이 많아야만 안전한 건 아니라는 점, 소수의 인원으로 빠르게 등반하고 내려오는 것이 때로는 더 안전하다는 점, 로프는 등반에 필요한 만큼의 강도만 유지하면 된다는 점 등 여러 가지 생각이 바뀌었습니다. 등반의 세계에 깊이 들어가다 보니, 모든 결정에 대한 책임은 나에게 있다는 것도 잘 알게 됐습니다."

그는 직장생활을 하면서도 다양한 등반을 계속하기 위해 노력하고 있다. 재학생 때부터 많은 해외원정을 경험하며, 살아가는 동안 자신이 좋아하는 등반을 지속적으로 즐기고 싶다는 생각을 갖게 됐다고 한다. 알피니스트라면 꾸준히 등반이 가능한 환경을 만들 필요가 있다는 것이다.

"주변에 수차례 히말라야 원정등반을 다녀왔지만 사회생활을 시작하면서 등반활동을 중단하는 분들을 많이 봤습니다. 젊은 날 짧고 굵게 등반열정을 불태운 것처럼 보입니다. 하지만 제가 생각하는 알피니즘이나 알피니스트의 모습은 완전히 반대입니다. 제가 좋아하는 산과 등반을 어떻게 하면 오래 계속할 수 있을지, 산악활동의 '지속가능성'이 저에게는 중요합니다."

"산에 꾸준히 가려면 굳은 의지 필요해"

그는 자신이 처한 환경이나 상황이 산악활동에 큰 영향을 미친다고 생각한다. 한때 그도 오르고 싶은 산과 루트, 등반 방식에 집중하는 것이 순수한 모습의 알피니즘이라고 믿은 적이 있다. 하지만 산에 가서 직접 등반하지 못하면 아무 의미가 없는 것이다. 결국 그는 가장 중요한 건 등반을 지속할 수 있

는 환경이라고 생각했다.

"일반인들에게 산악인은 목숨을 걸고 히말라야 고산 어딘가의 거벽을 오르는 모습을 떠올리게 하는 경향이 있습니다. 하지만 저에게 알피니즘은 그렇게 거창하지 않습니다. 단지 성실하게 직장생활하면서 화목한 가정을 꾸려 나가는 동시에 등반활동도 꾸준히 유지해 나갈 수 있는, 그 의지가 저에게는 알피니즘입니다. 물론 현실적으로 쉬운 건 아니죠. 그래서 특히 의지가 필요한 것 같습니다."

2019년 결혼한 그는 이듬해 5월 2세를 출산했다. 당분간은 시간을 길게 내기 어려운 상황이다. 지금은 틈나는 대로 집 주변의 실내암장에서 운동하고, 가끔 주말에 인수봉이나 선인봉 등 서울 근교 산에서 가볍게 등반을 즐기고 있다.

"가끔이라도 운동하고 산에 갈 수 있게 시간을 내어주는 아내에게 고마울 따름이죠. 지금까지 다녀온 산과 등반을 한번 돌아보고 앞으로의 등반에 대해 생각해 볼 계기가 되는 것 같아 좋기도 합니다. 산에 많이 못 가는 대신 산과 관련된 책을 많이 보고 있습니다. 영어 공부한다는 생각으로 외국서적도 많이 보는 편인데, 확실히 국내 산악서적에 비해 종류가 훨씬 다양해 보는 재미가 있습니다."

앞서 언급한 대로 그는 일상의 균형을 잃지 않는 선에서 할 수 있는 등반을 계속할 생각이다. 현재 근무 중인 직장은 매년 남은 휴가를 저축해 다음해로 이월시킬 수 있는 제도가 있다. 휴가를 사용하지 않고 잘 모으면 일을 그만두지 않고서도 길게 시간을 낼 수 있을 것 같아 이를 적극 활용할 계획이다.

"하고 싶은 등반은 많지만, 가까운 시일 내에 실현 가능한 것을 꼽자면 커다란 바위봉우리에서

(왼쪽)2014년 네팔 나야캉가 등반 중 북벽 정상에서.

(아래)2012년 중국 쓰촨성 그로스베너 북서벽 등반 중.

펼치는 알파인 암벽등반입니다. 캐나다 부가부의 암봉, 유럽 알프스의 침봉들, 남미 파타고니아산군 같은 곳에서의 등반은 생각만 해도 즐겁습니다."

최근 몇 년간 그는 겨울철에 남극 출장을 다녀온 탓에 온전히 빙벽등반을 즐기지 못했다. 게다가 전 지구적으로 기온이 오르고 있고 우리나라의 겨울도 점점 짧아지는 추세다. 작년에는 얼음이 얼지 않아 빙벽을 할 수 있는 날이 며칠 되지 않았다.

"올 겨울에는 코로나19로 남극 활동도 많이 축소되어, 빙벽시즌을 온전히 즐길 수 있을 것으로 기대하고 있습니다. 이번 시즌에는 앞으로 볼 수 없을지도 모를 국내의 자연 빙폭들을 많이 찾아가 볼 계획입니다."

1 자신이 생각하는 최고의 등반(좋은 등반)이란?

계획한 대로 잘 수행된 등반이라고 생각한다. '계획한 대로'라는 말에는 많은 의미가 담겨 있다. 철저한 준비와 사전조사가 필요하고 그 준비 과정에서 등반을 위한 훈련과 대원들 사이의 소통, 역할분배가 잘 이뤄진다면 실제 등반에서 부딪힐 수 있는 불확실성들을 많이 줄일 수 있다. 등반 대상지나 등반환경, 대원들과의 문제 등 발생할 수 있는 모든 상황들을 고려하여 잘 계획하고 그대로 등반이 이뤄진다면 자연스럽게 좋은 등반으로 이어질 것이다.

2 가이드 등반을 어떻게 평가하나?

상업 등반과 가이드 등반은 구분할 필요가 있다. 알프스 지역에서는 돈을 낸다고 가이드 등반으로 무조건 원하는 산에 오를 수 있지 않다. 수준에 맞는 등반루트를 안전하게 경험한다는 면에서 가이드 등반은 정상만을 생각하고 오르는 일회성의 상업등반대와는 다르다. 가이드 등반을 숙련된 등반가가 되기 위한 일종의 실전 등산학교 과정이라고 생각한다면 오히려 안전한 등반을 위한 체계적인 경험 습득을 위해 필요하다고 생각한다.

3 외국과 비교했을 때 한국 알피니스트로서 장점과 부족한 점은?

이전에는 외국 등반가들에 비해 등반 기술이나 체력적인 부분이 전체적으로 부족하다는 생각도 했지만 최근에는 점점 그런 차이를 느끼기 어려운 것 같다. 빙벽등반 기술은 우리나라 등반가들의 수준이 높은 편이라고 생각하고, 믹스 등반 기술은 조금 부족하다고 생각한다.

4 외국 알피니스트에게 배울 점이 있다면?

외국의 등반가들은 고령이 되어서도 등반 활동 및 저술 활동을 이어가는 경우를 많이 봤다. 많은 나이에도 꾸준히 등반활동을 이어간다는 건 그만큼 몸과 마음의 관리를 꾸준히 잘 해왔다는 방증이기도 하다. 국적을 가리지 않고 귀감이 되어주는 등반가 선배들에게 배울 점이 많은 것 같다.

5 본인이 생각하는 알피니스트의 기준은?

'산에 가야 산악인'이라는 생각을 한 적이 있지만 지금은 꼭 그렇게 생각하지 않는다. 산에 가는 횟수보다는 산과 등반을 대하는 마음과 태도가 중요하다고 생각한다. 한 번 등반을 하더라도 제대로 준비하고 계획하여 의미를 가지고 등반을 해야 등반이 단순히 육체적인 노동이 아닌 성취로 남는 것 같다. 단순히 어려운 동작의 오름짓에만 몰두하기보다는 주변의 자연환경과 함께 등반하는 사람들과의 관계들에도 관심을 쏟는 것이 알피니스트의 마음이라 생각한다.

6 현재 한국산악계에 가장 부족한 것은 무엇일까?

한국의 등반 문화는 1990년대, 2000년대까지 이어져 온 히말라야 고산 등반 원정문화가 주를 이루어 왔다. 하지만 그 이후로는 스포츠클라이밍의 대중화로 인해 전통등반과 분리되어 젊은 세대들 위주로 스포츠클라이밍만의 새로운 문화들이 만들어지고 있다. 최근 몇 년간 급격히 늘어난 볼더링 위주의 실내 암장들과 스포츠 클라이밍의 올림픽 정식종목 채택은 더 이상 스포츠클라이밍은 전통등반의 범주 안에 있지 않음을 확실히 보여준다. 하지만 행정적으로 이를 뒷받침하고 있는지가 의문이다. 대한산악연맹 내에서도 스포츠클라이밍과 전통등반의 분리 운영에 대한 이야기는 이미 많은 시간이 지난 논제다. 산악등반이 아닌 스포츠 종목으로서의 스포츠클라이밍을 발전시킬 수 있는 새로운 행정 지원 단체가 필요하고, 대한산악연맹은 전통등반의 발전에 좀 더 신경 쓸 수 있는 체제가 필요하다고 생각한다.

7 한국적 알피니즘, 한국의 산악계와 산악인들이 30년 후에 어떻게 변해 있을 것으로 예상하나?

여러 관점으로 바라볼 필요가 있다. 그리 낙관적으로 보이지는 않는다. 최근 20년간 급격히 떨어진 한국의 출산율이 사회적으로 크게 문제가 되고 있는데 이 영향이 20~30년 후에 나타난다고 생각했을 때 우리가 살아가는 방식이나 문화와 정서들이 지금과는 많이 달라져 있을 것 같다. 산악문화 전반에도 분명히 영향을 미칠 것이라고 생각한다. 청년 등반가들의 유입이 점점 줄어들 것이고 등반 인구의 평균 연령도 올라갈 것이다. 한편으로는 도전적이거나 모험적인 등반을 하는 이들의 연령도 전체적으로 올라가 고령으로 구성된 등반대도 흔해질 것이다. 지금보다는 위험한 등반, 스폰서 등반이 줄어들고 자체적으로 자금을 조달해 수준에 맞는 등반지와 루트를 찾아 떠나는 등반가들이 많아질 것이다.

외국에서 더 유명한
한국산악계의 숨은 실무자

소속	덕성여대산악부 OB, 대한산악연맹 부회장
1988	북미 데날리(6,194m) 웨스트버트레스 등반
1990	일본 북알프스 오쿠호다카다케(3,190m) 등반, 북미 레이니어(4.392m) 등반
1993	북미 데날리커플 등반
2003	북미 데날리(6,194m) 등반
2004	키나발루(4,101m) 등반
2006~10	한국여성산악회 회장 역임
2008	호주 태즈메이니아 크래들마운틴(1,554m) 등반
2010~현재	아시아산악연맹 사무총장, 국제산악연맹 집행위원
2016	대만 옥산(3,952m) 등반
2016~현재	대한체육회 국제교류위원

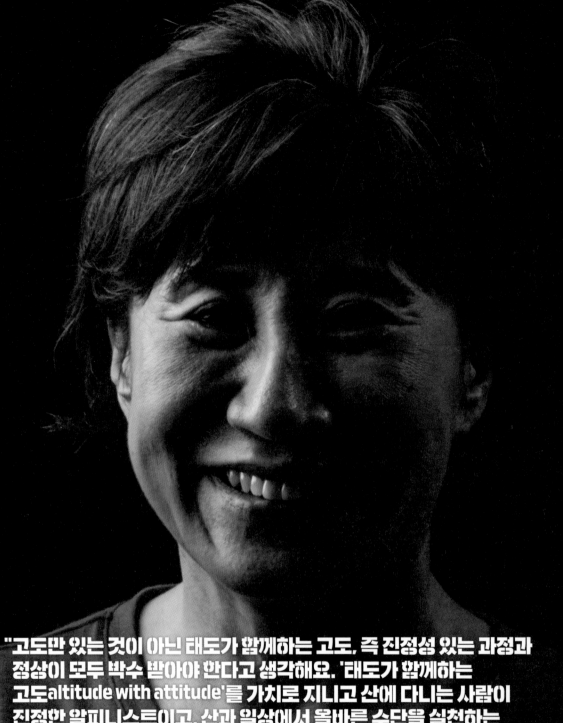

"고도만 있는 것이 아닌 태도가 함께하는 고도, 즉 진정성 있는 과정과 정상이 모두 박수 받아야 한다고 생각해요. '태도가 함께하는 고도altitude with attitude'를 가치로 지니고 산에 다니는 사람이 진정한 알피니스트이고, 산과 일상에서 올바른 수단을 실천하는 산악인이 진정한 알피니스라고 봅니다."

"대한산악연맹 첫 여성 상임이사를 2009년에 맡았어요. 국제이사를 맡았고 영문뉴스레터를 만들어야 한다고 주장해서 'Korean alpine news'를 만들었죠. 마침 국제산악연맹 총회가 포르투갈 포르투에서 열렸고, 이 뉴스레터 150권을 챙겨서 혼자 날아갔죠. 당시만 해도 해외산악계의 한국원정대에 대한 시각이 부정적인 면이 있었어요. 외국원정대가 바라본 시각에서 쓴 글로 한국원정대를 평가하는 분위기였죠. 문화적인 차이를 이해하지 못하는 부정적 시각이 있어서 그걸 어떻게든 제대로 알리려 했었어요."

세계 최고 수준의 등반을 했더라도, 알려지지 않는다면 그들만의 몸짓일 뿐이다. 산악계의 모든 역사는 기록이 있었기에 인정받을 수 있었다. 알피니스트가 아무도 가지 않은 길을 개척하는 것이라면, 배경미 대한산악연맹 부회장은 한국 등반역사를 세계에 알린 알피니스트다.

능통한 영어와 적극적 활동으로 국제산악연맹 입성

2009년 당시 미국과 유럽의 산악잡지 기사를 보면 한국원정대는 대규모 원정대에 의한 쓰레기 문제로 실리거나, 한국 등반가의 신 루트 개척이나 알파인스타일 등반 기록은 실리지 않는 등 왜곡의 여지가 있는 기사가 많았다.

이것을 바로잡기 위해 국제산악연맹 총회에서 배경미는 홀로 분투했고, 한국 여러 원정대의 히말라야 도전과 세계 여성 14고봉 초등 경쟁 등 당시 상황을 담은 영문뉴스레터를 돌렸다. 이것을 읽은 영국을 대표하는 원로 등반가 더그 스코트는 그녀에게 "Korean is busy"라고 짧게 말했다. 한국 산악인의 활발한 등반을 인정한다는 뜻으로 해석 가능한, 많은 의미가 담긴 말이었다.

배경미 이사의 노력은 직접적인 성과로 이어졌다. 그녀의 능통한 영어와 적극적인 활동에 주목한 국제산악연맹은 '집행위원'으로 임명했다. 이를 통해 아이스클라이밍 월드컵을 아시아 최초로 한국에서 여는 성과를 이뤄, 경북 청송에서 10여 년 가까이 성공적으로 대회를 열고 있다. 2015년에는 국제산악연맹 총회를 유치해 몇 년 사이에 세계 산악계에서 우리나라의 영향력을 끌어올리는 성과를 거뒀다. 당시 이란과 터키, 우리나라가 총회 유치를 위해 경합을 벌였고, 그의 유머러스하면서도 신뢰를 주는 유치 연설로 90% 이상의 표를 얻으며 한국 유치가 결정되었다. 총회와 국제대회 진행에 있어서도 발 빠른 실무로 성공적인 진행을 도왔다.

월드컵대회는 노스페이스의 후원을 끌어내는 가교 역할을 했으며, 국제산악연맹 총회에선 150여 명의 대표단을 위한 장소 섭외, 숙박, 회의와 프로그램, 통역, 각종 기념품, 회의 전야제, 만찬행사 등 모든 실무를 총괄 진행했다.

"그때 6개월이란 시간이 어떻게 흘러갔는지 모르겠어요. 자주 쪽잠을 자고 흰머리도 부쩍 늘었어요. 무엇보다 함께 해준 스태프들의 헌신이 가장 고마웠어요. 국제연맹은 총회 개최에 따른 가이드라인이 있어서 그에 따른 준비를 하되, 한국의 전통문화와 북한산 암벽등반을 꼭 경험하게 하고 싶었어요. 그게 세계 각국 대표들의 마음에 닿았죠. 산악인들이니까요. 당시 대산련을 이끈 이인정 회장과 임원진의 강력한 추진력, 사무국의 협조가 있어 모든 것이 가능했어요. 그 자리에서 제가 헌신할 수 있었던 것 자체가 큰 보람이었어요."

이후에도 줄곧 한국과 외국 산악단체·산악인을 잇는 가교 역할을 하여, 외국에서 더 유명한 한국 산악인이 되었다. 그녀의 강점은 단순히 어학 실력이 아니라 일을 정확하고 빠르게 처리하는 것. 이인정 아시아산악연맹 회장은 배경미 이사에 대해 "책임감이 강하고 일처리가 빠르다"며 2010년 아시아산악연맹 출범 이후 지금까지 사무국장을 맡긴 이유를 설명한다.

1988년 여성
매킨리원정대
(데날리로 공식 이름
바뀜) 최종 캠프에서
정상 공격을 기다리는
배경미(우측).

그녀는 한국 여성산악사의 산 증인으로 통한다. 덕성여대 산악부(83학번)에 가입하며 산과 접한 그녀는 1988년 데날리(6,194m), 1990년 레이니어(4,392m) 등반을 했으며, 북미 최고봉 데날리는 세 번이나 등반했다. 2003년에는 덕성여대 원정대장으로 등반에 나선바 있다.

"늘 도전 과제가 되었던 아버지의 부재"

"제가 열두 살 되던 해에 아버지가 돌아가셨어요. 사랑을 많이 주셨던 아버지의 부재는 늘 제게 도전 과제였어요. 그후로 자립심이 생기기 시작했고, 덕성여대 4년 전액장학생으로 들어가면서 조금의 경제적인 여유가 생겨 산악부에 가입했어요. 어려서 매일 아침 아버지 손잡고 산에 갔다 내려오는 길에 두부공장에서 콩물과 순두부를 먹었던 좋은 기억이 있었죠."

등반에 대한 열정이 컸던 그녀는 대학 재학 중 한국등산학교를 수료했으며, 당시 클라이밍 고수였던 한국등산학교 강사 김태삼을 덕성여대산악부에 초빙해 암벽등반을 배우기도 했다. 김태삼과 배경미는 등반 스승과 제자로 만나 백년해로를 기약하며 대표적인 산악인 부부로 통했으나, 안타깝게도 2017년 사고로 별세했다.

이 산악인 부부의 산사랑은 혀를 내두를 정도였다. 첫 아이가 두 살일 때 시부모에게 아이를 맡기고 북미 데날리에 두 사람이 도전한 것. 원정을 다녀와 아이와 상봉했을 때, 아들이 엄마를 못 알아보고 울음을 터뜨리며 피하기까지 했다. 그랬던 아들은 장성해 스포츠클라이밍과 스키를 타는 산을 좋아하는 산악인이 되었다.

결혼과 두 아이 출산과 육아로 등반에선 멀어져 갔지만, 산악계를 떠난 적은 없었다. 대산련 회보인 《산악인》을 1989년부터 5년간 펴냈으며, 유창한 영어 실력으로 월간《山》 해외뉴스를 1991년부터 12년간 맡았다. 20대 시절부터 대한산악연맹 학술정보위원으로 19년, 최초의 대산련 여성상임이사와 부회장으로 선출된 후 12년, 아시아와 국제산악계에서 12년 동안 실무를 맡고 있다. 산과는 떨어질 수 없는 운명처럼, 누구보다 산악계 깊숙이 오랫동안 몸 담아 왔다. 특히 여성의 산악 활동에 보수적인 시선이 팽배했던 1980~1990년대를 지나 현재에 이르렀다.

한국 여성 등반가들의 최전성기였던 2006년부터 5년간 한국여성산악회 회장을 맡은바 있다. 당시 그녀는 '여성산악회 7대륙 최고봉' 프로젝트를 진행했으며, 산서를 읽고 토론하는 산책모임을 신설하고, 음악회를 주최해 여성 산악인의 활발한 활동과 산악문화 다양성에 기여했다.

"과거 여성 산악인은 결혼과 출산으로 산에 대한 꿈을 마음껏 펼치기 힘들었어요. 결국 싱글로 살면서 실현 가능한 산에 접근하는 선후배 여성이 많았고, 사회적 인간과 자기실현적 인간 사이에서 고민하는 여성 산악인들이 대부분이었어요. 저는 그때 여성산악회 회장으로 여성들끼리의 등반과 사회적 한계 극복을 이 울타리 안에서부터 해보자고 생각했어요.

하지만 저도 어쩔 수 없이 여성이라는, 워킹맘이라는, 주부라는 사회적 틀 안에 있었어요. 산에 다니려면 산·가정·일 이렇게 삶의 부분을 나누어 최선을 다하자고 생각하기에 이르렀어요. 이 세 가지 균형을 맞추기 위해 정말 많은 노력을 했어요. 그런 진심이 가족, 산친구, 직장에 전해져 이들의 보이지 않는 도움을 많이 받았어요."

"산악계 직함, 급여 받는 일 아니지만 보람…"

사무국장이나 위원으로 많은 산악계의 직함을 가지고 있지만, 급여를 받는 일은 아니다. 그의 생업은 1997년부터 해온 캐나다 유학사업이다. 또한 영원아웃도어 노스페이스의 고문으로, 대학에서 등산 과목을 가르치는 강사로 부수입을 얻고 있다.

"사무총장이나 국제산악연맹 집행위원은 산에 다녔기에, 산을 통해 배운 가치를 실현하는 기회예요. 봉사라고 말하고 싶지는 않습니다. 보람이자 즐거움일 때가 더 많고 소명이라는 생각이 들 때도 있어요. 총회는 교통비와 숙식비가 지원되지만 그외 집행위원회나 국제행사는 출장비가 지원되지 않아서 개인주머니를 털 때도 있고, 지인들이 십시일반 경비를 도와줄 때도 있어요. 그럴 때면 세상은 어떻게든 공평하게 돌아간다는 생각이 들어요."

산악계 실무를 맡고 있지만 몸이 하는 등산을 떠난 건 아니다. 최근에는 한국산악동지회 회원들과 한 달에 두 번 암벽등반을 하고, 매주 일요일은 항상 지인들과 워킹산행을 한다. 평일에는 근력운동과 수영으로 산에 갈 수 있는 체력을 만드는 생활을 한 지 5년이 되었다고 한다.

뜻하는 대로 일이 잘 풀린 것처럼 보이는 산악인 배경미의 곁에는 늘 죽음이 따라다녔다. 그녀는 이것을 극복하는 것이 가장 힘들었다고 한다. 어릴 적 부친의 죽음, 평생 등반파트너였던 배우자와의 이별을 비롯해 동료 산악인의 죽음을 숱하게 겪었다.

"가까운 이가 죽었을 때, 저는 실무적인 일을 해결하는 일선에 있었어요. 당시의 고통이 지금도 저장되어 있어요. 고미영 사고 때 여성산악회 회장으로 유족에게 가장 먼저 사실을 알려야 했던 일, 시신 수송을 위해 파키스탄 대사를 붙들고 헬기 후송 문제로 실랑이를 벌이던 일, 김창호 구르자히말 원정대 사고시점부터 시신수습·후송·영결식까지의 일, 1년 넘게 현지 헬기회사·보험회사와 협상

하면서 시신 운송비용을 정리하는 일 같은, 정말 끝이 보이지 않는 터널을 뚜벅뚜벅 걸으며, 희미한 출구를 향해 이성적인 판단을 해야 했어요."

반면 그녀는 긍정의 에너지로 가장 행복했던 순간을 "지금"이라 말한다. 그녀는 "살아 있다는 것, 내 의지대로 무엇인가를 하고 있다는 것 자체가 행복"이며 "건강한 몸으로 등반하고 자유롭게 걸을 수 있는 것이 가장 큰 축복"이라 얘기한다.

"도전하는 산악인은 모두 알피니스트"

그녀는 '알피니스트가 없는 시대'라는 요즘 사람들의 말에 동의하지 않는다. 어떤 시대이든 알피니스트가 있었으며, "도전하는 산악인은 모두 알피니스트"라고 자신의 신념을 말한다. 더불어 어떤 태도로 산에 다니고 있는지가 중요하다고 지적한다.

"고도보다 태도, 즉 알티튜드altitude(고도)가 아니고 에티튜드attitude(태도)라는 말을 좋아합니다. '바이 페어 민by fair means(올바른 수단)'도 좋아하고요. 산 사람들의 마음을 담았다고 생각해요. 더 나아가 고도만 있는 것이 아닌 태도가 함께하는 고도, 즉 진정성 있는 과정과 정상이 모두 박수 받아야 한다고 생각해요. '태도가 함께하는 고도altitude with attitude'를 가치로 지니고 산에 다니는 사람이 진정한 알피니스트이고, 산과 일상에서 올바른 수단을 실천하는 산악인이 진정한 알피니스라고 봅니다."

2010년 10월 이탈리아 보르미오에서 열린 UIAA 총회에서 후보자 연설을 하는 배경미.

1 산을 통해 인생관이 바뀌었나? 바뀌었다면 그 이유는?

산을 통해 인생관도 바뀌고 인생도 바뀌었다. 결혼도 산악인과
했고, 본 직업 이외에도 오랫동안 산과 관련된 일을 병행해
왔으며, 주변의 커뮤니티도 대부분 산과 관련되어 있다.
산을 통해 세상을 바라보는 시각이 달라졌다. 산이 정점을
향하는 과정이 인생과 같은 길이며, 정상에서 세상을 내려다볼
수 있는 큰 즐거움과 정상으로 가는 과정과 내려오는 모든 전
과정에서 내려놓고 비우는 것을 배우게 되었다.

2 본인이라면 에베레스트를 어떻게 오르겠는가?

마음에 맞는 5인 미만의 여성등반가들과 최소한의 경비와
최소한의 물량으로 봄 시즌에 등반하고 싶다. 미리
아일랜드피크 같은 봉우리를 함께 등반하면서 고소에서의
팀워크를 맞춘 후 노멀 루트로 오르고 싶다.

3 가이드 등반을 어떻게 평가하나?

등반은 자신의 힘으로 해야 한다고 생각한다. 등반지를
스스로 선택하고 공부하고, 훈련하고 준비하고 오르는 모든
과정이 진짜 등반이라 생각한다. 가이드를 직업으로 삼은
등반가와 그것을 이용하는 계약의 상업적 등반은 필요악이라
생각하지만, 등반은 단순한 행위를 넘는 가치이기에 스스로
하는 등반이 가장 중요하다고 본다.

4 본인의 약점은 무엇이라고 생각하나?

피할 수 있는 일들도 모두 거부하지 않고 받아들여서 일하다
보니 나 자신을 늘 바쁘게 몰아 붙이고 스스로를 옭아맨다.
그래서 후회할 때도 있고, 나 자신을 돌보는 일보다 타인이나
공공의 일에 시간과 노력을 더 기울이다 보니 자신에게
소홀해지기도 한다.

5 산 이외의 특기는?

등산 시작할 때부터 서예를 배웠다. 1986년 전국대학미전에서
특선을 수상하기도 했다. 덕분에 한라산 1100고지의
고상돈 동상, 속초산악박물관 부지의 설악가, 북한산 우이동
추모골 입구의 추모비 등의 글씨를 쓰기도 했다.

6 "이제 산악회는 죽었다"는 말에 대해 어떻게 생각하나?

과거의 분위기가 죽었다로 해석된다. 개인적으로 등산학교나,
매체를 통해 등반으로의 접근이 가능하고 해외원정도
상업등반을 통해 가능해진 현실에, 개인적 성향의 사회 반영도
영향이라고 본다. 소규모로도 산악회는 존속이 가능하다고
보며, 다른 형태로도 변형될 수 있다고 본다.

7 외국 알피니스트에게 배울 점이 있다면?

외국 알피니스트들의 기록에 관한 진정성이다. 자신들의
등반을 기록하고 책으로 혹은 영상으로 다큐로 다양하게
표현해, 등반을 더욱 가치 있게 만들어내는 기록이야말로
우리 한국 산악인들이 배워야 할 가장 큰 미덕이라고 본다.

8 본인이 생각하는 알피니스트의 기준은?

늘 새로운 것에 도전하는 사람이다. 산에 입문한 이상
등산을 기본으로 하면서 산과 관련된 모든 분야에서 늘 새로운
것을 개척하고 도전해 한 발자국 앞으로 나아가는 사람.
과거와 현재에 안주하지 않고 등산에 관련된 다양한 새로운
비전을 추구하는 사람이다.

9 현재 한국산악계에 가장 부족한 것은 무엇일까?

다양한 인재는 많은 것 같은데, 그 인재들을 함께 모아 정기적인
만남과 토론을 할 수 있는 체계적인 툴과 열린 자세의 단체와
리더가 부족하다고 본다. 미래지향적인 다양한 토론의 장과
포럼이 정기적으로 열려야 한다고 본다.

한국 알피니즘의 길
한국 산에 있다

소속	강원대학교산악부 OB, ㈜안나푸르나
2011	강원연맹회장배 스포츠클라이밍 일반부 2위
2012	유럽 알프스 몽블랑, 마터호른 등반, 에베레스트 평화원정대
2013	에베레스트 평화원정대 2차 원정 등정, 로체 서벽 원정대
2016	요세미티 엘 캐피탄, 러버스 립 등반
2018	키르기스스탄 알라메딘 등반
2019	시에라네바다 인크레더블 헐크, 타키즈 락 등반
2020	스코틀랜드 벤네비스 외 동계등반

"처음에는 야심차게 내친김에 아이거 북벽까지 오를 생각도 했어요.
그러나 고산은 결코 녹록하지 않은 환경이었습니다. 마터호른을
오르면서 악천후를 만나 식량을 다 소진하고, 버너도 없어
눈을 수통에 담아 녹여 마시며 버틴 끝에 정상에 오르고 나서야
'아, 이게 고산이구나'하고 개념 정립이 됐죠."

"저는 암벽등반에 정말 소질이 없었습니다. 간현의 난이도 5.9 루트에서 선등을 섰다가 너무 무서워서 오도 가도 못하고 한 시간 넘도록 매달려 있었던 적도 있습니다. 그러나 조금씩 실력이 늘어 5.10, 5.11 난이도도 등반할 수 있게 됐고, 어느 순간 에베레스트 정상에 설 수 있게 됐습니다. 그리고 이제는 한국적인 것과 서구적인 것을 결합한 새로운 알피니즘을 추구하고자 합니다."

흔히 편의상 알피니즘을 서구식 알피니즘과 한국식 알피니즘으로 구분한다. 서구식은 라인홀트 메스너의 에베레스트 무산소 단독 등정처럼 소수 엘리트의 극한도전으로 요약된다면, 한국식은 부산 산악연맹이 히말라야 14좌 완등을 위해 조성한 다이내믹 부산 희망원정대처럼 철저하고 안전한 계획과 끈끈한 대원 간의 정에 기반을 둔 원정스타일로 표현된다.

수통에 눈 녹여 마시며 "아, 이게 고산이구나"

우석주는 이러한 한국과 서구의 알피니즘을 모두 체현하며, 변증법적 발전을 통해 자신만의 알피니즘을 추구하는 차세대 알피니스트다. 그는 강원대산악부 활동을 통해 대규모 히말라야 원정도 경험했으며, 선배와 단 둘이 국내에 알려지지 않은 키르기스스탄 알라메딘산군을 탐사 등반하기도 했다.

"처음부터 산에 관심이 있던 것은 아닙니다. 원래는 멋지게 오버행을 오르는 모습에 반해 스포츠클라이밍을 배우고 싶어 멋모르고 대학산악부에 들어갔어요. 입회하고 나니 선배들이 '산을 오르기 위해 암벽과 빙벽을 배우는 것이지, 벽 등반을 하려고 산을 오르는 것이 아니다'라고 가르쳐줬죠. 평일에는 매일 세미나를 갖고, 주말에는 어깨가 부서져라 짐을 메고 능선을 종주하고, 무수한 자연바위 루트를 오르내리며 선후배 간의 정과 술에 젖어 대학 생활을 보냈습니다. 하중훈련을 하겠다고 산악회실에 있는 옛날 장비들을 하네스에 주렁주렁 단 채 인공암벽에 붙곤 했어요."

우씨는 대학 생활 중 ROTC를 지원해 합격했지만, 설악산 하계훈련에서 허리를 다쳐 공익근무요원으로 복무하게 됐다. 그는 "ROTC를 계속 했다면 지금처럼 산에 매진하진 않았을 것 같다"며 "출퇴근하는 군생활 특성 덕분에 저녁에 인천클라이밍센터를 다니며 스포츠클라이밍을 배웠다. 자다가도 양 팔에 심한 근육통이 올 정도로 미쳐 살다 보니 자연스럽게 실력이 올랐다. 덕분에 2011년 강원연맹회장배 스포츠클라이밍 대회에 출전해 일반부 2위를 기록하기도 했다"고 말했다.

산에 대한 열정과 갈망이 늘어나다 보니 자연스럽게 더 높은 산으로 눈을 돌리게 됐다. 2012년 에베레스트 동릉 등반이 티베트와 중국의 분쟁으로 연기되자 동기와 함께 알프스를 찾았다. 그는 "우리 둘 다 완전 초보였기에 끊임없이 자료를 찾고 계획을 재차 점검하고서야 원정을 떠날 수 있었다"며 "발레브랑쉬 설원으로 올라가 1주일 동안 타퀼 삼각북벽과 코스믹 리지를 등반하고 마지막 날엔 몽블랑 북동릉을 등반했다"고 말했다.

"처음에는 야심차게 내친김에 아이거 북벽까지 오를 생각도 했어요. 그러나 고산은 결코 녹록하지 않은 환경이었습니다. 마터호른을 오르면서 악천후를 만나 식량을 다 소진하고, 버너도 없어 눈을 수통에 담아 녹여 마시며 버틴 끝에 정상에 오르고 나서야 '아, 이게 고산이구나'하고 개념 정립이 됐죠."

알프스를 다녀온 직후, 우씨는 강원대산악부로 구성된 에베레스트 평화원정대에 합류했다. 근 두 달 동안 학교 산악회실에서 합숙하며 훈련했다. 새벽에 일어나 달리기, 수영, 턱걸이, 웨이트 트레이닝을 하고 난 뒤 각 대원별로 맡은 직책에 따라 원정 관련 업무를 진행했다.

원정대는 시간이 흘러도 현지의 분쟁이 해결되지 않자 동벽이 아닌 남동릉으로 노선을 변경하고 등반을 시작했다. 故 아르투어 하이저가 이끄는 폴란드대와 故 구리키 노부카즈의 일본대밖에 없어 루트 및 캠프 작업에 시간이 걸렸다. 캠프3까지 루트 작업을 마쳤으나 이미 10월 말이 되어 포스트

2013년 에베레스트
등반 당시.
아마 제네바스퍼로
기억한다.

몬순에 접어들었다. 셰르파들은 더 이상 등반하지 않겠다고 했고, 폴란드대 셰르파 한 명이 사망하고 구리키가 조난하는 등 악재가 겹쳐 철수를 결정했다.

원정대행사는 등정 실패에 대한 책임을 지기 위해 이듬해 자신들이 별도로 조직한 에베레스트 상업등반대(셰르파나 산악인들이 요금을 받고 국제적으로 대원을 모객해 만든 원정대)에 강원대 원정대 대원 중 최대 두 명을 넣어주겠다고 했다. 원정대는 내부 논의 끝에 단 한 명의 대원을 선발했다. 그가 바로 우씨다.

"당시 국제상업등반대에는 후일 낭가파르바트 동계 초등으로 스타덤에 오른 알렉스 치콘도 있었습니다. 아무래도 영어가 부족해 외로웠지만, 다행히 당시 베이스캠프에 머물고 있던 故 김창호 대장의 '0 to 8848 원정대'가 많이 챙겨 줘서 심적으로 큰 도움을 받아 정상까지 무사히 다녀올 수 있었습니다."

알라메딘 원더러스로 고유 알피니즘 실현

2013년 봄에 에베레스트를 다녀온 후 가을에는 로체 서벽에 도전했다. 그러나 그는 가을 등반과는 영 인연이 없었다. 직전 해 에베레스트에서 실패한 것과 똑같이 등반이 지연되며 철수할 수밖에 없었다. 게다가 하산 중 대학 시절에 다쳤던 허리가 다시 악화됐다.

"침대에 누워서 일어나지 못하고, 누워 있어도 눈물이 날 정도로 아팠습니다. 화장실에 한 번 가

2018년 키르기스스탄
알라메딘을 오르는 우석주.

려면 이를 악물고 기어가야 했어요."

우씨는 귀국 후 수술을 받은 뒤 복학해 졸업하고 2017년 ㈜안나푸르나에 취직했다. 직장 생활을 시작하면서 나아가야 할 방향과 등반에 대한 관점을 정리했다. 대규모 원정과 소규모 원정을 모두 경험하면서 각각의 장단점과 걸러야 할 것과 유지할 것, 새롭게 받아들여야 할 것들을 구분했다. 그 결실은 2018년 키르기스스탄 알라메딘 원더러스 원정대로 맺게 된다.

"사실 스스로 알피니스트를 자처하기는 부끄럽습니다. 그저 등반이 재밌고 산이 좋은 흔한 등반가 중 하나입니다. 단지 등반이란 것이 우리 개개인에게 어떤 영향을 미치는지를 고민할 따름입니다. 그 고민으로 추진한 알라메딘 원정은 한국적이면서도 서구권의 장점을 받아들여 만든 가볍지만 무겁고, 재밌으면서 진지했던 등반입니다. 또한 지속가능한 등반을 위한 아이디어도 가미해 뜻이 맞는 사람이라면 누구나 함께해서 계속 이어져 나갈 수 있는 등반 방식을 제시하고 싶었습니다."

한국 산에도 알피니즘이 있다

코로나19로 해외 원정길이 막힌 현재는 설악산, 북한산 등지에 눈을 두고 있다. 우씨는 "국내에서도 가보지 않은 곳, 해보지 않은 루트, 새로운 시도 등이 가능하다. 우리나라의 산에서도 늘 새로운 시도를 했던 산악인들이 있었고, 이들이 했던 것 중에서 본받을 만한 것들이 많은데 맥이 끊긴 것들이 많다. 국내 등반을 너무 단편적으로 바라보지 말고 더 창의적으로 바라보며 다양한 시도를 해야 한다고 생각한다"고 말했다. 그는 이에 덧붙여 "한국 알피니즘이 가야 할 길은 한국의 산에서 발견해야 한다"고 봤다.

"알피니즘을 논할 때 너무 형식에 국한해 해외 고산만을 좇고 있지 않은가란 생각이 듭니다. 정작 우리 산을 쳐다보지도 않으면서 어떻게 세계를 바라볼 수 있겠습니까?"

**1 정상이 눈앞에 있고, 나는 삶과 죽음의 경계에 있을 때
어떤 선택을 하겠나?**
삶을 택하겠다. 산은 그대로 있으니 살아 있으면 언제든
또 기회가 생길 것이다. 그동안 더 기량을 갈고 닦아 준비를
철저히 하면 기어코 정상에 오를 수 있을 것이다.

2 자신이 생각하는 최고의 등반(좋은 등반)이란?
주어진 상황에 최선을 다하는 등반.

3 본인이라면 에베레스트를 어떻게 오르겠는가?
판타지 리지를 가보고 싶다.

4 가이드 등반을 어떻게 평가하나?
능력 내에서 가이드를 고용하지 않고 주체적으로 등반하는 것이
더 좋다고 생각한다.

5 평소 컨디션 관리와 트레이닝 방법은?
암장에서 꾸준히 근력을 단련하고 러닝도 자주 한다.
주밀엔 기의 빠지지 않고 자연 벽에서 등반을 하는 편이다.

6 "이제 산악회는 죽었다"는 말에 대해 어떻게 생각하나?
산악회가 쇠퇴하는 것은 아니고 다른 형태로 변하고 있는
과정이라고 본다. 과거에 연연하면 발전이 없다. 세상이 바뀌면
거기에 맞춰나가야 한다.

7 외국 알피니스트에게 배울 점이 있다면?
그들은 등반지에서 좀 더 자유로운 마음을 가지고 있다.
오늘 꼭 정상을 올라야 한다는 마음이 아니라 어떻게
오르는지를 생각한다. 그런 여유가 부럽다.

8 본인이 생각하는 알피니스트의 기준은?
눈과 바위가 있는 환경에서 새로운 장소, 새로운 루트 등
새로운 것을 시도하며 등반하는 사람. 평소 등반을 하기 위해
꾸준히 준비하는 사람.

**9 한국적 알피니즘, 한국의 산악계와 산악인들이
30년 후에 어떻게 변해 있을 것으로 예상하나?**
생활스포츠로서 클라이밍 인구가 증가하고 저변도
더 넓어질 것 같다.

한 시즌 초오유 두 번 등정
그는 스피드 王이었다

소속	성균관대산악부 OB, 클라이밍클럽 더탑 센터장, 코오롱등산학교 강사
1991	가셔브룸2봉(8,035m) 등정
1995	미국 요세미티 엘 캐피탄 조디악 등반
1996	충모강리 · 릉보강리 연속 등정
1997	안나푸르나 · 캉첸중가 원정, 가셔브룸1봉(등정) · 2봉 원정, 초오유 한 시즌 2회 등정, 마나슬루 동계 원정

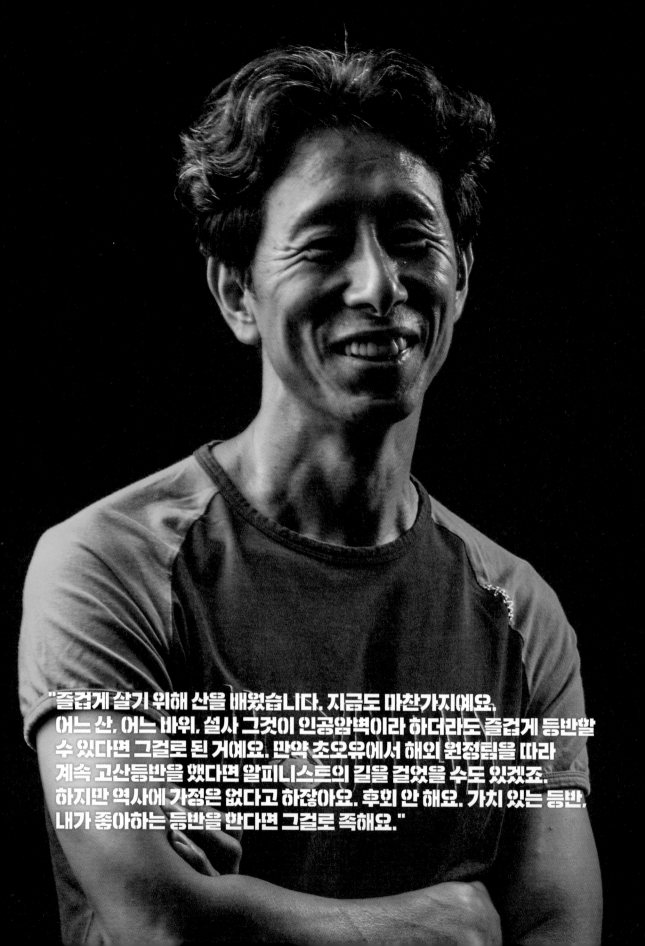

"즐겁게 살기 위해 산을 배웠습니다. 지금도 마찬가지예요.
어느 산, 어느 바위, 설사 그것이 인공암벽이라 하더라도 즐겁게 등반할
수 있다면 그걸로 된 거예요. 만약 초오유에서 해외 원정팀을 따라
계속 고산등반을 했다면 알피니스트의 길을 걸었을 수도 있겠죠.
하지만 역사에 가정은 없다고 하잖아요. 후회 안 해요. 가치 있는 등반,
내가 좋아하는 등반을 한다면 그걸로 족해요."

유석재. 그의 등반경력은 짧고 굵다. 젊은 시절 산이 좋아 고산등반을 했지만 그것이 알피니스트의 길이었는지는 지금도 스스로에게 반문한다. 하지만 특출했던 그의 재능은 그의 젊음만큼이나 반짝 빛났다.

유석재는 경기도 안성의 시골 마을에서 태어났다. 당시 시골 아이들이 그러했듯 산은 소년 유석재의 놀이터였다. 나무를 하러 산에 올랐고, 때로는 가시덤불을 헤치면서 산을 올랐다. 아이에겐 고된 일이었지만 산꼭대기에 올라 산 너머를 바라보면 가슴이 벅차왔다. 자신이 사는 마을 너머의 세상은 동경의 대상이었다.

책이 좋았던 소년, 산악부원 되다

책 읽기를 좋아하던 그는 도서관에 취직하면 평생 책을 읽으며 살 수 있겠다는 생각으로 1989년 성균관대학교 도서관학과(현 문헌정보학과)에 입학했고 여러 동아리를 기웃거렸다. 산을 놀이터 삼아 자란 그에게 산악부는 예정된 수순이었다.

"당시 산악부는 군기가 셌어요. 장기산행을 다녀오면 동기 대부분이 탈퇴했죠. 새로운 동기가 들어와도 이내 나가떨어지고 늘 저 혼자, 아니면 한두 명만이 남아 있었어요."

그 역시 탈퇴할 생각을 했다. 등반이 힘들어 그런 것이 아니었다. 농번기 때면 고향에 가서 부모님을 도와야 했지만 산악부 선배들은 이를 용납하지 않았다. 휴일엔 무조건 산에 가야 했다. 고민이 깊어졌다.

하지만 그는 끝까지 버텼다. 산악부 주장을 맡은 후 입대해야 '진짜 대학 산악부 출신'이 될 수 있다는 생각이었다. 결국 군 입대를 미루고 대학 3학년 때 비로소 산악부 주장을 맡았다.

OB선배들은 그런 유석재가 기특했다. 그리고 큰 선물을 주었다. 가셔브룸2봉(8,035m) 원정이었다. 스무 살 이상 차이 나는 한상국씨와 당시 국내 최고의 고산등반가로 꼽히던 김창선씨, 김수홍씨로 이루어진 단출한 원정대였다.

"큰 선물이었지만 선뜻 결정하지 못했어요. 입대를 다시 한 번 미루어야 했고 기라성 같은 선배들에게 누가 되지 않을까 하는 걱정도 있었죠. 하지만 살면서 이런 기회가 또 올까 싶어 따르기로 결정했습니다."

1991년 7월 나선 첫 8,000m급 고산등반은 만만치 않았다. 눈보라가 몰아치는 상황에서 캠프를 구축한 다음 고소적응을 위해 베이스캠프로 내려서면 요상하게도 구름이 걷히면서 파란 하늘이 나타나 기운을 뺐다. 다시 캠프로 오르면 폭설이 내리기 시작했다. 하지만 포기할 수 없었다. 결국 베이스캠프 도착 45일 만인 8월 19일, 4명의 대원 전원이 정상에 올라 한국 초등 기록을 세웠다.

우여곡절 끝에 첫 고산등반에 성공한 그는 이듬해 특전사로 입대해 1994년 4월 제대 후 1995년에 복학한다. 산악인으로서 재능을 보였던 그를 선배들이 가만히 놔두지 않았다. 이번에는 거벽등반이었다. 그해 대학산악연맹이 구조대를 조직한 기념으로 미국 요세미티 엘 캐피탄 원정대를 꾸렸고 그에게 동참을 제의했다.

원정대는 그때까지 한국 산악인들이 등반해 본 적이 없는 16피치 길이의 인공등반루트인 '조디악'을 선택했다. 이곳에서도 그의 재능과 센스가 빛을 발했다.

산악부에서 다양한 장비를 사용해 봤던 그는 좁은 크랙에 너트를 끼워 간단히 첫 피치를 올랐다. 다음 피치들도 미국에 도착해 구입한 코퍼헤드 같은 장비를 이용해 문제없이 올랐다. 이런 그를 선배들은 16피치가 끝날 때까지 선등하게 했다.

1997년 6월,
가셔브룸1봉 정상에
올랐을 때의 모습.

"16피치에서 루트를 헤매는 바람에 다시 15피치로 되돌아와 포타리지에서 비박한 후 다음날 정상에 올랐습니다. 식량도 물도 다 떨어져 힘들었지만 해냈다는 성취감은 이루 말할 수 없었습니다."

1년 동안 8,000m급 6개 봉 등반

고산등반에 이어 인공등반에서까지 재능을 보이자 이듬해부터 고산등반 기회가 줄을 이었다. 그는 1996년 한중 우호등반협정을 기념해 마련된 충모강리 · 릉보강리 합동원정에 참여해 중국 내 미답봉을 등정했다. 이 원정에서 그는 자신의 실력을 마음껏 발휘했다.

"충모강리 등반에서 2차 공격조 지원을 맡았어요. 2캠프에서 공격조가 정상공격에 나선 후 저는 한참 뒤에야 2캠프에 도착했어요. 이때쯤이면 공격조가 정상에 올랐다가 내려올 때가 되지 않았나 싶어 확인해 보려고 캠프에서 100여 m 위까지 올라갔어요. 그런데 공격조가 아직도 정상에 도착하지 못하고 있더라고요. 바로 장비를 챙겨 공격조를 뒤따라갔죠."

유석재는 빠른 속도로 공격조를 따라잡아 결국 그들과 함께 충모강리 정상에 올랐다. 이은 릉보강리 등반은 사정상 빨리 등정해야 했기에 등반속도가 빠른 대원에게 기회가 주어졌다. 여기에서 유석재는 두 대원과 함께 제2캠프를 출발해 릉보강리 정상에 올라서는 데 성공했다. 이 두 번의 연속등

정으로 유석재는 1997년 정부로부터 체육훈장 기린장을 받았다.

1997년은 그의 고산등반 경력이 꽃을 피운 해였다. 2월에는 대한산악연맹이 꾸린 안나푸르나·캉첸중가 원정에 참여했고, 6월에는 대학산악연맹 가셔브룸1봉·2봉 원정에 나서 1봉을 등정했다.

유석재는 원정을 끝내고 귀국한 지 20일 만에 성균관대 초오유 원정대에 참여해 다시 히말라야로 향했다. 이 원정에서 그는 두 개의 기록을 세우게 된다. 첫 번째는 초오유를 연속으로 두 번 등정한 기록이고, 다른 하나는 초오유를 19시간 50분 만에 등정한 최단시간 등하산 기록이다.

"1차 공격 때 등정을 마치고 1시간쯤 내려서야 올라오고 있는 다른 대원들을 만났습니다. 마침 날씨가 나빠져 다음 기회를 노리자며 대원들을 설득해 베이스캠프로 내려왔습니다. 그리고 두 번째 공격에서는 대원이 먼저 등반에 나선 후 이틀 뒤에 베이스캠프를 출발해 다시 한 번 등정했습니다. 며칠 전 등정했기에 길에 대한 확신이 있었고, 욕심도 있었죠."

한 번도 힘들다는 8,000m급 고산을 며칠 만에 두 번이나, 그것도 최단시간으로 등정한 것이었다. 이후 귀국한 그는 그해 겨울 박영석 대장의 마나슬루 원정대에 합류해 다시 한 번 히말라야를 다녀왔다. 4차례 해외원정에 나서 8,000m급 6개봉을 등반한 한 해였다.

장래가 기대되는 새로운 알피니스트의 탄생이 이루어지나 싶었지만 여기까지가 그의 고산등반 경력의 끝이었다.

"초오유를 두 번 등정한 후 현지에 있던 외국 원정대로부터 시샤팡마와 에베레스트를 함께 올라

(위)설악산은 유석재가 등반지로 좋아하는 곳이다. 유선대를 등반하고 있다.

(오른쪽)이탈리아 돌로미테의 치마 피콜로Cima Piccolo (2,856m)를 등반하는 유석재.

'용화산의 전설'의
크럭스인 천장 오버행을
등반하고 있다.

보지 않겠냐는 제의를 받았어요. 결론적으론 성사되지 못했어요. 여러 사정이 있었죠. 벌겋게 달아오른 도끼에 차가운 물을 붓는 것처럼 열정이 식어버리는 계기가 된 것 같아요."

마나슬루 원정 이후 그는 더 이상 고산등반을 하지 않았다. 그리고 1999년 결혼을 하면서 '먹고 살기 위해' 서울 송파구에 실내암장을 차렸다. 8,000m급 고산을 오르내리던 그의 세상은 3m 남짓한 인공암벽의 세상으로 바뀌었다.

즐겁게 등반할 수 있다면 그걸로 충분

그는 실내암장을 운영한 이후 주말이면 회원들과 자연암장에 나가 암벽등반을 즐긴다. 또한 코오롱 등산학교 강사로 일하며 후학양성에도 힘쓰고 있다. 실내암장 자체에서 운영한 등산학교를 통해 배출한 졸업생도 꽤 많다. 산에 갔을 때 자신을 '선생님'이라 부르며 반기는 졸업생들은 그의 재산이다.

"즐겁게 살기 위해 산을 배웠습니다. 지금도 마찬가지예요. 어느 산, 어느 바위, 설사 그것이 인공 암벽이라 하더라도 즐겁게 등반할 수 있다면 그걸로 된 거예요. 만약 초오유에서 해외 원정팀을 따라 계속 고산등반을 했다면 알피니스트의 길을 걸었을 수도 있겠죠. 하지만 역사에 가정은 없다고 하잖아요. 후회 안 해요. 가치 있는 등반, 내가 좋아하는 등반을 한다면 그걸로 족해요."

1 산을 통해 인생관이 바뀌었나? 바뀌었다면 그 이유는?

부정적이고 소극적인 태도에서, 무엇이든 마음먹고 노력하면
할 수 있다는 적극적이고 긍정적인 인생관으로 바뀐 듯하다.
아마도 처음에는 되지 않던 어려운 등반들을 성취해 내며
얻어진 자신감 때문이 아닐까?

2 파트너를 선택하는 조건은 무엇인가?

등반의 성격에 따라 조금씩 다를 수는 있지만 결국에는 어렵고
위험한 상황에서도 침착하고 긍정적인 마인드를 유지할 수 있는
사람을 선택할 것 같다.

3 가이드 등반을 어떻게 평가하나?

등반에는 '온 사이트'라는 용어가 있으며 등반가의 실제적인
등반능력을 평가하는 가장 중요한 잣대이다. 스포츠 경기 중
다른 선수의 경기 모습을 볼 수 없도록 하는 것은 클라이밍이
거의 유일하다. 그만큼 등반에서는 창의력이 중요하고
본인 스스로 해결해야 하는 것이다.
등반는 미시의 세계에 대한 호기심에서 시작되었으며 남들이
가지 않은 길을 처음 가는 즐거움이 가장 크다. 그래서 누가
초등했는지가 등반을 평가하는 중요한 잣대이며 초등자의
이름을 등반사에 기록하는 것이다. 등반을 평가하는 잣대가
이러할진대 가이드 등반을 어찌 등반이라 할 수 있는가?
본인의 만족으로 남겨둔다면 그에게는 의미 있는 성취일수
있으나 산악계의 평가 대상은 아니다.

4 "이제 산악회는 죽었다"는 말에 대해 어떻게 생각하나?

관점에 따라 맞기도 하고 틀리기도 하다. 예전에는 등반기술
습득이나, 등반 대상지에 대한 정보를 대부분 도제식으로
산악회 선배를 통해 배웠다. 따라서 등반을 배우거나 꾸준히
하려면 산악회 가입이 거의 필수적이었다. 또한 산에서의
자유로운 야영문화가 산악회 회원 간 결속을 다지고 유대감을
강화시키는 순기능을 했다.

현재는 통제되고 제한적인 야영으로 앞서 말한 순기능이
사라졌고, 산악회의 중요한 존재 이유였던 등반기술의 전수가
등산학교나 실내암장 등으로 대체되었다. 그리고 등반지에 대한
정보는 인터넷을 통하면 언제든 쉽게 얻을 수 있는 시대가
되었다. 이러한 면을 보면 '산악회는 죽었다'는 말은 안타깝지만
사실이다. 그러나 등산학교들은 나름 잘 유지되고 클라이밍을
새로 시작하는 사람들은 꾸준히 늘어난다.
등반을 혼자서 할 수는 없으니 그들 중 꾸준히 등반을 원하는
많은 사람들은 어딘가의 산악회에 가입을 하게 된다. 이들이
필요한 것은 함께 등반할 편안한 동료이지 틀에 얽매이거나
깍듯하게 모실 선배가 아니다. 이러한 관점에서 보면 산악회는
죽은 것이 아니라 시대의 흐름에 맞게 변화해 가는 것이다.
그리고 앞으로도 줄을 묶고 하는 클라이밍이 존재하는 한
산악회도 영원히 존재할 것이다.

5 한국 산악사에서 최고의 등반을 꼽는다면?

가장 인상적이고 가슴 아픈 등반으로 2004년 계명대
에베레스트 등반을 꼽고 싶다. 객관적인 정황상 탈진한 후배를
구할 가능성보다는 자신의 목숨까지 버리게 될 확률이 큰
상황임에도 기꺼이 나서 후배와 함께 생을 마감한 백준호.
정말 머리가 숙여진다.

6 현재 한국산악계에 가장 부족한 것은 무엇일까?

산악인들의 목소리를 대변할 힘이 너무 없다.
국민의 도전정신과 건강증진을 위해 국가적으로 장려되어야 할
건전한 등반활동이 마치 범죄행위처럼 취급되는 게 지금의
현실이다. 산에 가는 것조차 공무원들의 획일적인 결정으로
통제되고(눈, 비, 바람, 일몰 등의 이유로 입산금지), 등반 시
사전 허가를 받아야 하고, 공식적인 등반금지 조치 등
산악인들의 자유로운 등반활동을 제약하는 행정이 한두 가지가
아니다. 하지만 산악단체 어디도 이러한 불합리하고 부당한
상황을 타계하려는 노력을 하지 않거나 못하는 실정이다.
공무원들이 산악인들을 귀찮은 존재로 여기고 획일적으로
통제하는 작금의 현실이 개선되지 않으면 산악 활동은
점점 위축되고 퇴보할 것이다.

등반은 작은 에피소드들의 집합
한마디로 정의하기 힘든 행위다

소속	서울대농과대산악회 OB, 미국 캘리포니아주립대 강사(인류학 박사), 한국산악문화협회 산악레포츠연구소장, 한국등산연구소 부소장
2002	네팔 텐트피크(5,664m) · 아일랜드피크(6,189m) 등정
2005	파키스탄 트랑고 네임리스타워(6,239m) 유고루트 등정
2006	에베레스트(8,849m) 북동릉 등반
2008	키르기스스탄 악수(5,217m) 북동릉(5B) 등반
2009	러시아 엘브루스(5,642m) 등정
2010	키르기스스탄 악사이 산군 2개봉 등반
2011	네팔 로부제 동봉(6,119m) 등정
2012	에베레스트 남동릉, 로체(8,516m) 등정
2013	에베레스트 · 로체 등반, 네팔 암푸1봉(6,840m) 초등, 대산련 박영석특별상 수상
2014	네팔 랑탕히말 3개봉(랑탕원더러스 등반대), 대산련 박영석특별상 수상, 한국산악회 한국산악상(김정태상) 수상
2016, 19	미국 캘리포니아 인크레더블 헐크

"산악계의 등반이 너무 정형화돼 있다. 기존 루트를 답습하는
패턴이 반복되면서 노백인우주선(북한산의 노적봉·백운대·
인수봉·우이암·주봉·선인봉을 한 번에 등반하는 것) 같은
창조적인 등반을 찾아보기 힘들다. 조만간 설악산 토왕성폭포를
러닝빌레이식으로 등반한 뒤 곧바로 대청봉까지 올라보겠다"

두 점 사이 최단거리를 수학적 개념으로 직선이라고 정의한다. 하지만 현실세계에서 직선으로 보일지라도 정밀 망원경으로 들여다보면 비뚤어진 곡선의 집합이다. 두 점 사이를 가장 짧게 이을 수 있는 방법은 자연계에서 존재하지 않는다. 두 점의 지름길은 결코 존재할 수 없는 것이다. 이런 진실은 산과 인간의 관계에도 똑같이 적용될 수 있다고 보는 산악인이 있다.

정상만이 등반의 전부는 아니다

사람들은 왜 등반이라는 행위를 할까? 산은 인간에게 어떤 의미를 가지고 있는가? 오영훈에게 이 물음은 여전히 현재진행형이다. 그는 대학 신입생 시절 친구 손에 이끌려 낯선 산악부 동아리에 가입했다. 그는 "동아리 골수 멤버들이 그렇듯 내 대학 생활의 유일한 의미는 산이었다"고 했다. 학부 전공(응용생물화학)엔 마음을 못 붙이고 복수 전공으로 선택한 인류학에 이끌렸다. 과거 · 현재 · 미래 인간의 삶과 행동양식을 탐구하는 문화인류학을 평생의 업으로 선택한 그는 범위를 좁혀 등반이 사람들에게 갖는 의미 찾기에 몰두하고 있다.

산악인이고 문화인류학자이면서 산악 관련 매체에 발을 담근 언론인… 오영훈을 어떻게 불러야 할지 한참동안 고민스러웠다. 하지만 빽빽한 이력서 칸 위를 흐르는 공통점은 '산'이다. 그에게 등반이란 오직 정상만을 쳐다보는 목표 지상주의와는 거리가 멀다. 직선을 긋는 행위가 아니라 무수한 곡선을 쳐다보는 행위인 것이다. 이른 새벽 설레는 마음으로 등산화 끈을 매는 것, 함께 산에 오르는 동

2012년 봄
에베레스트
정상에 선 오영훈.

2016년에 이어
2019년 미국
캘리포니아
인크레더블 헐크 등반.

료와의 대화, 산행지 마을 주민들과의 교감, 산행 후 기울이는 막걸리 한잔… 산행 과정에서 경험하는 이런 크고 작은 에피소드들이 모였을 때 등반은 비로소 의미 있는 것이 될 수 있다고 그는 생각한다. 이런 의미에서 그에게 중요한 두 가지 화두는 셰르파와 故 김창호이다.

두 가지 화두, 셰르파와 김창호
미국 캘리포니아주립대(리버사이드)로 유학을 떠난 그는 2012년부터 2014년까지 25개월간 네팔에서 현지 셰르파들과 함께 거주하고 함께 산을 오르면서 셰르파의 관점에서 본 히말라야 등반 연구로 박사학위를 땄다.

"많은 이들이 히말라야 등반은 서양인들이 주도하는 스포츠라고 생각한다. 하지만 이는 틀린 말이다. 셰르파라는 등반사에 유례없는 직업을 만들고 이윤을 창출하고 독점해 온 네팔인들의 주체성을 간과한 오류다. 등반 중 일어나는 셰르파들의 희생을 서구 원정대의 탐욕 때문이라며 비난하는 입장과 '달러'를 벌기 위해 서양인들의 하인 역할을 자처하는 열등한 부류로 보는 시각 또한 마찬가지다."

오영훈에게는 셰르파의 삶과 문화를 들여다보는 것이 에베레스트에 오르는 것만큼이나 의미 있는 작업이다. 그에게 네 개 중에 한 개의 답을 고르라는 식의 질문은 통하지 않는 듯했다. 닮고 싶은 산악인이 누구냐는 필자의 우문에도 엷은 미소로 답을 대신했다. 그러나 대화 중 유독 자주 입에 올린 이름이 김창호였다.

2014년 1월 네팔 '랑탕 원더러스'
원정 중에 나야캉가를 오르고 있다.

지난 2018년 히말라야 등반 중 사망한 故 김창호 대장은 오영훈에 따르면 '자기 책임 하에 산에 오른다'는 등반 철학을 끝까지 지킨 인물이다. '등반대장 중에 자기 책임을 다하지 않는 사람이 어디 있는가'라는 필자의 말에 그는 "책임이란 자기가 감내할 만한 한계를 명확히 인지하고 그걸 지켜내는 것"이라고 했다. 탐욕은 상황 판단력을 흐리게 할 수 있고, 결국 인명사고로 이어지게 하는 씨앗이 되기 때문이다.

원정 등반에서는 전진보다 후퇴를 결정하는 것이 어려운 법이다. 오영훈은 "김창호는 항상 등반 공동체에 대한 의무에 대해 고민했다"며 "14좌 정복은 그에게 자기만의 스타일 등반을 지속해 나가기 위한 수단 그 이상도 이하도 아니었다"고 말했다. 그는 "김창호는 2000년부터 2004년까지 1,400일 동안 파키스탄 고산지대를 단독 탐사하며 수많은 미답봉에 대한 자료를 수집했는데 그가 남긴 자료들을 바탕으로 김창호 평전을 쓸 계획"이라고 덧붙였다.

창의적 등반을 꿈꾸며

오영훈은 2002년 네팔 텐트피크와 임자체를 시작으로 2006년에 故 박영석 대장의 에베레스트 원정대에 참가했고, 2008년엔 키르기스스탄 악수 원정대장, 2012년 네팔 로체를 등정하는 등 2016년까지 히말라야와 러시아, 중앙아시아 등지의 고산을 올랐다. 기억에 남는 국내 등반으로 울릉도 송곳봉 상록길 개척(14피치, 5.10a, A2+)을 꼽았다. "바다에서 솟아오른 430m에 달하는 국내에서 가장 긴 암벽이다. 한국에선 보기 힘든 형태인데 2007년 동아리 후배와 둘이 1박2일에 걸쳐 등반한 게 기억에 남는다"고 했다.

그는 "산악계의 등반이 너무 정형화돼 있다"고 지적했다. "기존 루트를 답습하는 패턴이 반복되면서 노백인우주선(북한산의 노적봉 · 백운대 · 인수봉 · 우이암 · 주봉 · 선인봉을 한 번에 등반하는 것) 같은 창조적인 등반을 찾아보기 힘들다"며 "조만간 설악산 토왕성폭포를 러닝빌레이식으로 등반한 뒤 곧바로 대청봉까지 올라보겠다"고 꾹 누르듯이 말했다.

등반의 문화인류학적 의미를 찾는 게 학자 오영훈이 딛고 선 땅이지만 등반의 추억담과 계획을 이야기할 때 가장 눈이 빛났다. 문文과 무武를 함께 갖춘 산악인이다.

2006년 에베레스트 등반 중. 왼쪽부터 오영훈, 이형모, 박영석, 오희준.

1 산을 통해 인생관이 바뀌었나? 바뀌었다면 그 이유는?
산은 다른 어느 곳에서도 찾기 어려운 새로운 발견, 영감,
깨달음을 준다. 인간이 만든 모든 것으로 가득한 오늘날,
진정한 탈출구이자 생명 같은 곳이다. 끝없이 겸손해야 함을
배웠고, 미래에의 희망을 갖게 된다.

2 산에서의 특별한 버릇 같은 것이 있다면?
기록을 남기려 하는 것. 예전엔 주머니 수첩을 갖고 다니며
시간이나 장소명 등을 적었고, 요즘은 주요 지점이나 특이한
광경은 꼭 사진을 찍어둔다. 그리고 나중에 돌아보며 기억을
잘 정리해 둔다. 체험이 쌓여 산 경험이 풍성해지는 게 즐겁다.

3 자신이 생각하는 최고의 등반(좋은 등반)이란?
등반은 지극히 개인적인 체험이자 많은 이들이 함께하는
규칙 아래 이루어진다. 즉 좋은 등반은 그 자신에게 참으로
뿌듯함을 주면서도, 동료, 가족, 주민, 일반 시민, 미래 세대,
동식물 등 모든 존재에게 피해를 끼치지 않는 등반일 것이다.
등반의 미래를 위해 등반가는 무척 사려 깊게 행동해야 한다.

4 산에 가기 전 정보 수집을 어떻게 하나?
물론 인터넷으로 자료를 찾는다. 외국 고산의 경우
<미국산악연감>을 가장 먼저 찾아본다. <산악연감>,
<역동의 히말라야> 등 국내 고산역사서도 참고한다.
이어 구글어스로 지형을, 현지 기상청으로 날씨 통계를,
외국 보고서로 경험담 등을 참고한다.

5 "이제 산악회는 죽었다"는 말에 대해 어떻게 생각하나?
그런 말 자체가 옛것을 고집하는 태도라고 생각한다.
예전 산악회에도 내부에서 끼리끼리 어울렸다. 지금도
10~20대 클라이머들은 끼리끼리 어울린다. 다만 선배가
"산은 이렇게 가야 해"라고 할 때 후배는 등을 돌린다.
'산악회가 죽는다'보다 더 큰 문제는 산악인들 사이에
서로 존중하고 규칙을 만들어 지켜가게 해 주는 산악인
공동체가 약화된다는 점이다.

6 현재 히말라야의 상황을 어떻게 보고 있나?
서양 산악인들은 엘리트주의 알피니즘을 히말라야에 잣대로
들이댄다. 그 결과 아이러니하게 셰르파 등이 주도하는
모객 원정대, 프로젝트 원정대가 활성화됐다. 고산등반이
다채로워지는, 일면 자연스러운 현상이다. 그러나 셰르파–
비셰르파 사이의 빈부격차, 서양인들의 계속되는 인종차별,
일부 산에만 집중되어 산의 현실을 왜곡하는 풍토 등이
대표적인 문제점이라고 생각한다.

7 외국 알피니스트에게 배울 점이 있다면?
알피니즘의 본고장 알프스에서 발달한 '자기 책임 하에
오른다'는 태도, 미국에서 발달한 자원봉사 정신,
프랑스나 이탈리아에서 볼 수 있는 평등한 동료애, 영국인들의
끝없는 탐험정신, 러시아인들의 투지와 의기, 일본인들의 산과
사람에 대한 겸손함, 중국인들의 같은 아시아인에 대한
비인종차별적 태도 등을 본받을 점으로 꼽겠다.

8 한국산악사에서 최고의 등반을 꼽는다면?
꼽을 수 없다. '등반에는 순위가 없다'는 게 나의 지론이다.
다만 가장 영향력 있는 등반을 꼽는다면, '2000년 카라코룸
멀티피크 원정대'를 꼽겠다. 탐험적이면서 극도의 경량등반을
실천했던 등반으로, 당시 등반의 주역들이 현재까지 왕성하게
활동하며 (내가 보기에) 무척 지속 가능한 형태의 등반을
추구하고 또 차세대를 대상으로 성공적으로 보급하고 있어
그 영향력이 앞으로도 오래 지속될 것 같다.

**9 한국적 알피니즘, 한국의 산악계와 산악인들이
30년 후에 어떻게 변해 있을 것으로 예상하나?**
'알피니즘'에 담겼던 온갖 성과주의, 영웅주의 따위 거품이
최근 몇 년 사이 빠져가는 듯하다. 한 가지 안 빠진 것은 바로
이런 질문에도 드러나는, 즉 '한국적'이라는 국가주의와도 같은
집단주의다. 배타주의와 끼리끼리주의, 막무가내식 등반
체험주의는 자연암장과 실내암장에서 여전해 보인다. 기존
루트에는 볼트가 수없이 덧대지고, 공동체는 파괴되어 간다.
그러나 진정한 모험은 산이 있는 한 언제든 가능할 것이고,
그를 발견하는 이들은 과거에도 그랬듯 미래에도 있을 것이다.
그리고 거기에서 과거 선배들이 발견했던 참신함과 겸손함을
찾아내 그에 감사하며 주변에 설파하는 이들은,
30년 아니 100년 뒤에도 여전히 있으리라 생각한다.

20 김영미

항상 꼴찌였던 그녀,
익스트림스포츠 마니아로 거듭나다

소속	노스페이스
2003	가셔브룸2봉(8,035m) · 브로드피크(8,051m) 등반
2004	일본 북알프스 동계 종주, 클린마운틴 K2 원정대 참가, 빈슨매시프 등정
2005	북미 데날리 등정, 엘브루스 등정
2006	아콩카과 등정, 에베레스트 등반 (북릉~북동릉 루트), 칼스텐츠 등정
2007	킬리만자로(5,895m) 등정
2008	에베레스트 등정(남동릉), 국내 최연소 7대륙 최고봉 완등
2007, 08, 09	에베레스트 등반(남서벽 신 루트)
2009	로체 등정
2008, 09, 13	가셔브룸2봉 등반
2011, 12, 13	유럽 알프스 등반
2013	네팔 암푸1(6,840m) 초등, 박영석 특별상
2014	원코리아 뉴라시아 자전거 평화대장정
2017	시베리아 바이칼호(724km) 단독 종단
2018	유럽 알프스 몽블랑 산악스키 등반
2020	체육훈장 거상장, 대학산악연맹 올해의 산악인

"그저 등반이나 모험을
통해서 내가 반 발자국이라도
더 나은 사람이 되고 싶을
뿐이에요. 알피니즘도
어제보다 나은 내가 되기
위한 수행 방법 중 하나라고
생각해요. 삶의 무대에서
한 걸음 더 내딛기 위해
애쓰는 노력, 이것도
알피니즘 아닐까요?"

강원도 평창 산골의 한 소녀는 1999년 대학 입학 후, 우연히 지나가다 본 산악부 동아리 문을 두드린다. 하하호호 웃으며 산보를 다니는 동아리라 생각했으나 1년에 적어도 100일, 많게는 150일을 산에서 지내며 덩치만 한 배낭을 짊어지고 다니는 나날이 이어졌다. 새내기 땐 육체적 고통으로 인해 눈물 흘린 날도 많았다. 특히, 그녀는 산악부에서 가장 느렸다.

그런 그녀가 20년이 흐른 2020년 '제58회 대한민국체육상 시상식 및 2020 체육발전 유공자 포상 전수식'에서 거상장을 받고, 대학산악연맹에서 올해의 산악인상을 수상했다. 수직의 세계인 등반은 물론, 수평의 세계에서 펼쳐지는 트레일러닝과 사이클, 사선의 세계인 산악스키까지 망라하는 전천후 익스트림스포츠 마니아로 거듭난 산악인 김영미다.

"처음 산악부에 들어왔을 땐, 제가 뒤처지면서 폐를 끼치는 게 너무 싫었어요. 방학이면 20일 이상 장기훈련을 하는데, 대관령에서 시작해 설악산까지 백두대간을 종주했어요. 해뜨기 전부터 형들과 함께 학교 인근 저수지 주변을 달리기도 했죠. 요즘 말하는 트레일러닝이에요. 달리면서 코피를 흘린 적도 있었습니다."

세 차례의 비극, 그리고 새로운 모험

김영미의 산에 대한 열망을 선배들은 놓치지 않았다. 백두대간 일시종주 외에는 딱히 내세울 만한 등반 경력이 없던 대학교 4학년 시절, 한왕용 대장의 14좌 완등 마지막 원정에 참가하며 히말라야 설산과 인연을 맺었다. 이후 그녀는 에베레스트 신 루트 개척 등반, 7대륙 최고봉 등정, 국내 여성 최초 히말라야 알파인스타일 등반(암푸1 초등) 등 굵직한 업적을 성취했다.

"20대의 삶은, 산과 함께 불같이 뜨겁게 지나갔어요. 가진 것이라곤 열정밖에 없었어요. 기업 후원은 없었지만 모교 산악부와 박영석 대장님이 7대륙 최고봉 릴레이를 위한 최고의 후원자가 돼 주셨죠. 이들에 대한 최선의 보답은 안전히 돌아오는 것이었어요."

김영미는 안전한 등반을 위해 부단한 노력을 기울였다. 아침에 수영으로 시작해서 사이클 100km를 타고, 저녁에는 암장운동도 했다. 배낭에 10kg의 물을 채워 야간 산악구보도 했다. 스피드를 갖추기 위해 트레일러닝과 사이클, 산악스키 등 익스트림스포츠도 섭렵했다.

"7대륙 최고봉 릴레이의 마지막 산인 에베레스트는 혼자 갔어요. 출국 한 달 전에 집주인이 방을 빼라고 해서 짐을 신혼인 동기 집에 옮겨놓고 가을까지 6개월 동안 원정을 나갔죠. 짐도 제가 출국한 후 선배들이 옮겨줬어요. 작은 것부터 등정의 모든 순간까지 혼자 이룬 게 없습니다."

이처럼 수직의 세계인 고산 등반에서 두각을 나타내던 그녀는 세 가지 비극과 마주하게 된다. 2007년 에베레스트 남서벽 신 루트 등반 중 친오빠나 다름없는 오희준과 이현조 두 선배의 주검을 지켜봤고, 2009년에는 14좌 완등 레이스 중인 고미영 대장의 추락사 소식을 베이스캠프에서 전해 듣고 곧바로 철수했다. 2011년엔 강기석, 신동민, 박영석 대장의 사고로 이루 말할 수 없는 충격을 받았다.

이후 김영미는 한동안 사람들과 단절하고 운동에 집중했다. 오르막을 달린 후 쿵쾅거리는 심장박동을 들으면서 살아 있다는 사실을 느꼈고, 또 누군가에게는 없을 내일의 삶이 자신에게 주어져 있다는 것을 깨달았다. 소중하고 귀한 삶을 허투루 살면 안 된다고, 더 단단히 살아야 한다고 여겼다.

김영미는 당시를 회고하며 "지금껏 쌓아온 것을 모두 포기하고 트라우마를 평생 간직하고 사는 삶은 더 끔찍하고 고통스러울 것이라 생각했다"며 "한 걸음의 용기가 필요한 순간이었다. 수직의 위험으로부터 좀더 자유롭지만, 매일의 에너지를 쏟아내고 싶었다. 그렇게 비워 내고 나면 무거운 마음

이 좀 가벼워질 것 같았다"고 말했다. 그리고 이 아이디어의 단서를 암푸1 등반 중 찾아냈다.

"2013년 암푸1 초등은 정상 등정까진 순조로웠는데 하산 때 세르피니 패스를 넘으면서 폭설로 고립, 뜻밖의 탈출을 감행했어요. 눈이 저렇게 많은데, 연료가 떨어져 물 한 컵 시원하게 마시지 못하고 러셀을 했죠. 최후엔 장비도 다 버리고 간신히 마칼루 로지에 닿았죠. 따뜻한 차를 마시고 침낭 속에 있어도 체온이 오르지 않아 애를 먹었어요. 힘을 다 써버린 줄 알았는데, 아침이 되니 어디서 에너지가 채워졌는지 다시 걷고 있더라고요."

강릉에서 평창 집까지 2박3일 걸어서 가다

수직의 위험으로부터 자유롭지만 매일 에너지를 쏟아낼 수 있는 방법, 즉 수평의 세계에서 추구하는 알피니즘에 대한 고민은 2017년 바이칼호 724km 종주로 결실을 맺는다. 최고 수심 1,637m에 이르는 바이칼호 위를 90kg 무게의 식량과 연료, 장비가 실린 썰매를 끌고 걷는 건 많은 체력과 정신력을 요구했다. 이따금 들리는 얼음 깨지는 소리와 얼음판 아래 시커먼 물 속 공포와 매순간 신경전을 벌여야 했다.

"등반은 외줄타기 같아요. 날씨 같은 운적인 요소도 따르고, 하산에 대비해 늘 어느 정도 힘을 보존해야 됩니다. 하지만 수평의 탐험에서는 비교적 더 많은 에너지를 쏟아낼 수 있었죠. 매일 에너지를 쏟아내고 나면 내가 어떤 모습으로 변할까, 길 끝에 서 있는 나는 어떤 모습일까 너무 궁금했죠. 또 다

2017년 바이칼호 종주 중 시베리안
허스키와 교감하고 있는 김영미.

른 나를 만나러 가는 길인 거예요."

　현재 김영미는 2016년 이래 매년 노스페이스가 주관하는 트레일러닝 대회(TNF100) 레이스 디렉터로 활동한다. 더 좋은 대회를 만들기 위해 홍콩과 중국 백두산 천지에서 열린 트레일러닝 대회에 직접 선수로 출전했다. 2019년에는 서울시 주관으로 처음 열린 서울100K 대회 레이스 디렉터로 트레일러닝 활동 저변을 넓혔다.

김영미는 2008년 에베레스트를 등정하며 국내 최연소 7대륙 최고봉 완등자로 이름을 남겼다.

산에는 낭만이 있어야 한다
대회 주관자로서의 끼는 대학교 산악부 때부터 충만해 있었다. 김영미는 종강하면 학교가 있는 강릉부터 오대산 다섯 봉우리를 연결한 루트를 따라 2박3일을 걸어 평창 고향집으로 돌아갔다. '설악가'에 나오는 '달빛에 걸어가던 계곡의 여운'이란 가사에 영감을 얻어 설악산 계곡길을 연결한 24시간 무박종주를 했다. 나름의 낭만산행 코스를 계획, 실행한 것이다. 김영미는 이를 두고 "정상도 좋지만, 산에는 낭만이 있어야 한다"고 말했다. 산의 낭만성을 추구하는 것도 알피니즘의 일환이냐고 묻자 그녀는 웃으며 "그런 구분은 무의미하다"고 했다.

　"그저 등반이나 모험을 통해서 내가 반 발자국이라도 더 나은 사람이 되고 싶을 뿐이에요. 알피니즘도 어제보다 나은 내가 되기 위한 수행 방법 중 하나라고 생각해요. 삶의 무대에서 한 걸음 더 내딛기 위해 애쓰는 노력, 이것도 알피니즘 아닐까요?"

1 산을 통해 인생관이 바뀌었나? 바뀌었다면 그 이유는?

사람이 본래 쉽게 바뀌지 않는 것 같다. 산을 통해 원래 '내가 이런 사람이었구나'를 확인하는 경우가 더 많다. 살아온 인생의 절반인 20년 이상을 산과 함께했다. 삶의 위로와 안식처가 되는 산이 엄청난 힘이 된다. 산을 통해 좋은 사람들을 많이 만났다. 산이 맺어준 인연을 통해 조금 더 단단한 사람이 된 것만은 확실하다.

2 정상이 눈앞에 있고, 나는 삶과 죽음의 경계에 있을 때 어떤 선택을 하겠나?

내가 아니라 다른 등반가가 내 곁에서 그런 상황에 놓여 있다고 할지라도, 기꺼이 함께 사는 쪽을 택할 것이다. 2013년 G2 등반 중 마지막 캠프에서 정상으로 출발하려고 할 때, 정상에서 조난당한 대만팀으로부터 구조 요청을 받았다. G2만 4번째 원정이었지만, 등정을 포기하고 구조 지원을 하며 그들과 함께 돌아오는 길을 선택했다. 정상에 오르지 못한 게 실패가 아님을 이때 확실히 배웠다.

3 자신이 가장 영향 받은 인물은?

처음 산을 시작할 때의 이야기를 빼놓을 수 없겠다. 아무것도 모르고 체력도 바닥이었던 나를, 히말라야도 가본 적 없는 대학산악부 선배들이 어떻게 나를 히말라야의 고산 등반을 할 수 있는 사람으로 만들어 놓은 건지 도무지 이해되지 않을 때가 있다. 긴밀하게 느슨하게 내 삶에 영향을 준 사람들, 인생의 스승은 늘 곁에 있었다.

4 본인이라면 에베레스트를 어떻게 오르겠는가?

에베레스트를 오른 지 13년이 되었다. 지금은 사람이 적은 조용한 시즌에 베이스캠프까지 트레킹으로 다녀오고 싶다. 큰 원정을 다니면서 항상 긴장되어 있었고, 생각은 온통 정상을 향해 있었다. 20대의 고산 등반은 여유를 가져본 적이 없다. 느리고 낮은 걸음으로 천천히 호흡하며 다가서서 에베레스트를 멀리서 바라보며 다른 각도에서 느껴보고 싶다.

5 외국과 비교했을 때 한국 알피니스트로서 장점과 부족한 점은?

개개인이 추구하고자 하는 삶의 가치와 방향을 비교해서 평가할 수 없다고 본다. 어려운 등반, 상 받을 만한 힘든 등반, 아무도 가지 않은 등반이 때로 훌륭한 등반이 될 수는 있어도 그게 모두 좋은 등반이라고 말할 수 있을까? 외국과 한국의 차이보다, 개개인의 차이라고 생각하는데, 장점이 때로는 가장 약점이 될 수도 있다. 사람은 늘 부족하다. 남과 비교할 것 없이, 자신의 한계를 한 걸음씩 밀어내는 것에 집중하는 게 좋을 것 같다. 외국과 비교하며 배울 게 아니라, 산과 대자연을 마주하며 장점과 부족함을 모두 느끼고 배울 수 있을 것이다.

6 외국 알피니스트에게 배울 점이 있다면?

외국 알피니스트의 대상이 모호하지만 배울 점을 찾아야 한다면, 오늘 막 처음으로 하네스를 차고 첫 등반을 마친 사람에게서도 배울 점들을 발견할 수 있을 것이다.

7 본인이 생각하는 알피니스트의 기준은?

산에서 배운 가치를 평생을 두고 실아아 하는 삶에서 실천에 내는 일. 산에서 보내는 시간보다 도시에서 보내야 하는 삶이 훨씬 길다.

8 현재 한국산악계에 가장 부족한 것은 무엇일까?

나의 20~30대와 비교했을 때, 이전 세대와 새로운 세대의 소통과 만남이 많이 줄었다고 본다. 또 다른 부족한 것이 있다면, 그 결핍이 에너지가 되지 않을까?

9 한국적 알피니즘, 한국의 산악계와 산악인들이 30년 후에 어떻게 변해 있을 것으로 예상하나?

30년 후, 내 나이가 70이 넘었다고 생각하니 변해 있을 한국 산악계를 들여다보려면 현역으로 활동하기 위해 꾸준히 노력해야겠다는 생각이 든다. 30년 후는 미래세대의 몫이며, 인류가 지속적으로 성장하고 발전해 왔듯이 새로운 세대답게 창조적인 등반가들이 나오지 않을까 기대하며 응원한다.

박명원

늦깎이 산악부원,
'크랙전문변호사' 되다

소속	서울대문리대산악회 OB, 현 변호사
1991	대학 4년 서울대문리대산악회 입회
1992	설악산 적벽 등반
1993	설악산 토왕폭 등반
2010	북미 요세미티 리닝타워 등반
2014	키르기스스탄 코로나5봉(4,850m) 개척등반
	(익스트림라이더등산학교 코로나피크 원정대)
2016	중국 청도 노산 원정
2017	선인봉 남측 오버행 완등
2017	북미 요세미티 엘 캐피탄 노즈, 로스트 룸, 애스트로맨 등반
2018~19	설악산 울산암 문리대길 정비
2020	강적크랙 완등

"저는 알피니스트와는 거리가 먼 사람이에요. 그런 등반을 하고
싶었지만 가정을 지키는 것도 중요했어요. 창호와 일진이는 저와는
다른 가치 있는 길을 간 것뿐이에요. 그게 알피니스트의 길이었고
산악영화감독의 길이었던 거죠. 저는 제 방식대로 오랫동안
산에 다니는 게 꿈이자 저만의 알피니즘입니다."

으레 산악인을 취재하려면 산으로 찾아갔다. 하지만 박명원을 인터뷰하기 위해서 서울 서초동의 변호사 사무실을 찾았다. 다소 딱딱한 사무실 분위기, 의자에 걸려 있는 두툼한 노스페이스 패딩 점퍼가 유일한 산악인의 흔적이다.

대학 4학년 2학기에 산악회 입회

광주가 고향인 박명원은 평범한 아이였다. 산악인이라면 으레 나올 법한 '거의 매일 산에서 뛰어 놀았다', '형님들 따라 바위에 갔다가 첫 판 만에 완등했다' 같은 스토리는 없다. 오히려 그는 산악인 치고는 아주 늦게 산에 입문했다.

"당시 교내에서 데모를 많이 했어요. 그때 한 산악회 친구가 '학교 안은 시끄러워 공부도 안 되니 산에나 가자'고 하더군요. 그래서 얼떨결에 선인봉이나 인수봉에 따라 다니기 시작했습니다. 그렇게 소위 '말년병장' 시절에 서울대문리대산악회원이 됐죠."

전문적으로 등반을 배운 적이 전혀 없었던 그는 현장에서 즉석으로 교육을 받았다. 줄 묶는 방법과 확보하는 방법 등 기본적인 것만 배워 바위에 붙었다. 등반 기술을 기초부터 배우지 않았으니 온몸을 바위에 비비면서 힘으로 무작정 올랐다.

그는 세 번째 등반 만에 인수봉 의대길에서 선등을 섰다. 이 정도면 '탁월한 재능'이라고 할 만한데, 그는 "그저 겁이 없어서 뭣도 모르고 했던 것일 뿐"이라며 겸손해했다. 그렇게 '현장학습'으로 등반에 재미를 붙이자 실력도 빠르게 늘었다. 암벽등반을 시작한 지 1년도 안 된 1992년 7월 설악산 적벽을 등반했다. 암벽등반 경력이 늘어나며 1993년 1월에는 빙벽에 도전했다. 등반 시작 2년 만이었다. 첫 무대는 설악산 토왕폭. 우리나라 최대의 자연 빙벽이다.

"토왕폭이 어디 있는지도 모르고 따라갔어요. 빙벽이라니까 좋아서 따라갔었죠. 처음이라 쉽지 않았지만 그때부터 빙벽등반의 매력을 알게 되었습니다."

이후에는 고시 공부에 전념하느라 오랫동안 산에 가지 못했다. 2006년 사법고시(제48회, 연수원 38기)에 합격한 후 2010년 변호사로 새 출발을 했다. 그는 자신의 명함에 '크랙전문변호사'라는 명칭을 붙였다. 그 자신이 생각해 낸 명칭이니 아마 세계 최초이자 유일이었다.

"큰 뜻은 없어요. 크랙등반을 특히 좋아하고 열심히 했다는 것에 대해 자부심이 있으니 그런 명칭을 하나 붙이면 좋겠다 싶었어요. 그냥 '변호사 박명원'은 심심하잖아요. 하하."

'크랙전문변호사'답게 산악 관련 사건의 변호를 심심치 않게 하고 있다. 2009년 빙벽대회 사진 저작권 소송, 2013년 티베트 트레킹 중 발가락 동상에 대한 손해배상 소송, 2017년 고양 외벽 등반 중 사고에 대한 형사소송, 2018년 도봉산 선인봉 등반 중 추락사고, 2018년 실내암장사고 등이 이제까지 그가 맡았던 주요 변호 내용이다.

그의 직업은 변호사지만 산은 또 다른 인생을 펼치는 제2의 무대다. 2014년 7월, 그는 익스트림라이더등산학교(이하 ER등산학교) 코로나피크 원정대 대원으로 키르기스스탄 센트럴 텐산 악사이 산군의 암봉인 코로나5봉(4,850m)을 등반했다.

거벽 개척 등반가이자 ER등산학교 김세준 대표 강사가 대장을 맡은 ER팀은 코로나5봉 남벽에 신 루트를 개척하는 것을 목표로 원정길에 올랐다. 이 원정에서 박명원은 산악인 변성호, 권오영, 김성두, 정원조, 왕준호와 함께했다.

"어느 것 하나 쉬운 게 없었죠. 7피치에서 선등으로 올라가는 도중 직벽 구간 크랙에 캠을 치고 체중을 실었는데 순간 캠이 빠지면서 10m 정도 추락했어요. 1초 남짓한 순간에 '어, 내려가네, 좀 많

2014년, 키르기스스탄
코로나5봉 정상에서.
왼쪽에서 두 번째가
박명원.

이 내려가네' 이런 생각이 들더군요."

다행히 캠이 완전히 빠지지 않아 바닥을 치진 않았다. 놀란 가슴을 쓸어 올리고 주마링으로 다시 올라가고 있는데 이번에는 캠 대신 다른 게 쑥 빠졌다.

"바위를 딛고 있는데 오른쪽 신발이 쑥 빠지며 떨어져 버렸어요. 신발끈을 느슨하게 맸었나봐요. 7피치면 꽤 높이 올라온 거였거든요. 어쩔 수 있나요. 그냥 맨발로 올라갔죠."

이 장면은 당시 원정대의 등반을 다룬 다큐멘터리 'SBS 스페셜–아저씨, 거벽을 오르다'편을 통해 고스란히 공중파를 탔다. 우여곡절이 많았지만 등반 시작 7일 만인 7월 22일 대원 7명 전원이 등정하는 기쁨을 누렸다. 원정대는 이때 개척한 신 루트에 '아리랑(VI 5.9 A3)'이라는 이름을 붙였다.

형제 같던 친구들의 죽음

2018년은 그에게 너무나 큰 아픔을 안긴 해로 기억된다. 김창호 대장과 임일진 감독의 죽음. 형제 같던 친구들의 사고였다. 이들은 대학산악부 88학번 동기로 산에서는 등반으로, 산 아래에선 술로 끈끈한 우정을 나눴다. 특히 김창호 대장은 한때 산에 들어가 은둔 생활을 할 때도 '절친' 박명원과는 연락을 할 정도로 친했다.

"창호는 제 꿈을 대신 이뤄 주던 친구였어요. 가고 싶어도 가지 못하는 제 마음을 누구보다 잘 알아줬죠."

도봉산 짱구바위의 강적크랙을
오르고 있다. 그는 우리나라에서
7번째로 강적크랙을 완등했다.

키르기스스탄 코로나5봉을 오르는 박명원. 그의 얼굴에 힘든 표정이 그대로 나타나 있다.

2013년 박명원은 에베레스트를 해발 0m부터 무산소무동력으로 정상까지 오르는 김창호 대장의 'from 0 to 8848 프로젝트'에 함께하기로 약속하고 같이 훈련도 했다. 하지만 아내의 반대가 컸다. 아내 역시 서울대 사범대 산악부 출신이어서 남편이 산에 다니는 걸 크게 반대하지 않았으나 해외원정은 차원이 다른 문제였다. 결국 박명원은 이 프로젝트에서 빠졌다.

"2017년 창호가 코리안웨이 원정대를 꾸렸어요. 인도의 다람수라(6,446m)와 팝수라(6,451m)에 신 루트를 내는 원정대였죠. 이번에도 합류하기로 했어요. 아내가 '거기 가려면 이혼하고 가라'더군요. 저도 완강했었어요. '그래, 이혼하고 나는 꼭 갈 거다'라고 했죠. 그런데 창호가 '너 오지 마라'고 했어요."

2018년 10월 13일, 주말을 맞아 박명원은 도봉산 강적크랙에 있었다. 한창 바위와 씨름하고 있던 중 그는 두 친구의 사망 소식을 듣게 되었다.

"아무 생각이 나지 않았어요. 제 정신이 아니었죠."

평소 눈물이 별로 없다는 그는 친구들의 영결식에서만은 펑펑 울었다.

나의 등반은 '…ing'

그는 이제까지 살면서 몇 번의 해외 고산등반 기회를 포기한 것에 대해 후회하지 않는다. 이제 갓 50세를 넘긴 나이, 앞으로도 얼마든지 기회는 있다고 생각하기 때문이다.

"저는 알피니스트와는 거리가 먼 사람이에요. 그런 등반을 하고 싶었지만 가정을 지키는 것도 중요했어요. 창호와 일진이는 저와는 다른 가치 있는 길을 간 것뿐이에요. 그게 알피니스트의 길이었고, 산악영화감독의 길이었던 거죠. 저는 제 방식대로 오랫동안 산에 다니는 게 꿈이자 저만의 알피니즘입니다."

1 산을 통해 인생관이 바뀌었나? 바뀌었다면 그 이유는?
약간 바뀌었다. 산을 중심으로 인생관이 돌아갔고, 노력을 하면
성취가 있다는 것을 알게 되었다.

**2 정상이 눈앞에 있고, 나는 삶과 죽음의 경계에 있을 때
어떤 선택을 하겠나?**
당연히 하산을 선택한다. 정상은 다음에 오면 되고, 어떤 때는
정상에 가고 어떤 때는 못 가기도 하므로, 무조건 갈 필요는
없다. 다만 후원을 받아서 간 경우에 정상 등정이 다음번 후원의
조건이 된다면 생각해 볼 필요는 있을 것 같다. 개인적으로는
그래도 안전을 택하는 게 맞다고 본다.

3 산에서의 특별한 버릇 같은 것이 있다면?
빙벽등반을 할 때 손이 시리면 장갑을 벗고, 겨드랑이 깊이
살 속에 넣곤 한다.

4 자신이 생각하는 최고의 등반(좋은 등반)이란?
시간과 돈과 체력 등이 좋지 않은 여건 속에서 오랫동안
갈망하여 이루는 등반이 좋은 등반이라 생각한다.

5 자신이 가장 영향 받은 인물은?
故 김창호. 영원한 친구이자 인생 파트너로 하고 싶었는데
고인이 되어 너무 아쉽다.

6 본인의 약점은 무엇이라고 생각하나?
술을 절제하지 못하여 최고의 몸 상태를 잘 유지하지 못하는
단점이 있다.

**7 외국과 비교했을 때 한국 알피니스트로서 장점과
부족한 점은?**
한국 등반가는 조직적이고 치밀하여 등반을 성공시키는 비율이
높다고 본다. 부족한 점은 국립공원공단의 산행제재에 대해
너무 관대하고, 잘 항의하지 못하는 것.

8 "이제 산악회는 죽었다"는 말에 대해 어떻게 생각하나?
예전에는 군대문화가 있고, 정보가 제한돼 있어 많은 회원을
가진 산악회 단위가 적절했다면, 지금은 자율문화가 우세하고,
정보도 인터넷으로 많이 공유되어 산악회가 굳이 필요하지
않다고 본다. 산악회가 약해지는 것은 당연한 것이다.

9 현재 히말라야의 상황을 어떻게 보고 있나?
10년 전쯤에는 14좌 정상에 서는 것이 최고의 가치라고
여겨졌는데 이제는 14좌 정상에 대해 그만한 가치를 인정할
필요는 없어 보인다. 히말라야에 14좌 말고 다양한 산이
있으므로 등반의 종류를 다양성 있게 해야 한다고 본다.
다만 이제는 후원이 약해져서 개인 돈으로 가야 하는 상황이
되었기 때문에 많은 돈과 시간이 필요한 히말라야에 대한
관심은 점점 멀어질 거라고 생각한다.

10 한국 산악사에서 최고의 등반을 꼽는다면?
김창호 원정대의 강가푸르나 등반.

**11 한국적 알피니즘, 한국의 산악계와 산악인들이
30년 후에 어떻게 변해 있을 것으로 예상하나?**
지금으로부터 30년 전의 사람들이 지금도 계속 주류로
활동하는데, 30년 후에는 주류가 물러나고 새로운 세대가
새로운 시대를 만들 것으로 보인다.

그녀가 선등하면 안전하다
큰언니 같은 클라이머

소속	의정부 샤모니 실내암장 대표, 익스트림라이더등산학교 강사
1989	선다암산악회 입회
1993	전국암벽등반대회 1위
1994	토왕폭 등반 · 대산련회장배 암벽등반대회 1위
1995	소승폭 · 토왕폭 여성 최초 단독등반
1997	요세미티 오로라 등반, 설악산 빙벽대회 1위
1999	캐나다 부가부 산군 등반, 미국 동계 X게임 난이도 2위
2001·02	요세미티 등반
2002	유럽 알프스 몽블랑 등반 및 샤모니 일대 벽 등반
2003	인도 가르왈 히말라야 탈레이사가르(6,904m) 등반
2006	유럽 알프스 여성 4인조 등반
2008	트랑고 타워(6,239m) 여성 4인조 등반
2013	트랑고 타워 이터널 프레임 등정
2016	알프스산군 등반, 제15회 대한민국산악상 고산거벽상 수상

"2010년쯤 이후부터 등반계에 거품이 빠지고 있다고 생각해요.
기업 후원을 업은 대규모 원정이 줄면서 등반 스타일도 바뀌었어요.
보여주기식 등반보다 자신의 만족을 위해서 등반하는 산악인이
늘어나고 있는데 바람직한 현상이죠."

2008년 여름,
트랑고타워를 등진 채
하산하는 김점숙.

김점숙은 자신을 내세우지 않는 등반가였다. 그녀의 등반 스타일처럼, 성품 자체가 그런 듯 했다. 30년을 훌쩍 넘어서는 등반 경력으로 뛰어난 업적을 켜켜이 쌓아올린 그녀는 국내 여성산악인들 중에서 맨 앞줄에 서야 할 이유가 충분한 클라이머이다. 그런데도 그녀는 인터뷰 내내 후배 자랑이었다.

"잘 알려지지 않았지만 실력과 가능성을 겸비한 숨은 여성산악인들이 많아요. 안미선과 채미선 같은 젊은 친구들은 산악계의 보석 같은 사람들이죠. 그런 후배들을 좀더 많이 발굴하고 알려 주세요."

그녀는 겸양이 몸에 배인 사람이다.

국내에 드문 토털 클라이머

김점숙은 선구적인 여성 거벽등반가로 손꼽힌다. 1997년 요세미티 오로라를 올랐고, 1999년엔 캐나다 부가부 스노패치스파이어를 했으며, 미국 ESPN 동계 X게임 난이도 2위에 올라 미국 클라이머들을 깜짝 놀라게 했다. 2003년에는 남편을 앗아간 '악마의 성벽' 탈레이사가르 암벽에 도전, 기어이 등반에 성공했다.

국내 산악인으로는 드물게 '토털 클라이머'라는 명칭으로 불리는 여성산악인이기도 하다. 암벽·빙벽 등반을 비롯, 고산 등반과 스포츠클라이밍에 이르기까지 등반의 모든 분야를 고르게 잘해낼 수 있는 능력의 소유자를 토털 클라이머라고 한다.

트랑고 네임리스타워
숄더 캠프에서.
고소로 인해 얼굴이
퉁퉁 부어 있다.

자연암벽에서 여성 최고수이며, 스포츠클라이밍 대회에서도 두각을 나타냈는가 하면, 1995년 여성 최초로 남한 최대 빙폭인 설악산 토왕폭(340m)을 확보 없이 단독으로 오르기도 했다.

원칙 고수하는 차가운 열정

50대 중반에 들어선 지금도 등반에 대한 김점숙의 애정은 변하지 않았다. 하지만 보란 듯이 주위에 자신을 앞세우지 않는, 내면 속으로 응축해 들어가는 열정이다.

"등반 외 관심사항이요? 딱히 없어요. 2020년 초 코로나19가 터지기 직전, 운 좋게 캐나다 밴프와 재스퍼국립공원으로 빙벽투어를 떠났어요. 여성후배들하고 함께 갔는데 정말 좋았습니다. 경비는 2년 동안 곗돈을 부어서 마련했고요. 가장 좋아하는 등반을 좋은 사람들과 함께할 수 있다는 것에 감사드릴 뿐, 그 이외에 딱히 바라는 건 없어요.

10년 전부터 되도록이면 남자대원들과 함께 등반하지 않으려고 합니다. 원정 등반은 팀워크가 생명인데 남자와 여자는 체력적인 면에서 차이가 날 수밖에 없는데다 등반 스타일도 다르니까요. 거기서 오는 유·무형의 격차와 불협화음 때문에 등반에 몰입하기가 힘들게 되고 결과적으로 원정대에 폐를 끼치게 된다고 생각하기 때문이에요. 그런 면에서 2013년 여자후배들과 함께했던 파키스탄 트랑고타워 원정이 정말 좋았어요."

현실을 인정하되 자신의 등반 원칙에서만큼은 물러서지 않는 차가운 열정이다. 그녀와 한 팀이

도봉산 산줄기와 선인봉, 그리고 김점숙이 있는 풍경이 조화롭다. 그녀에게 선인봉은 모암이며 도봉산은 가장 좋아하는 산이다.

된다면 한 치의 오차 없이 레일 위를 따라 정주행하는 것 같은 안정감을 느끼리라는 생각이 들었다. 용광로 같은 등반 열정이 젊음의 표상이라면, 김점숙의 그것은 나서지 않고 서둘지 않되 뚜벅뚜벅 자신의 길을 가는 숙성된 열정이라고 하겠다.

"등반계 거품 빠지는 건 바람직"

"2010년쯤 이후부터 등반계에 거품이 빠지고 있다고 생각해요. 기업 후원을 업은 대규모 원정이 줄면서 등반 스타일도 바뀌었어요. 보여주기식 등반보다 자신의 만족을 위해서 등반하는 산악인이 늘어나고 있는데 바람직한 현상이죠. 세계적 등반가인 일본의 야마노이 야스시의 경우, 생활의 모든 초점을 오로지 등반에 맞추고 있죠. 일체의 후원을 마다한 채 자기 힘으로 등반 비용을 마련하기 위해 부인과 함께 편의점 아르바이트를 하면서 해외원정 계획을 꾸려나가는 그를 존경합니다."

그녀의 삶의 초점 또한 오로지 등반에만 정조준돼 있다. 평일에는 자신이 운영하는 실내암장에서 회원들을 가르치면서 함께 운동하고, 주말이면 어김없이 암벽을 찾는 일상을 반복하고 있다. 그녀는 의정부에서 실내암장 '샤모니'를 운영하고 있다. 최승철, 김형진, 김영태, 조우영, 김세준 등 불세출의 클라이머들이 '샤모니'를 거쳐 갔다. 한때 "등반으로 이름을 날리려면 샤모니 암장으로 가라"는 말이 있을 정도였다.

"요즘 인터넷이나 SNS 산악회가 붐이죠. 실력을 갖춘 산악인들이 지망자들을 모아서 아무 대가 없이 자신들이 익힌 등반 기술을 전수하는 산악회가 많이 생겨나고 있어요. 일종의 재능기부라고 할 수 있는데 오로지 '등반'이라는 열정 하나로 모이는 산악회지요. 몸집만 비대한 기성 산악회의 거품은 좀 빠져야 하지 않을까요."

그녀는 산악계에 대한 조용한 비판도 빠뜨리지 않았다.

도봉산 선인봉
박쥐 1피치를
오르는 김점숙.

1 산을 통해 인생관이 바뀌었나? 바뀌었다면 그 이유는?
인생관이라기보다는 가치관이 바뀐 것 같다. 학력이나 명예,
돈보다는 삶의 의미를 찾는 것이 훨씬 중요해졌다.

**2 정상이 눈앞에 있고, 나는 삶과 죽음의 경계에 있을 때
어떤 선택을 하겠나?**
돌아선다. 단독등반이 아니라면 파트너의 생사도 중요하다.
물론 단독등반이라 하더라도 돌아설 것이다.

3 파트너를 선택하는 조건은 무엇인가?
책임감을 가장 우선적으로 본다.

4 자신이 생각하는 최고의 등반(좋은 등반)이란?
계획한 등반을 좋아하는 사람들과 함께 끝까지 올라가고
내려오는 것.

5 자신이 가장 영향 받은 인물은?
정승권, 유학재.

6 가이드 등반을 어떻게 평가하나?
산행 문화에 같이 가야 한다고 생각한다.

7 평소 컨디션 관리와 트레이닝 방법은?
주 3일 정도 운동을 하고 주말에는 산행을 한다.

8 가장 감명 깊게 읽은 책이나 영화, 음악 등은?
박인식의 〈사람의 산〉을 재미있게 읽었다.

**9 외국과 비교했을 때 한국 알피니스트로서 장점과
부족한 점은?**
장점은 스폰서 문화가 발달되었다는 것. 단점은 자발적으로
산을 향하지 않고 다른 목적(?)을 가지고 가는 경우들도
있다는 것.

10 "이제 산악회는 죽었다"는 말에 대해 어떻게 생각하나?
암장들이 헬스장처럼 많이 생기다 보니 사람들은 접근이
쉬운 암장에서 수 3회 이상 만나게 되고, 그러다보면 기존
산악회가 아니라 암장 사람들과 주말산행이나 그 이후 산행도
같이 하게 된다. 이것이 산악회를 대체할 수 있는지는
모르겠지만 사회적 흐름이라고 생각한다.

11 본인이 생각하는 알피니스트의 기준은?
산이 삶을 지배하지 않더라도 살아가며 어떤 결정을 할 때
산이 최우선이 되는 사람.

12 현재 한국산악계에 가장 부족한 것은 무엇일까?
지금은 과도기라 생각하며, 스포츠클라이밍이 전통적인 산과
분리되어 새로운 문화가 정착되어야 한다고 생각한다.

**13 한국적 알피니즘, 한국의 산악계와 산악인들이
30년 후에 어떻게 변해 있을 것으로 예상하나?**
스포츠와 분리되면 목적이 다르기 때문에 트레이닝부터
고산·거벽 등반이 깊이 들어갈 것 같다.

형의 그림자를 넘어
'알피니스트 민규형'으로…

소속	대전클라이밍클럽
2005~11	청주 타기클라이밍센터 교육 및 운영
2005	태국 프라낭 등반 (Tidal wave 5.12c 등반)
2006~11	스포츠클라이밍 충북 대표선수 활동
2008	태국 프라낭 등반 (Tantrum 5.13c 등반)
2012	제93회 전국체육대회 속도경기 3위
2012~20	청송 아이스클라이밍 월드컵 루트세팅 외 다수 대회 세팅
2013~14	스포츠클라이밍 대전 대표선수 활동
2015	돌로미티 트레치메 디 라바레도(2,999m) 등반
2016	대한민국 아이스클라이밍 선수단 감독 파견(스위스, 이탈리아)
2017	청송 전국드라이툴링대회 스피드 3위
2018	UIAA 국제루트세터
2019	미국 덴버 아이스클라이밍 월드컵 루트세팅

"4계절 눈이나 얼음으로 덮인 산이 없는 한국의 알피니즘은
가벼운 산행부터 어려운 벽등반까지 산에서 행해지는 행위를 준비하는
과정과 산에서 만나게 되는 고난을 극복하고 자신의 한계를
넘어서기 위해 도전하는 정신"

"저를 소개할 때마다 항상 따라다닌 꼬리표가 '민준영 동생'이었습니다. 사실 아직도 그렇습니다. 아직은 제가 형에 비해 많이 부족하기 때문일 것이라고 생각합니다. 그러나 이제 '민준영 동생'이 아닌 '알피니스트 민규형'으로 불릴 수 있도록 앞으로 더 많은 등반을 펼쳐나가려고 합니다."

히말라야산맥에는 유일하게 한글 이름을 가진 봉우리가 있다. 파키스탄 카라코룸 치라쿠사 지역에 위치한 6,235m급 미봉인 '직지봉'이다. 이 봉우리를 2008년 6월 16일 초등하고 한글 이름을 붙인 이들이 바로 충북 출신 클라이머들로 구성된 '직지원정대'다.

직지봉을 초등한 직지원정대는 1년 후 여세를 몰아 안나푸르나산군의 히운출리(6,441m) 북벽에 신 루트인 '직지루트'를 개척하기 위해 출사표를 던진다. 히운출리 북벽은 등반 난이도가 높기로 악명이 자자한 곳이었다.

순조롭게 등반을 전개하던 원정대는 안타깝게도 2009년 9월 25일, 원정대의 핵심이던 민준영 등반대장과 박종성 대원이 눈사태로 실종되는 아픔을 겪어야 했다. 히말라야의 품에 안긴 이들은 꼬박 10년 뒤인 2019년에 현지 양치기 주민에게 발견돼 주검으로 고국에 돌아오게 된다. 민규형은 이때 숨진 민준영 등반대장의 동생이다.

민 대장은 알파인스타일로 파키스탄 히말라야의 스팬틱(7,027m·골든피크)을 초등하고 국내 인공등반대회에서 여러 차례 우승한 우리나라를 대표하는 거벽 등반가였다. 형의 업적이 워낙 눈부셨기에, 민규형은 산악계에서 흔히 '민준영 동생'으로 통했다. 민규형은 "중학교 2학년 때 아버님이 돌아가셔서 형이 가장 역할을 했다"며 "늘 웃는 얼굴에 착한 형을 다들 좋아했다. 등반도 잘해서 나도 우상으로 삼았었다"고 말했다.

"등반을 시작하게 된 계기도 형 때문이었어요. 형이 청주에 '타기클라이밍센터'라는 실내암벽장을 운영하기 시작했는데 저도 같이 일하게 됐거든요. 정말 아무것도 모르는 '클린이'였어요. 암장 운영을 위해 처음엔 암장에서 스포츠클라이밍을 배우다가, 충북등산학교에서 기초과정을 수료하고 바위 등반도 시작했고요."

민규형은 이렇게 2004년, 28세의 나이로 등반에 입문했다. 보통 두각을 드러내는 클라이머들이 이른 나이에 클라이밍을 시작하는 경우가 많은 것에 비하면 상당히 늦은 편이다. 그러나 그는 단 2년 만에 충북 대표 스포츠클라이밍 선수로 활동할 만큼 빠르게 실력을 쌓았다. 실력 향상 비결에 대해 묻자 민규형은 "암장을 운영하기에 운동할 시간이 다른 선수들에 비해 많았고, 당시 충북의 선수층이 두텁지 않았기 때문"이라고 겸손히 말할 뿐이었다.

루트세터, 나만의 산·나만의 벽을 만든다

민규형은 2006년부터 2014년까지 충북·대전 대표 선수로서 길동무산악회 김홍문 감독의 지도 아래 2012년 93회 전국체육대회에서 스피드 종목에 3위로 입상하는 등 활약을 펼쳤다. 선수 은퇴 후인 2017년 청송 전국드라이툴링대회에 출전해 스피드 종목에서 3위를 차지하며 여전한 실력을 과시했다. 또한 태국으로 해외 원정을 떠나 타이달 웨이브(5.12c), 탄트럼(5.13c) 등 고난도 등반을 해내기도 했다.

"당시 목표는 5.14 난이도 루트를 완등하는 것이었습니다. 그래서 제 메일 계정 아이디도 '5.14'예요. 2008년에 5.13c를 해낸 뒤 계속 운동하면 곧 5.14도 할 수 있겠다는 생각을 갖고 있었어요. 그러나 이듬해 사고가 났죠."

민규형은 2009년 히운출리에서 친형 준영이 실종된 후 암장 운영을 오롯이 혼자 도맡아야 했

트레치메 디 라바레도
치마 그란데 정상.

다. 결국 운동하는 시간이 적어지며 자연스럽게 5.14의 꿈에서 멀어지게 됐다. 한편 등반을 바라보는 시야가 넓어졌다. 그는 '루트세팅'에 관심을 가졌고, 2011년 루트세터 자격을 취득했다. 루트세터는 스포츠클라이밍 경기에서 선수들이 오르내리는 벽의 홀드를 배치해 등반루트를 만드는 일을 한다.

"늘 대회에 나갈 때면 누가, 어떻게 루트를 만드는지 항상 궁금했었습니다. 그래서 루트세터의 길을 걷게 됐어요. 루트세팅은 생각보다 굉장히 까다로운 일입니다. 선수들의 기량에 맞게 등반루트를 설치해야 하고, 선수들이 다치지 않도록 인체 한계를 벗어난 동작을 취하지 않게끔 만들어야 하거든요. 특히 결승전의 경우 너무 많은 완등자가 나와서도 안 되고, 완등자가 아예 안 나와도 안 됩니다. 그래서 경기를 지켜볼 때면 선수들만큼이나 마음을 졸여요!!"

민규형은 "루트세터 일이 이처럼 굉장히 스트레스가 많고 피곤하지만, 세상에 하나뿐인 나만의 산, 나만의 벽을 만들 수 있다는 점이 무척 매력적이다"라며 "내가 만든 루트에서 선수들이 경기를 펼치며 추락의 아쉬움을 삼키거나 완등의 기쁨을 누릴 때면 무척 뿌듯하다"고 말했다.

알피니즘의 기원, 알프스 벽이 목표

스포츠클라이밍도 코로나19를 피할 수 없었다. 민규형은 "9년째 매년 1월이면 청송에서 2~3주 동안 머물며 아이스클라이밍선수권대회, 월드컵, 동계체전을 준비하느라 정신없었는데 올해는 대회가 취소돼 푹 쉬었다"며 "빙벽등반이라도 실컷 하고 싶었지만 정부의 통제로 이도 마땅치 않았다"며 아쉬움을 표했다.

2018년 1월 중국 베이징에서 UIAA
국제루트세터과정을 수료했다.

치마 그란데
정상의 비박.

일거리가 줄자 등반을 생각할 시간이 생겼다. 마침 2020년 6월에는 틈틈이 등반을 숙달할 수 있는 실내암벽장에서 근무하는 기회를 잡기도 했다. 그는 "이제 다시 '루트세터 민규형'이 아닌, '알피니스트 민규형'이 될 시간"이라며 열정을 불태우고 있다.

"2015년 처음 유럽 등반 원정을 갔었습니다. 돌로미티 트레치메 디 라바레도di Lavaredo에서 치마 그란데Cima Grande를 올랐어요. 수십 년 전에 박은 피톤과 하켄이 여전히 튼튼한 것을 보며 당시 등반했던 알피니스트들의 등반정신을 다시금 되새길 수 있었습니다. 또한 저 역시 언젠가 이 벽을 오르고 싶다는 생각에 강렬히 사로잡혔어요. 지금도 여전히 알프스 벽에서 알피니즘을 실현하려는 꿈을 갖고 있습니다."

민규형에게 알피니즘은 무엇일까? 그는 "4계절 눈이나 얼음으로 덮인 산이 없는 한국의 알피니즘은 가벼운 산행부터 어려운 벽등반까지 산에서 행해지는 행위를 준비하는 과정과 산에서 만나게 되는 고난을 극복하고 자신의 한계를 넘어서기 위해 도전하는 정신"이라고 답했다. 즉 백두대간 종주 산행, 설악산 적벽 자유등반처럼 어렵고 힘든 행위에 도전해 극복하고 성취하는, 모든 사람들이 알피니스트라는 것이다.

1 산에서의 특별한 버릇 같은 것이 있다면?

주위 지형, 지물을 살피는 습관이 있다. 스마트폰 지도를 보며
어디로 해서 여기까지 왔는지, 앞으로 어디까지 갈지를 자주
살핀다.

2 자신이 생각하는 최고의 등반(좋은 등반)이란?

누구나 각자 목표가 있을 것이고, 그 목표를 위해 하는
모든 행위는 최고라고 생각한다. 아무도 다치지 않고 어느 것도
훼손시키지 않고 무엇이든 얻을 수 있는 등반이
최고의 등반이라고 생각한다.

3 자신이 가장 영향 받은 인물은?

친형(민준영)에게 등반을 배웠고 낭연히 제일 많은 영향을
받았다. 비록 지금은 같이 할 수 없지만 언제나 마음속에서는
같이 하고 있다.

4 본인의 약점은 무엇이라고 생각하나?

17년 넘게 등반을 하고 있지만 다양한 등반을 하지 못했다.
앞으로 인공등반, 고산등반, 거벽등반 등 나의 약점을 채워 나갈
생각이다.

5 산 이외의 특기는?

IT기기를 잘 다룬다. 클라이밍을 시작하기 전에 컴퓨터 수리 및
납품 PC방 유지·보수 등의 일을 해서 남들보다는 좀 편하게
다룰 수 있다.

**6 외국과 비교했을 때 한국 알피니스트로서 장점과
부족한 점은?**

요즘은 인터넷을 통해 외국 클라이머들의 다양한 등반을
간접적으로 볼 수 있게 되었다. 각자의 프로젝트를 만들어서
실행에 옮기는 과정들이 보기 좋다. 한국의 알피니스트를
외국에 알릴 수 있는 작품을 만들어나간다면 더욱 많은
사람들과 함께할 수 있을 거라 생각한다. 그런 면에서
최석문씨가 만드는 등반영상이 너무 좋다.

7 "이제 산악회는 죽었다"는 말에 대해 어떻게 생각하나?

최근 '등린이'가 많이 늘어났다. 하지만 제대로 배우며 시작하는
사람들은 드물다. 워킹산행이든 클라이밍이든 제대로 배우고
시작할 수 있다면 자연스럽게 산악회도 다시 살아날 거라
생각한다. 그러기 위해서는 전국의 모든 등산학교의 역할이
크다.

8 외국 알피니스트에게 배울 점이 있다면?

다양한 목표를 설정하고 도전하는 것. 우리나라에서는
다양한 형태의 등반을 하는 데 제약이 있다. 하지만 그 안에서도
작은 목표를 세우고, 준비를 하고, 행동에 옮기는
알피니스트들이 많아지길 바란다.

9 현재 한국산악계에 가장 부족한 것은 무엇일까?

등산을 체계적으로 배울 수 있는 시스템이 구축되어야 한다고
생각한다. 어릴 때부터 자연스럽게 산을 접하고, 배우며 산을
대하는 방법을 가르쳐 줄 수 있으면 좋겠다. 또한 현재
국립공원공단의 탁상행정(사고 나면 골치 아프니 금지시키고
보자)으로 많은 활동을 제한 받고 있는 것이 현실이다. 준비된
산악인들에게는 기회를 열어 주어야 한다고 생각한다.

**10 한국적 알피니즘, 한국의 산악계와 산악인들이
30년 후에 어떻게 변해 있을 것으로 예상하나?**

실내 클라이밍의 인기로 인해 등반을 즐기는 젊은 인구가 많이
늘어났다. 앞으로 산을 찾고 등반을 하는 인구는 더 많아질 거라
생각한다. 그러나 전문등반, 힘든 등반, 위험한 등반을 하는
사람들은 지금처럼 한정적일 것이다.

산이 거인처럼 일어나는 환각
그후 나는 산에 빠져들었다

소속	선앤문등산학교 교장
1995	북미 데날리(6,194m) 등정, 북미 요세미티 엘 캐피탄 노즈, 살라테월 등반
1996	파키스탄 트랑고 네임리스 타워(6,239m) 등정
1997	파키스탄 낭가파르바트(8,125m) 등반
1998	북미 요세미티 엘 캐피탄 조디악 단독등반, 하프돔 등반, 남미 최고봉 아콩카과(6,959m) 등정
1999	남미 파타고니아 세로토레(3,128m) 단독등반
2000	K2(8,611m) 등반, 선앤문등산학교 개교
2001	유럽 알프스 3대 북벽 등반
2005	남미 파타고니아 파이네 북봉(2,248m) 등정
2007~10	산악인 모임 '푸른산' 초대대표
2011	요르단 와디럼 등반
2017	키르기스스탄 알라아르챠 코로나 등반

"알피니즘은 죽음을 두렵지 않게, 죽음까지 풍요롭게 해주었습니다. 이런 알피니즘이 사라지는 것이 안타깝습니다. 유네스코 인류무형문화유산인 알피니즘을 후배들에게 전승하는 것에 최선을 다할 겁니다. 제 인생 드라마의 주제와 배경은 일관되게 산입니다."

문종국. 그는 스스로 '모범생'이라고 말한다. 무엇을 잘하는 모범생이 아니라 '바른생활을 하는 모범생'이란 뜻이다. 선배 말 잘 들어야 한다니 잘 들었고, 후배에게는 밥 사줘야 한다니 빚내서 밥을 사줬다. 산에 열심히 다녀야 한다니 생계 때려치우고 산에만 다녔다. 거벽 분야가 불모지이니 거벽등반을 했고, 단독등반이 더 가치 있다고 생각하니 단독등반을 했다. 산에 있어서만큼은 그는 모범생이었다.

백두대간 종주에서 산과의 운명 확인

그는 전남 광주에서 1남 2녀 중 장남으로 태어났다. 어릴 때는 편식쟁이에다 운동과는 거리가 먼 약골이었다. 그는 1988년 조선이공대학교에 입학하면서 산악부에 들어갔다. 평소 사색하기를 좋아했던 그는 산을 알게 된 후 산에 대해 진지하게 생각하기 시작했다.

"등산 또한 인간의지의 발현이라는 생각을 했어요. 장 코스트의 〈알피니스트의 마음〉 같은 책을 끼고 살았죠."

대학 졸업반이던 1993년, 그의 산 운명을 결정짓는 사건이 생긴다.

"특별한 추억을 남기고 싶어 백두대간을 종주하기로 했어요. 사실 이 종주를 마지막으로 산에 그만 다니고 사회생활에 충실하며 평범하게 살 생각이었어요."

1992년 12월부터 다음해 3월까지 동기와 70여 일 동안 종주산행을 떠났다. 한 달 정도 산행해 강원도의 어느 산에 도착했다. 여느 때와 다름없이 아침에 일어나 그날 산행할 능선을 바라보고 있었는데 눈앞에서 산이 거인처럼 일어섰다. 너무 힘들어서 환각이 보인 건지 산신령에 씌었는지 모르지만 그 이후 그는 직장 대신 더욱 산에 몰입하게 되었다.

"종주를 마치고 집에 돌아오니 아버지께서 '너 그렇게 산에 갔다 왔으니 에베레스트도 간다고 하겠다?'라고 물으시더라고요. 저는 눈치 없이 '가도 돼요?'라고 했어요. 그날 아버지께 처음으로 뺨을 맞았어요."

아버지는 그가 산에 다니는 것을 반대했다. 본격적으로 해외원정을 다니면서부터 아버지는 그와 말 한마디 나누지 않을 정도로 멀어졌다.

"아버지는 화투치기를 좋아하셨는데 아버지 살아생전(2018년 12월 작고)에 화투도 같이 쳐드리고 좋게 지냈더라면 어땠을까 하는 후회가 많이 들지요."

어머니는 항상 그를 응원해 주었다. 직장 없이 산에만 다니던 시절, 남들에게는 그저 백수로 보였을 테지만 어머니는 '우리 아들 고생한다'며 항상 그를 응원했다.

"1997년 3월, 파키스탄에 지진이 난 후 제가 낭가파르바트로 원정을 떠날 때 어머니께서 '파키스탄에 지진 났다더라, 조심해라'라고 하셨어요. 그 시절 파키스탄에서 일어난 지진 걱정을 하는 사람이 몇 명이나 있었겠어요. 그런 걸 생각하면 어머니에 대한 감사함이 더 사무치죠."

그의 첫 해외원정은 1995년 북미 최고봉 데날리(6,194m)였다. 이 원정에서 그는 고소증세로 고생하면서도 기어코 정상에 올랐다. 그리곤 거벽등반에 도전하기 위해 그해 요세미티로 향했다. 엘 캐피탄의 노즈와 살라테월 등반이 목적이었다.

"당시 거벽등반을 가르쳐 주는 곳이 없어 혼자 책을 뒤져가며 공부하고, 월출산에서 실험해 보곤 했죠. 생각했던 등반기술이 실제 거벽에서도 잘 먹혀 들어갈 때 가장 기분이 좋았습니다."

거벽등반에 심취한 그는 1996년 6월, 카라코룸 히말라야의 최대 단일 암봉으로 꼽히는 트랑고 네임리스 타워(6,239m)로 향했다.

"당시 경제 사정이 좋지 않았어요. 자일 살 돈이 없어 각 학교 산악부에 못 쓰는 자일이 있으면 보

2014년 UIAA
(국제산악연맹)가 주최한
조지아국제청소년
산악캠프에 참가해
대원들과 함께
카즈베크산(5,047m)을
등반했다.

내 달라고 부탁했어요. 소포로 자일이 배달되었는데, 어떤 후배는 먹을 것을, 어떤 후배는 꽃을 함께 보내 주었어요. 그렇게 받은 폐자일을 이어 600m짜리 자일로 만들었죠."

자일은 해결했으나 이번엔 헬기 예치금이 부족했다. 어쩔 수 없이 선배들에게 손을 내밀었다. 모두 사정이 여의치 않았으나 선배들은 군말 없이 '카드깡'을 해서 500만 원을 빌려주었다.

'만일 사고가 나도 헬기는 부르지 말자'고 다짐하며 트랑고 네임리스 타워를 오른 그는 다행히 사고 없이 등반에 성공해 선배들에게 고스란히 돈을 되돌려 주었다. 그는 선후배의 눈물겨운 도움을 받아 성공한 이 원정이 평생 산악정서의 토대가 되었다고 말한다.

조디악, 세로토레 단독등반 도전

그는 거벽 단독등반에 눈을 돌렸다. 1998년, 요세미티 엘캐피탄 조디악에서 처음 단독등반을 시도했지만 등반 중 홀링백과 포타레지를 떨어뜨리면서 허무하게 내려와야 했다. 두 번째로 단독등반에 도전했던 남미 파타고니아의 침봉 세로토레Cerro Torre에서도 극심한 바람과 추위 때문에 경험을 얻고 온 것에 만족해야 했다.

1999년과 2000년에는 K2 원정대에 합류했다. 박정헌 대장이 그를 원정대로 이끌었다. 그러나 그는 이 원정에서 자신이 고산등반 체질이 아님을 깨닫게 된다.

"7,000m 중반까지가 한계였어요. 그때까지 고산에서 힘을 쓰지 못하는 체질이라는 것을 몰랐

2011년 요르단 와디럼
등반. 당시 모로코 타기아
조지, 토드라 조지를 돌며
암벽순례 등반을 했다.

죠. 2000년 K2 원정은 등반에 있어서 8,000m 고산을 떠나는 이유 중 하나가 됐어요. 하지만 인생에 있어서는 평생의 친구들을 얻을 수 있었던 귀중한 시간이었습니다.”

K2에서 돌아온 그는 고산·거벽 등반을 지역에 알리고자 2000년 9월 광주에서 '선앤문등산학교'를 열었다. 정승권등산학교와 익스트림라이더 다음으로 국내에서 3번째 개인등산학교였다.

“대학 산악부 시절부터 등산학교를 만드는 것이 꿈이었어요. 산으로도 돈을 벌 수 있다는 것을 후배들에게 보여 주고 싶었고요.”

하지만 평생 산만 다닌 그에게 사업은 만만치 않았다. 적자가 누적되면서 전업으로 등산학교를 운영할 수 없게 되어 직장생활을 시작했다. 2007년에는 산악인들의 사회공헌 모임인 '푸른산'이라는 단체를 만들었다. 직장에 다니기 시작하면서 산을 못 가게 된, 같은 처지의 친구들과 산악인으로서 할 수 있는 보람된 일을 찾고자 한 것이 목적이다.

2박3일을 산악프로그램으로만 채운 청소년 산악캠프를 운영했다. 십시일반 돈을 걷어 봉사활동을 했고 점점 활동영역을 넓혀갔다. 현재는 이런저런 이유로 활동이 지지부진하지만 초창기 설립 취지나 실천적 행위들이 사라지기엔 너무 아까워 내실을 다지며 부활을 꿈꾸고 있다.

알피니즘은 끝나지 않았다

그는 요즘 10년 넘게 책 속의 산을 탐구하고 있다. 아직 인간의 발길이 닿지 않은 오지는 지도로만 존재하는 세계다. 그는 “산악인은 지도로만 존재하는 산을 찾아가 실제 세계로 확장시켜 주는 역할을 해야 한다”고 말한다. 그는 앞으로 지도에서 공백으로 남겨진 중앙아시아의 산을 찾아 떠날 준비를 하고 있다.

“알피니즘은 죽음을 두렵지 않게, 죽음까지 풍요롭게 해주었습니다. 이런 알피니즘이 사라지는 것이 안타깝습니다. 유네스코 인류무형문화유산인 알피니즘을 후배들에게 전승하는 것에 최선을 다할 겁니다. 제 인생 드라마의 주제와 배경은 일관되게 산입니다.”

월출산 시루봉에서 열었던
선앤문 교양암벽교실.

1 정상이 눈앞에 있고, 나는 삶과 죽음의 경계에 있을 때 어떤 선택을 하겠나?

젊었을 때나 지금이나 정상을 택하겠다. 젊었을 때는 죽는 게 두렵지 않았고, 모든 위대한 일들은 안중근 의사나 윤봉길 의사처럼 젊은이들이 하듯, 나도 그런 생각이었다. 지금은 50대 중반까지 살아 보니 '오래 살아봤자 그다지 좋을 것도 없겠다'는 생각이다.

2 산에서의 특별한 버릇 같은 것이 있다면?

버릇인지는 모르겠지만 산에서는 '마지막'이란 말을 안 쓴다. 농담으로든 걱정으로든 산에서 '마지막'이란 말을 했을 때 항상 결과가 좋지 않았다.

3 자신이 생각하는 최고의 등반(좋은 등반)이란?

결과에 상관없이 내가 최선을 다한 등반이다. 세로토레 단독등반을 할 때 모든 피치와 하강 라인, 경우의 수를 머릿속에 완벽하게 그렸다. 두 달을 그곳에서 살면서 베이스캠프에서 벽끼지 그 먼 거리를 몇 번을 뛰어가면서 등반을 생각했다. 하지만 날씨가 나빴고 능력이 부족해 실패했지만 등정한 것처럼 마음이 충만했던 기억이 있다.

4 산에 가기 전 정보 수집을 어떻게 하나?

그 산이 속한 나라의 역사와 민족, 간단한 언어는 구글 검색으로 찾고, 목적지까지 이동 및 카라반은 〈론리플래닛〉 등 여행서를 참고 한다. 등반사 및 미답봉 여부는 '히말라얀 데이터베이스' '아메리카 알파인저널' 등의 외국 등산 사이트를 검색한다. 등반루트 및 코스는 구글어스로 개괄을 파악하고 구글 이미지 등에서 여러 각도의 사진을 수집한다. 물론 사전답사를 다녀오면 되지만 항상 돈이 없는 관계로, 일찍 출발해 등반로를 탐색 후 등반한다. 다양한 루트로 꼬리에 꼬리를 무는 식으로, 보고서를 염두에 두고 무엇이든 도움이 된다는 생각으로 무조건 정보를 수집한다.

5 "이제 산악회는 죽었다"는 말에 대해 어떻게 생각하나?

맞는 말 같다. 이에 더해 열정을 가진 김홍빈, 김창호 같은 스타 산악인들이 명을 달리하면서 더욱 내리막길을 달리는 것 같다. 그러나 걱정하지는 않는다. 등산은 인간이 만들어낸 가장 위대한 문화 중 하나이기에, 피카소가 죽었다고 미술이 없어지지 않고 베토벤이 죽었다고 음악이 없어지지 않듯이 등산이란 위대한 인간문화는 반드시 이어가는 사람이 있을 것이다.

6 현재 히말라야의 상황을 어떻게 보고 있나?

5,000~7,000m 미답지역이나 미답봉을 찾는 경향이 뚜렷하다. 지도에는 있으나 인간의 발길이 닿지 않은 곳으로 탐사가 진행되고 있다. 히말라야는 앞으로도 산악인의 고향이 될 것이다.

7 현재 한국산악계에 가장 부족한 것은 무엇일까?

우리나라 히말라야 등반 역사가 60년이 되었는데도 행위에 매몰되어 있는 모습이다. 때문에 등산이 문화라는 것을 인식하고 시간을 투자하는 것이 필요하다. 우리 것의 기록을 충실히 해 미래의 후배들이 읽어볼 수 있게 준비하고, 우리만의 독특한 등산문화로 가꾸고 자리매김하는 것이 필요하다. 우리는 100퍼센트 탐험 선구자들의 과실만 따먹었다. 이제 세계 등산사에 정보의 생산자로서 기여할 수 있도록 노력해야 한다.

8 한국적 알피니즘, 한국의 산악계와 산악인들이 30년 후에 어떻게 변해 있을 것으로 예상하나?

러시아 산악인들이 '러시아 황금피켈상'을 따로 만든 것처럼 우리도 우리 것을 소중히 알아야 될 것 같다. 조직, 협력과 봉사, 나보다는 우리, 과정이 중요한 극지법 등반이 한국적 알피니즘이라 할 것이다. 이 한국적 알피니즘을 긍정적으로 지키지 못한다면 30년 후엔 누구나 예상하는 것처럼 산악계는 더 개인주의로 흐를 것이고, 극히 소수 엘리트들만 각광받게 되어 인류가 공통으로 누리는 도전의 가치는 많이 퇴색되리라 예상된다.

운명의 촐라체 크레바스가
모든 것을 바꿨다

소속	진주동중학교 교사
1998	경상대학교산악회 입회
2002	한국 청소년오지탐사대 인도 가르왈 히말라야 탐사대 대원
2004	로체(8,516m) 등정, 가셔브룸2봉(8,035m) 남동릉 한국 초등,
	로부제 동봉(6,119m) 등정
2005	촐라체(6,440m) 북벽 동계 세계 초등
2006	체육포장(산악) 수상
2006	네팔 쿰부 트레킹
2007	일본 북알프스 종주
2008	안나푸르나 라운딩 및 ABC 트레킹
2009	한국 청소년오지탐사대 킬리만자로산군 탐사 부대장,
	킬리만자로(5,895m) 등정, Mt. 메루(4,566m) 등정
2011	킬리만자로(5,895m) 등정
2013	레닌피크(7,123m) 등반
2014	네팔 쿰부 트레킹, 촐라체 트레킹

촐라체는 최강식에게 시련을 주었지만 새롭게 살아갈 길을
제공해 주었다. 촐라체를 오르고 내리며 버텨낸 기억들은
그의 몸과 머리에 쐐기처럼 박혔다. 버티고 이겨내고 인내한 경험이
재활을 하게 했고 다시 사회로 인도했다.

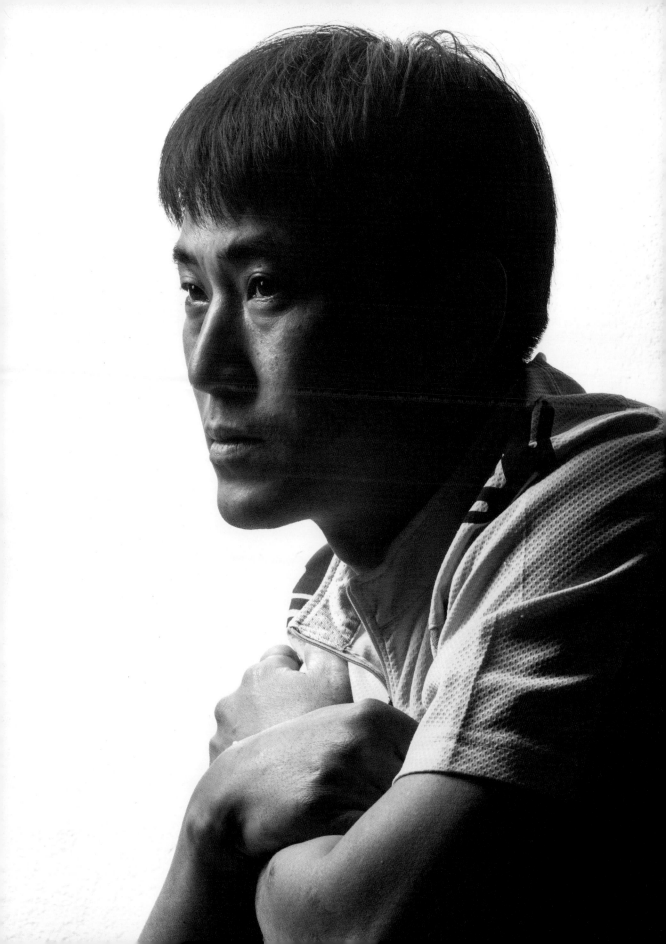

경남 하동군 청암면. 지리산 영신봉에서 청학동이 있는 삼신봉을 거쳐 불일폭포로 이어지는 남부능선이 지나는 곳이다. 이 삼신봉이 최강식의 고향 뒷산이다. 그의 곁에는 항상 산과 계곡이 있었다. 산은 유년시절 그의 일부였다. 자석에 이끌리듯 대학에 들어가자마자 산악회에 들었다.

군에 입대할 때는 개인정보기록지 취미란에 '산행'이라고 썼다. 유격대로 배치 받고 '3보 이상' 구보를 외치며 26개월간 무장을 수백 번 싸고 수백 번 A텐트를 치고 수백 번 산을 넘었다. 제대 후 아무렇지도 않게 대학 동아리실로 다시 돌아왔다. 그렇게 등반은 최강식 삶의 일부가 되어 갔다.

지리산 품에서 꿈을 키우다

그러던 중 등반 생활에 모멘텀이 찾아왔다. 2002년 한국청소년오지탐사대 인도 가르왈 히말라야 탐사대에 가입했다. 처음으로 경험하는 히말라야. 산과 장비, 식량, 의료, 행정 등 무수히 많은 것을 공부했고 적응했고 노력하여 얻었다. 미지의 영역에 대한 기대는 하루하루를 행복하게 했다. 가르왈 히말라야 탐사는 최강식의 등반 인생에 큰 계기가 되었다. 눈앞에 펼쳐진 쉬블링, 케다르나스 등의 산을 바라보며 무언지 모를 흥분을 느꼈다. "히말라야야! 기다려라. 내가 다시 돌아오겠다"고 바위에 낙서를 하고 돌아왔다.

인도에서 돌아온 후에도 국내 산행과 등반에 몰입했다. 인도의 기억을 잊지 않기 위해 노력한 것이다. 가슴의 흥분을 오래도록 품을 수 있는 길은 산행과 등반을 하는 것밖에 없었다. 그러던 중 '히말라야 원정대에 훈련대원으로 참여하겠냐'는 제의가 왔고 별다른 고민 없이 수락했다. 2004년 로체 원정대였다.

영호남 산악인들의 합동대인 이 원정대는 로체 남벽 등반을 위해 결성된 것이었다. 훈련대원으로 참여해 히말라야를 등반했던 선배들 틈에서 원정훈련을 하는 것만으로도 가슴이 벅찼다. 쟁쟁한 커리어의 사람들을 만나고 같이 산행하고 등반한 것은 힘들었지만 행복한 시간이었다. 원하던 남벽이 아닌 서벽 등반팀으로 참가했지만 넉넉지 않은 여건에 짐 수송까지 자체 해결해 가면서 모두 6명이 정상에 올라 성공적으로 원정을 마무리했다.

등정보다 사람 먼저, 가셔브룸서 배우다

로체 등반을 마치고 카트만두로 내려온 날 한국에서 한 통의 전화를 받았다. 가셔브룸 원정대 참가 제안이었다. 네팔에서 한국으로 입국한 지 일주일 만에 다시 인천을 통해 파키스탄으로 향했다. 가셔브룸 1·2봉 등정이란 목표가 있었지만 최강식을 포함해 6명은 초보나 마찬가지였다. 그리고 여기서 그들을 도울 인력은 부족했다. '파키스탄은 노가다'라는 말을 왜 하는지 체감했다. 로체에 이어 한없이 많은 짐들을 캠프로 올리고 또 올렸다.

그러던 어느 날 캠프로 등반하던 중 광활한 가셔브룸 설원에 혼자뿐인 고독과 공포에 휩싸여 한 걸음도 움직이지 못하고 멈춰 있는 자신을 보았다. 이때의 기억은 산을 대하는 최강식의 생각과 행동을 바꾸었다.

스스로 할 수 있는 것을 찾고, 해야 할 것들을 찾아 행동했다. 또한 등정이 우선이 아닌 사람이 우선이 되는 등반을 시작했다. 등정의 실패는 가혹하겠지만 다시 도전할 수 있다. 허나 사람을 잃는 것은 되돌릴 수 없지 않은가.

2004년
가셔브룸2봉 정상.

새로운 인생 열어준 촐라체, 그리고 박정헌

최강식에게 박정헌은 새로운 세계로 인도하는 인도자였다. 2002년 오지탐사대를 통해서 알게 된 박정헌과는 2004년 로체원정대 훈련대원으로 참여하면서 동행을 시작했다. 박정헌은 히말라야를 알게 해준 리더이자 파트너였던 셈이다.

이후 둘은 운명의 촐라체 북벽으로 향한다. 한국 등반 구조사에 가장 드라마틱한 순간의 시각이었다. 둘만의 등반을 준비하며 등정이 가능할까에 대한 고민은 별로 없었다. 베이스를 구축하고 로부제를 오르고 하산루트를 정찰하는 등 일련의 프로세스를 차곡차곡 이행해 나갔다. 그들은 촐라체를 오르기 시작했고 하루 만에 하산이 어렵다는 사실을 알았고 살기 위해 정상을 향한 외길수순을 밟았다. 오르다가 벽에 매달려 자고 얼음을 먹으며 버티고. 그렇게 정상에 선 후 하산길에 크레바스에 빠졌다. 다리는 부러지고 온 몸에 힘은 빠지고 손은 얼어오고 먹을 것도 없었다. 최강식과 박정헌 모두에게 육체적인 시련을 남긴 촐라체는 이들의 등반 이력에 있어서 가장 중요한 전환점이 됐다.

촐라체는 최강식에게 시련을 주었지만 새롭게 살아갈 길을 제공해 주었다. 촐라체를 오르고 내리며 버텨낸 기억들은 그의 몸과 머리에 쐐기처럼 박혔다. 버티고 이겨내고 인내한 경험이 재활을 하게 했고 다시 사회로 인도했다. 찬란한 영광만 가지고 돌아왔더라면 어디선가 차가운 시체로 머물러 있지 않을까? 지금은 예전과 같은 등반은 할 수 없지만 그만의 방식으로 새로운 도전을 하고 있다. 학교 현장에서.

2013년 UIAA
국제캠프
레닌피크 등반.

나는 아직도 욕망한다

촐라체에 비하면 그의 삶에 끼친 임팩트가 약하지만 의외로 그의 등반과 인생에서 가장 큰 손자국을 남긴 건 가셔브룸이다. 서로를 위해 노력했고 헌신했던 초보 산악인들의 우정, 등정의 욕심으로 점철되는 원정이 아닌 순수하게 산을 동경하며 산을 오르는 휴머니즘이 넘친 이 등반이 그에게는 최고의 등반이었다.

그는 등반 중 고인이 된 산꾼인 윤치원 · 강연룡을 특히 존경한다고 했다. 두 사람 모두 궂은 일마다 않고 허드렛일을 찾아서 하는 등 산악인으로서 후배들에게 반듯한 모범이었다는 공통점이 있다.

촐라체 사고 이후 알피니스트로서의 그의 이력은 일단 멈춤 상태다. 그는 이제 산을 동경하고 어떻게 하면 그곳에 갈 수 있을지 찾아보고, 가능한 등반을 만들어 참여해 보고, 새로이 시작하는 사람들에게 조언하고 지도하고, 자신 같은 실수를 범하지 않도록, 후배들을 안내하는 동반자로 살고자 한다. 하지만 가슴속에는 여전히 7대륙 최고봉과 K2 정상에 자신만의 방식으로 서고 싶은 욕망이 꿈틀거린다.

1 산을 통해 인생관이 바뀌었나? 바뀌었다면 그 이유는?
평소에는 놀이와 즐거움을 추구했었지만 산을 다니며 도전하고
주도적인 삶을 살게 되었다.

**2 정상이 눈앞에 있고, 나는 삶과 죽음의 경계에 있을 때
어떤 선택을 하겠나?**
산은 변하지 않는다. 다만 사람이 변할 뿐. 삶이 지속되어야 산도
정상도 있다고 생각한다. 용감한 후퇴는 재도전의 기회를 만든다.

3 파트너를 선택하는 조건은 무엇인가?
능력보다는 등반스타일에 중점을 둔다.

4 자신이 가장 영향 받은 인물은?
라인홀트 메스너! 그의 끊임없는 탐구와 도전은 선망의 대상이다.

5 본인이라면 에베레스트를 어떻게 오르겠는가?
故 김창호 대장이 했던 'From 0 to 8848' 프로젝트를
도전해 보고 싶다.

6 가이드 등반을 어떻게 평가하나?
긍정적으로 본다. 미숙한 사람들을 돕는다는 점에서.
그러나 등반 방식은 반대한다.

7 본인의 약점은 무엇이라고 생각하나?
현재로서는 발가락이 없는 것이다. 예전 같은 경우엔
과도한 열정이지 않았을까.

8 산에 가기 전 정보 수집을 어떻게 하나?
관련 보고서 및 책, 그리고 앞서 등반한 선배들에게 조언을 구한다.

9 평소 컨디션 관리와 트레이닝 방법은?
스트레스 받지 않기, 조급한 마음 안 가지기, 등반할 수 있는
기회에 적극적으로 참가하기, 주기적인 걷기 등.

10 가장 감명 깊게 읽은 책이나 영화, 음악 등은?
노래는 김광석의 '서른 즈음에', 양희은의 '아침이슬',
책은 남난희의 〈낮은 산이 낫다〉.

**11 외국과 비교했을 때 한국 알피니스트로서 장점과
부족한 점은?**
장점이랄 것은 없는 듯. 외국 친구들의 자유로운 등반이 부럽다.

12 "이제 산악회는 죽었다"는 말에 대해 어떻게 생각하나?
산악회의 기준을 어디에 두는가에 따라 다르게 말할 수 있지
않을까. 산악회가 있어야 등반을 하는 것은 아니다.
새로운 패러다임으로 인식할 필요가 있을 것 같다.

13 현재 히말라야의 상황을 어떻게 보고 있나?
소셜네트워크를 통해 소식을 접하고 있다. 우리나라를
제외하고는 왕성한 활동이 진행되고 있다고 보며, 산은 여전히
그대로 우리를 기다리고 있다.

14 외국 알피니스트에게 배울 점이 있다면?
가능한 영역 내에서 자신을 내던지는 도전정신과 풍부한 정보와
네트워크.

15 본인이 생각하는 알피니스트의 기준은?
산에 대한 자신만의 가치관을 가지고 산행 및 등반을 하는 것.

16 현재 한국산악계에 가장 부족한 것은 무엇일까?
히말라야 시대가 저물어 간다고 말을 하면서도 히말라야
등반만을 인정하고 계속 시도하고 있다는 것.

**17 한국적 알피니즘, 한국의 산악계와 산악인들이
30년 후에 어떻게 변해 있을 것으로 예상하나?**
변화라기보다 사라지지 않을까. 미래를 위한 산악인 양성이
필요하다고 본다.

20년 동안 잊었던
'첫사랑'을 다시 찾다

소속	경신고산악부 OB
1985	전국 오리엔티어링 대회 우승
2015	북미 요세미티 엘 캐피탄 인디언 크릭 등반
2016	중국 리밍 일대 등반, 선운산 '스피드(5.13a)' 완등
2017	북미 요세미티 엘 캐피탄 '노즈', '이스트 버트레스' 등정
2018	캐나다 스쿼미시 일대 등반, 선인봉 '남측 오버행(5.12−)' 핑크 포인트 완등
2019	유럽 알프스 타퀼 북벽, 코스믹 남벽 등반

"우리 산악계에는 '마우스 클라이머'들이 정말 많습니다.
정말 딱 '한때' 등반한 것을 가지고 이를 우려먹으면서 지금은
아무것도 하지 않는 사람들이죠. 등반가는 절대 등반을 멈춰선
안 된다고 생각해요. 계속해서 자기만의 목표를 세우고, 달성해 나가는
과정을 이어가야 참된 등반가죠."

도봉산 무당
크랙(5.11d)
등반 중.

고등학교에 갓 입학한 주유혁은 즉각 산악부 선배에 의해 스카우트된다. 코오롱 등산바지를 입은 그
는 누가 봐도 등반 꿈나무였다. 그는 등반가로서 성장하기를 원했지만, 1980년대 고교 산악부 생활
은 녹록하지 않았다. 한 주도 거르지 않고 북한산 인수봉 자락에서 1박2일 야영했지만, 단 한 살 많은
선배들의 등반 능력은 그다지 뛰어나지 못해 배울 점이 많지 않았다. 등반 장비도 부족했다. 무엇보다
규율이 엄격해 자주 '집합'과 얼차려를 겪어야만 했다.

결국 주유혁은 당시 인수봉 일대에서 활약하던 명문 산악회인 '고르고'에 몰래 가입한다. 등반력
이 뛰어난 선배들과 어울리며 실력을 키웠고, 고2 때는 인수봉 등반 중 선등을 서기도 했다.

그러나 이 은밀한 이중생활은 오래가지 못했고 결국 학교 선배들에게 발각되고 말았다. 지금의
기준으로는 이해하기 어렵지만, 당시에는 이중 산악회 활동은 배신으로 간주됐다. 선배들은 수업 끝
나는 종이 울리고 쉬는 시간이 될 때마다 주유혁을 화장실로 불러내어 때렸다. 그는 신체적 통증보다
등반에 대한 갈증을 견디는 것이 더 고통스러웠다.

40 넘어 등반 재개… 등반 멈추면 등반가 아냐

이처럼 주유혁은 뜨거운 등반 열정으로 똘똘 뭉친 등반가다. 그렇기에 '이중 산악회' 활동 사건으로
얼차려를 받은 후에도 산악부 활동을 접지 않았다. 오히려 고등학교 2학년이 된 후로는 산악부 대장
을 맡았고, 전국 오리엔티어링 대회에 나가 우승을 차지하기도 했다.

Beyond the Ridge

인수봉 남측
로프솔로 등반 중.

"한 달 동안 장비 점검, 독도법 등 오리엔티어링 대회에 필요한 기술들을 연마했었죠. 주말마다 모의 훈련도 했어요. 우승을 차지하고 나선 학교에서 산악부의 위상이 달라졌죠. 재정 지원도 받았고요. 이때 배운 독도법은 지금도 잘 써먹고 있습니다."

고등학교 졸업 후, 그는 잠시 바위에서 손을 떼고 다른 산을 오르기로 결정했다. 인생이란 산이다. 어린 시절 아버지를 여읜 그는 어머니 혼자 생계를 책임지는 가정 형편 속에서 마냥 등반만 할 수 없다는 것을 진작 알고 있었다. 또한 2남 1녀 중 장남이었다. 안정적인 직업이 필요했기에 3사관학교에 지원해 5년간 간부로 복무했고, 전역 후에는 작은 벤처 회사에서 일하며 지방 근무도 마다하지 않았다. 그런 그가 다시 등반의 꿈을 품은 것은 마흔이 넘은 2008년이었다.

"지방근무가 끝나고 서울 관할 지점장으로 오면서 경제적인 형편과 고용 환경이 다 안정됐어요. 그러던 어느 날 북한산에 오르고 있는데 인수봉에서 등반하고 있는 사람들이 딱 눈에 들어오더라고요. 20년 동안 완전히 꺼져버린 줄 알았던 등반에 대한 열정이 다시 살아났죠."

예전에 몸담았던 산악회는 전부 활동을 중단한 상황. 익스트림라이더 등산학교 문을 두드렸다. 그는 "등반가로서 몸이 가장 황금기일 때 등반하지 못한 건 두고두고 아쉬운 일이다"라면서도 "하지만 등반이란, 한 지점에 오르면서 끝나는 것이 아니라 끊임없이 이어지는 것"이라고 덧붙였다.

"우리 산악계에는 '마우스 클라이머'들이 정말 많습니다. 정말 딱 '한때' 등반한 것을 가지고 이를 우려먹으면서 지금은 아무것도 하지 않는 사람들이죠. 등반가는 절대 등반을 멈춰선 안 된다고 생각해요. 계속해서 자기만의 목표를 세우고, 달성해 나가는 과정을 이어가야 참된 등반가죠."

그랑조라스를
앞에 두고.

선인봉 '배추흰나비의
추억길'을 오르고 있다.

한국 등반가들, '트래드 클라이밍' 지향해야

주유혁은 마치 그간 등반을 못 했던 설움을 토해 내듯 미친 듯이 빈 칸을 채워 나갔다. 전과 달라진 건 고산 거벽 자유등반과 크랙 등반(바위에 생긴 갈라진 틈새의 선을 따라 올라가는 등반)에 심취했다는 것. 미국 요세미티 엘 캐피탄의 인디언 크랙, 노즈, 이스트 버트레스와 알프스 타퀼 북벽, 코스믹 남벽을 등반했고, 한국에선 북한산과 도봉산 일대의 코끼리 크랙, 남측 오버행 크랙, 무당 크랙과 선운산의 스피드(5.13a) 루트를 완등했다. 그리고 최근에는 트래드 클라이밍에 눈을 떴다. 트래드Trad 클라이밍은 원래 '전통적인'이란 의미의 트래디셔널Traditional 클라이밍이란 말의 약자로, 자연환경을 훼손하지 않도록 바위에 인공장치를 설치하지 않는 등반을 말한다.

"어릴 때는 정말 시야가 좁아서 내 눈앞 바위밖에 못 봤어요. 그런데 다시 등반을 시작하고, 해외 원정도 가보고 세계 각국의 등반가들도 만나 보니 한국의 등반 문화가 너무 편협하다는 생각이 들었어요. 과거에 비해 등산인구는 물론, 등반인구도 많이 늘었는데 오히려 등반문화의 다양성이나 진취성은 훨씬 줄어들었습니다. 그런 의미에서 트래드 클라이밍은 다음 세대 등반가들이 더 폭넓게 참가하고 지향해야 할 등반 양식 중 하나라고 생각합니다. 물론 환경을 훼손하지 않아야 하므로 조금 더 까다롭고 불편하며, 더 모험적이지만 그만큼 등반 가치는 상승한다고 봐요. 이런 등반은 궁극적으로 자신의 한계에 대한 도전으로도 이어집니다."

끝으로 그는 알피니즘에 대해 이렇게 얘기했다. "현실에 안주하지 않고 자신의 한계를 깨기 위해 기꺼이 고통에 몸을 던지는 모든 몸부림의 합집합"이라고.

캐나다 스쿼미시의 '드림캐쳐(5.14d)' 루트를 바라보며 한국에서 이 루트를 등반할 수 있는 사람이 누굴까 생각해 본다.

1 산을 통해 인생관이 바뀌었나? 바뀌었다면 그 이유는?
등반을 통해서 목표를 정하고, 계획하고, 실행하고 그 과정에서
성공과 실패를 두루 경험하면서 적극적인 삶에 동기부여가
되었다. 직장상황에서도 현실에 안주하지 않고 더욱 발전할 수
있도록 지금도 노력하고 있다.

**2 정상이 눈앞에 있고, 나는 삶과 죽음의 경계에 있을 때
어떤 선택을 하겠나?**
최대한 냉정심을 유지하면서 이제까지 산에서 겪었던
경험을 바탕으로 선택할 것이다. 죽음은 끝이지만, 살면 다시
기회가 오기 때문이다.

3 산에서의 특별한 버릇 같은 것이 있다면?
버릇이라기보다는 최대한 가볍게 짐을 꾸려 빠르게
등반하려고 한다.

4 파트너를 선택하는 조건은 무엇인가?
배려와 균형이 중요하며 등반의 가치가 통하는 파트너가 좋다.

5 자신이 생각하는 최고의 등반(좋은 등반)이란?
Speed&Light

6 평소 컨디션 관리와 트레이닝 방법은?
식단을 조절하고 평소 실내암장에서 지구력 트레이닝을
꾸준히 하는 편이다.

7 산 이외의 특기는?
헬기 조종

**8 외국과 비교했을 때 한국 알피니스트로서 장점과
부족한 점은?**
외국에 비해 프로 클라이머가 거의 없는 것 같다.

9 "이제 산악회는 죽었다"는 말에 대해 어떻게 생각하나?
공감한다. 그게 세월에 따라 변하는 트렌드인 것 같다.
지금은 산악회 이외에도 다른 사람과 함께 등반할 수 있는
방법이 많다.

10 한국 산악사에서 최고의 등반을 꼽는다면?
엘캡 프리라이더 자유등반 완등

**11 한국적 알피니즘, 한국의 산악계와 산악인들이
30년 후에 어떻게 변해 있을 것으로 예상하나?**
스포츠클라이밍과 트래드 등반이 조화를 이루며
성행할 것 같다.

수직의 거대한 벽에 마주선
켄타우로스

소속	익스트림라이더 대표 강사
1999	캐나다 부가부 스노패치 스파이어(3,063m) Hobo's Heaven 등반(IV 5.7 A4)
2001	파키스탄 히말라야 오거 돔(5,600m) 신 루트 개척 등반
2002	북미 요세미티 엘캐피탄 로스트 인 아메리카(A4) 단독 등반
2003	파키스탄 히말라야 나와즈브락(5,800m) 신 루트 개척등반
2004	캐나다 배핀아일랜드 A4, A5급 신 루트 개척
2007	파키스탄 히말라야 투이좀(6,158m) 북벽 신 루트 개척 등반
2008	인도 히말라야 메루피크(6,660m) 북벽 세계 초등
2009	대한민국 산악대상 수상
2011~12	파키스탄 히말라야 라톡1(7,145m) 북벽 신 루트 개척 등반
2013~14	키르기스스탄 텐산산맥 악사이산군 복스피크(4,240m)
	코로나5피크(4,860m) 신 루트 개척 등반, 대한민국 산악상 수상(개척등반)
2016~17	네팔 히말라야 카조리 피크(6,186m) 신 루트 개척 등반

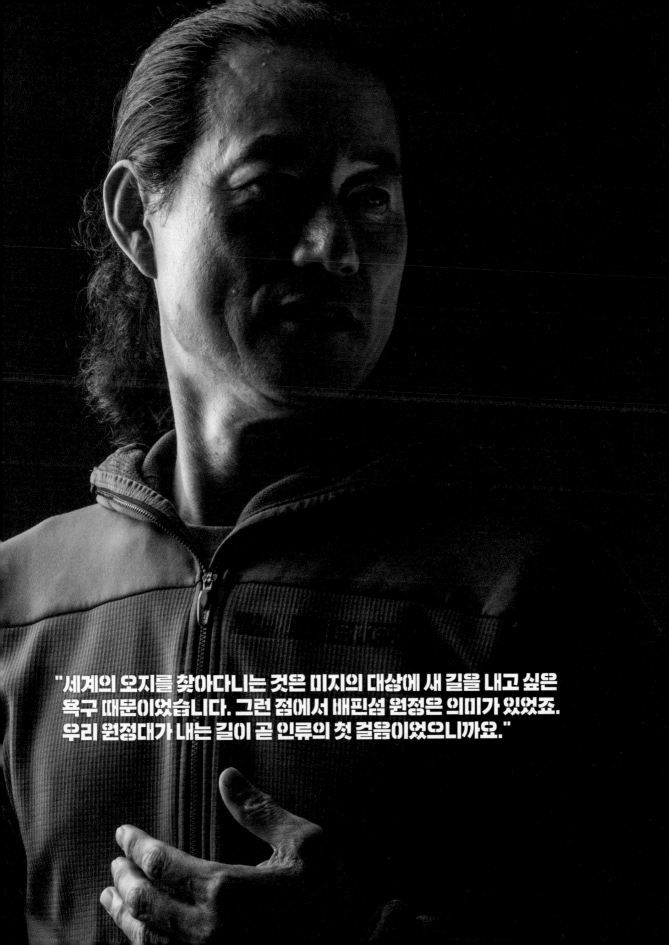

"세계의 오지를 찾아다니는 것은 미지의 대상에 새 길을 내고 싶은 욕구 때문이었습니다. 그런 점에서 배핀섬 원정은 의미가 있었죠. 우리 원정대가 내는 길이 곧 인류의 첫 걸음이었으니까요."

김세준은 우리나라를 대표하는 거벽등반가다. 산에 든 이후 처음부터 끝까지 그의 길은 오로지 거대한 수직 암벽이었다. 세상의 스포트라이트가 히말라야 고산 등반에 쏠렸을 때에도 그의 관심은 오로지 거벽이었다.

1999년부터 기른 긴 말총머리가 트레이드마크인 그의 별명은 그리스 신화에 나오는 반인반마半人半馬의 괴수 '켄타우로스'다. 그 역시 그 별명을 마음에 들어하며 왼쪽 등에 켄타우로스를 그려 넣었다. 하늘과 땅을 가리지 않고 거칠게 뛰어다니는 반인반마의 이미지가 그와 어울린다.

당시 샤모니 실내암장은 최승철 부부를 비롯해 김형진(1998년 탈라이사가르에서 추락사), 김동현, 정석현 등 스포츠클라이밍뿐만 아니라 암·빙벽과 인공등반 등의 '달인'이 모이는 곳이었다. 이들 사이에서 서른 살 청년 김세준은 처음 스포츠클라이밍에 입문하게 된다. 하지만 그에겐 더 큰 세상이 운명처럼 다가오고 있었다.

"한밤중에 암장에서 운동하다가도 필 받으면 프라이드 밴을 타고 양주 가래비빙벽으로 출동했어요. 그리곤 자동차 라이트에 의지해 기어코 수직벽을 올라선 다음 어슬렁거리며 내려오곤 했죠. 주말이면 전국의 고난도 암벽을 찾아다니고 오로지 등반을 위해 스키와 패러글라이딩을 배웠어요. 이것이 샤모니암장을 다니면서 제가 지켜본 그들의 모습이었어요. 그리고 '나도 곧 이들처럼 되겠구나'란 생각이 들었죠."

1998년 9월 28일, 탈라이사가르 북벽을 등반하던 최승철·김형진이 사고로 사망하고 만다. 김세준은 큰 충격을 받았다.

"8개월 정도의 짧은 만남이었지만 두 친구의 등반에 대한 철학과 자세는 저에게 큰 영향을 주었어요. 그들의 과감하고, 때로는 무모하기까지 한 행동들을 스펀지처럼 흡수했죠. 그들의 등반 방식과 트레이닝을 배우고, 때로는 그들처럼 움직여야 한다는 것을 저의 등반철학으로 삼았습니다."

1999년, 그는 캐나다 부가부로 향했다. 그의 첫 해외거벽 등반이었다. 하지만 등반을 배운 지 1년 만의 첫 경험은 쓰라렸다. 기껏 해야 100여 m 높이의 암벽을 오르던 그에게 600~700m 거벽의 위압감은 대단했다.

"귀국 후 이미지트레이닝에 열중하면서 거벽에서 짐을 끌어올리는 법, 좁은 공간에서 자일을 처리하는 법, 대상지를 선정하고 원정을 꾸리는 법 등을 차근차근 배워 나갔어요. 다시는 지지 않겠다고 다짐했어요."

첫 히말라야 이후 거벽등반에 심취

2000년, 당시 여성 최고의 클라이머로 손꼽히던 김점숙, 채미선과 함께 미국 요세미티 엘 캐피탄을 오른 후 이듬해인 2001년에는 히말라야로 눈길을 돌렸다. 파키스탄 밴타브락산군의 오거 돔Ogre Dome(5,600m)에 새 루트를 내는 것이 목표였다.

신 루트 개척은 쉬운 일이 아니었다. 낮에는 덥고 밤에는 추웠다. 고소와 배고픔, 긴장감이 뒤섞여 피로는 극에 달했다. 벽에 매달린 지 5일째, 눈발이 날리기 시작했다. 저 아래 베이스캠프는 눈에 하얗게 덮여버렸고, 더욱 세차게 뿌리는 눈은 거벽에서 대원들의 몸을 밀어내고 있었다. 결국 등반을 멈췄다.

"가슴을 들뜨게 했던 첫 히말라야는 그렇게 끝났습니다. 최선을 다했기에 후회는 없었습니다."

이 등반에서의 멈춤이 그에게는 거벽등반의 멈출 수 없는 시작이었다. 2002년 2월 디스크 수술을 받은 지 한 달 만에 미국 요세미티 엘캐피탄 남동벽의 고난도 루트인 '로스트 인 아메리카Lost in

2008년 인도
히말라야 메루피크
북벽을 세계 초등한
김세준 강사(왼쪽).
오른쪽은 김태만
대원이다.

America(Ⅵ 5.10 A4)를 9박10일 동안 단독으로 등반했다.

"모든 것을 혼자 해결해야 하는 단독등반은 알피니즘의 이념과도 맞아떨어집니다. 거벽에 매달려 먹고 자면서 마침내 정상에 올랐을 때의 느낌은 그야말로 감동이었습니다."

이후 그의 등반은 탄력이 붙었다. 특히 2004년 캐나다 배핀섬Baffin Island 원정은 큰 화제였다. 히말라야나 알프스, 요세미티 정도에 머물던 한국 산악인이 새로운 대상지를 찾아 나선 것이었기 때문이다. 이 오지에서 원정대는 키구티Kiguti와 핀The Fin 거벽에 초등루트 2개를 개척했고 각각 '리바이벌Revival'과 '코리안Korean'이란 이름을 붙였다.

"세계의 오지를 찾아다니는 것은 미지의 대상에 새 길을 내고 싶은 욕구 때문이었습니다. 그런 점에서 배핀섬 원정은 의미가 있었죠. 우리 원정대가 내는 길이 곧 인류의 첫 걸음이었으니까요."

그는 수많은 등반 중 2008년 인도 히말라야 메루피크 북벽 세계 초등을 가장 기억에 남는 등반으로 꼽는다.

"메루피크 북벽 원정은 아무도 오르지 못한 거벽에 길을 내는 '등반가의 꿈'이었습니다. 50m짜리 한 피치를 이틀에 걸쳐 등반하고, 강한 눈보라 때문에 포탈레지에서 초콜릿 몇 알로 50시간을 버티기도 했습니다. 10일이라는 시간이 10년 같았죠. 하지만 김태만, 조우영, 왕준호, 김형욱과 함께 마침내 하늘로 오르는 길을 열었습니다."

이 등반으로 이듬해인 2009년, 원정대는 국내 최고의 권위를 인정받는 산악상인 '대한민국 산악대상'을 수상했다.

어느 바위든 그에게 즐거운
놀이터가 된다. 등에 새긴
켄타우로스 문신이 강렬하다.

2005년
메루피크 원정
때 바기라티봉을
배경으로.

라톡1 북벽 다시 도전하고파

김세준은 故 최승철·김형진이 만든 익스트림라이더 등산학교에서 2002년부터 강사를 시작해 현재 대표강사를 맡으며 인공등반과 고산거벽 등반 기술 전수에 애쓰고 있다.

그는 "코로나 시국이 너무 길게 이어지고 있어 답답하다"고 말했다.

"반대로 평소 산을 찾지 않던 젊은 층이 산을 다니게 되면서 기초 등산학교들은 호황을 이루고들 있다고 봅니다. 시간이 지나면 이러한 제원들이 전문등반을 접할 수 있는 기회가 분명 올 거라고 생각합니다."

어느새 50줄을 넘긴 그이지만 여전히 그의 마음에는 산으로 가득 차 있다.

"과거 두 번 실패했던 라톡1Latok-1 북벽에 다시 한 번 더 도전하고 싶어요. 가셔브룸 동벽은 마지막 큰 원정의 꿈이기도 하고요. 앞으로 언제까지 어떤 등반을 할지 모르지만 산을 처음 접할 때의 마음가짐과 진정성으로 오랜 시간 즐기며 행복을 찾고 싶습니다."

1 산을 통해 인생관이 바뀌었나? 바뀌었다면 그 이유는?

내면의 사고와 잠재력을 발견하게 되었으며 나아가 조금의
여유를 나눌 수 있는 지혜를 알게 되었다.

**2 정상이 눈앞에 있고, 나는 삶과 죽음의 경계에 있을 때
어떤 선택을 하겠나?**

삶. 아마 고달픔과 역경으로 도달한 지점에서의 결정이 쉽지는
않겠지만 함께한 동료들과 재도전하거나 아니면 새로운
대상지에서 희망을 찾을 것 같다.

3 파트너를 선택하는 조건은 무엇인가?

오랜 시간 리더로서 원정을 꾸리다 보니 정확한 루틴을
고수하는 편이다. 첫째는 체력, 둘째는 인성, 셋째는 배려심,
넷째는 등반 실력이다.

4 자신이 가장 영향 받은 인물은?

이탈리아 등반가 한스 카말란더. 고난이도 등반을 추구하며
최소한의 파트너들과 도전하는 모습이 인상 싶나. 그기 엄청난
체력으로 4,500m 베이스캠프에서 러닝을 하는 모습을
여러 번 보았다.

5 가이드 등반을 어떻게 평가하나?

누구나 꿈을 갖는다. 그 꿈을 이루기 위한 과정은 개개인의
실력과 평가 기준을 존중해 주어야 한다고 본다.

6 본인의 약점은 무엇이라고 생각하나?

체력적인 부분에서 준비 시간을 더 가져야 한다고 생각한다.
어느덧 50대 초반이다 보니 부상의 위험을 줄이고 체력을
키우기에는 서두름이 없어야 한다.

7 평소 컨디션 관리와 트레이닝 방법은?

매주 등반으로 감각을 찾으려고 노력하는 편이다. "등반가라면
트레이닝을 통해 늘 5.12급 이상은 할 수 있어야 한다"고 말했던
어느 등반가의 이야기가 생각난다. 트레이닝은 실내 암벽과
헬스를 하고, 원정을 앞두고는 5~6개월 전부터 산에서 러닝을
많이 하는 편이다.

8 가장 감명 깊게 읽은 책이나 영화, 음악 등은?

LP 듣기를 좋아한다. 1970년대부터 1990년대까지
소프트 록을 즐겨 듣는다.

**9 외국과 비교했을 때 한국 알피니스트로서 장점과
부족한 점은?**

많은 사람들이 안전 불감증에 대해 이야기한다. 나 역시도
피해갈 수 없는 부분이다. 모든 여건들, 경비, 시간, 기대치
등에서 팀의 능력 이상의 도전으로 몰고 가는 경우가 너무 많다.
우리들 스스로 판단해 목표 설정을 낮출 필요가 있다.

10 "이제 산악회는 죽었다"는 말에 대해 어떻게 생각하나?

나 역시도 책임의 짐을 질 수밖에 없다. 피크 헌팅이 끝나고
난이도 등반의 시기를 맞이하게 될 등반 흐름을 알면서도
준비하지 못했거나 경험들을 전파하지 못한 점이 그러하다.
앞으로는 (이러한 경향이) 더 심하지 싶다. 바뀌어야 한다고
본다. 원정팀은 줄고 소규모 팀이 그나마 간간이 도전할 것이다.
관심과 응원이 가장 큰 힘이 된다.

11 외국 알피니스트에게 배울 점이 있다면?

우리는 정보가 매우 약하다. 히말라야의 오지와 미답봉은
찾아보기 쉽지 않다. (히말라야의)국경지대 산들에 대한 규제가
서서히 여러 해 전부터 풀리고 있다는 것에 주목하자.

12 현재 한국산악계에 가장 부족한 것은 무엇일까?

'헝그리 정신'이라고 본다. 시대가 흐르며 엄청난 장비 발전,
체계적인 트레이닝 방법, 나아가 전 세계 산군의 정보들이
넘쳐난다. 하지만 우리는 오래전 원로 산악인과 선배님들이
했던, 시대를 앞서갔던 많은 부분을 지니고 있으면서도
그분들의 정신을 이어받지 못한 점들이 아쉽다.

실패를 딛고…
후배들의 버팀목 되다

소속	조선이공대산악부 OB
1992	히말라야 낭가파르바트(8,125m) 원정
1995	북미 최고봉 데날리(6,194m) 등정
1996	중국 쓰촨성 공가산(7,556m) 원정
1997	히말라야 낭가파르바트 등정
1999	히말라야 캉첸중가(8,586m) 원정
2000	K2(8,611m) 등정
2001	시샤팡마(8,027m) 남벽 등정
2004	로체(8,516m) 남벽 등반
2010	마나슬루(8,163m) 등반

정상을 목전에 두고 실패하면 산악인들은 대개 등정운이 없었다는
얘기로 당사자들을 위로한다. 또한 어렵게 나선 원정에서 좋은 결과가
나오지 않거나 사고로 이어질 경우에는 열정이 식고, 그로 인해
등반계를 떠나기까지 한다. 그러나 김주형은 달랐다. 2년여에 걸친
훈련에도 불구하고 첫 원정에서 제외되고, 두 번째 세 번째 원정에서
모진 사고를 겪었음에도 그 열정이 사그라들지 않았다.

CRAFT

네팔 출루피크
등정.

1983년 고교 1학년 김주형은 우연히 학생잡지에서 대원 한 명이 목숨을 잃은 악우회의 바인타브락2
봉 등반기를 읽으며, '왜 죽음을 무릅쓰면서 산을 오르는지', '등반의 세계가 어떤 것인지' 궁금했다.
이후 RCY 봉사활동을 하는 사이 자연스럽게 고창 일원의 산을 찾곤 했던 그는 시간이 흐를수록 전문
등반에 대한 욕구가 강렬해졌다.

대학도 클라이밍과에 지원하려 했다. 그러나 교감선생님은 배고픈 앞날이 빤히 보이는 종목을
전공으로 선택하려는 것을 못 본 체 할 수 없어 원서조차 받아 주지 않았다. 그러자 그의 마음을 읽은
담임선생님이 추천해 입학원서를 내민 곳이 대학산악부 활동이 활발한 광주 조선이공대였다.

월출산 암벽 등반에서 시작

1986년 대학 진학 후 미친 듯이 산에 다녔다. 당연히 산악부에 들어간 그는 금요일 수업만 끝나면 월
출산, 무등산, 선운산 등 광주 일원의 유명 암장을 찾아다녔다. 하루에 적어도 세 코스 이상 등반할 정
도로 바위에 붙어 지냈다. 선배들은 조금만 자세가 흐트러지면 "이 정도도 못 하면 앞으로 어떻게 후
배들을 이끌 수 있냐?"며 다그쳤다. 그럴 때면 그는 이를 악물고 올랐다. 달리는 말에 채찍질하는 격
이었다.

대학 신입생 시절 2학년 선배들과 월출산 암벽 등반을 한 것이 산을 본격적으로 타기 시작한 계
기였다. 바로 윗기수가 제일 무섭다. 선배들은 식족암 야영장에서 볼더링을 못 하면 완등할 때까지 밥

2004년 로체
남벽 등반 중.

을 주지 않았다. 그가 암벽 등반에 몰두한 것은 지기 싫어하는 성격도 한몫을 했다. 어느 정도 실력이 쌓이자 히말라야로 가고 싶어졌다. 광주학생산악연맹에서 주최한 89/90 에베레스트 원정대에 합류해 훈련을 시작했지만 그가 소속된 조선이공대학교산악회는 1990년 낭가파르바트 원정에 참가했기 때문에 지역 안배라는 이유로 에베레스트 원정대에 낄 수 없었다.

그는 1992년 낭가파르바트 원정대에 합류해 처음으로 히말라야 고산등반에 눈을 뜬다. 여러 대학 선후배끼리의 원정이었기에 더욱 기뻤다. 그렇지만 고산등반 경험이 거의 없는 대원들의 원정이다 보니 순조로울 리 없었다.

캠프2 도착 이튿날 캠프3으로 나가려는데, 전날 저녁까지만 해도 옆에 텐트를 쳐놓은 경남산악연맹팀과 어울려 놀 정도로 멀쩡하던 후배 대원이 꼼짝 못 하는 상황에 빠져 버렸다. 한잠 자고 나면 괜찮으려니 하는 마음에 루트개척에 나섰다. 그러나 눈보라에 시달리다 캠프2로 되돌아왔을 때, 후배는 최악의 상황에 이르러 있었다. 뇌수종이었다.

가까스로 응급처치를 받은 후배는 위급 상황에서 벗어났다. 그는 이대로 포기할 수 없다는 생각에 등반을 강행, 외국팀 대원들과 함께 마지막 캠프인 캠프4(7,500m)까지 올랐다. 그러나 낭가파르바트는 용기만으로 오를 수 있는 산이 아니었다. 이튿날 변해버린 날씨에 등정을 포기하고 내려선 캠프2에서 1주일간이나 발이 묶였다. 1997년 낭가파르바트와 1999년 캉첸중가도 정상 일보 직전에서 후퇴해야 했지만 이때의 경험이 그 이후 이어지는 히말라야 등반에 좋은 밑거름이 된다.

2000년 영호남합동대(대장 이성원) K2 원정에서는 난이도 높은 남남동릉을 거쳐 등정에 성공

월출산 연실봉 암벽등반.

하고, 2001년 시샤팡마 원정 때는 남벽을 통해 주봉 정상에 올라섰다.

K2 남남동릉은 수직고 3,000m에 이르는 암빙설 혼합의 지능선으로, 캠프 간 거리가 1,000m 안팎에 이르러 기술도 기술이지만 체력과 고소적응력이 뒷받침되지 않으면 등반이 불가능한 루트다. 또한 시샤팡마 남벽은 얼음이 단단하게 굳은 설벽을 파내어 만든 설동에서 두 번 이상 비박해야만 정상 공격이 가능한 고난도 루트였다.

후배들을 위해서 내려오다

히말라야 거벽등반에 도전하기 위해 2004년 로체 남벽을 시도했지만 등반 중 책상보다 큰 낙빙과 낙석, 눈사태로 포기하고 돌아오자마자 낭가파르바트 루팔벽을 오를 기회가 생겼다. 루팔벽은 라인 홀트 메스너가 1970년 오른 이후 재등되지 않은 벽이기 때문에 자료가 많지 않아서 일본원정대 보고서를 참조했다.

등반은 3개조로 나눠 1조가 루트작업을 하면 2, 3조가 장비와 식량을 공급해 주는 방식으로 3일 등반하면 2일 쉬는 식으로 진행되었다. 루트작업과 캠프 구축 시 눈사태로 등반은 더뎠다. 특히 캠프1은 눈사태로 무너진 텐트 복구를 되풀이해야 했는데 2001년 시샤팡마 등반 중에 고소캠프로 설동을 팠던 기억을 살려 캠프1을 설동으로 대신했다. 설동이 텐트보다 아늑했다.

빙설벽의 쿨와르와 나이프리지를 지나 크레바스 입구에 캠프2를 설치하고 크레바스 구간 너머 캠프3가 완료됐다. 모든 대원이 베이스캠프에서 휴식을 취한 후, 마지막 캠프 설치와 정상 공격을 위해 대원들 스스로 각자 위치에서 대기하던 중 김미곤 대원이 낙석에 맞는 사고가 일어났다. 김 대원을 응급조치 한 후 전 대원이 부상자를 베이스캠프로 내리는 구조 작업에 사활을 걸었다. 주변 양치기들까지 후송 작업에 나서 사고 3일 만에 구조에 성공했다.

베이스캠프에서 휴식을 취하고 날씨가 좋아지기를 기다려 2차 정상 공격을 위해 출발했다. 마지막 캠프4에 올라서니 날씨가 흐리고 식량도 넉넉지 않았다. 식량이 부족해 4명의 대원이 모두 갈 수는 없었다. 그는 다른 대원과 함께 후배들을 위해 정상을 양보했다.

정상을 목전에 두고 실패하면 산악인들은 대개 등정운이 없었다는 얘기로 당사자들을 위로한다. 또한 어렵게 나선 원정에서 좋은 결과가 나오지 않거나 사고로 이어질 경우에는 열정이 식고, 그로 인해 등반계를 떠나기까지 한다. 그러나 김주형은 달랐다.

2년여에 걸친 훈련에도 불구하고 첫 원정에서 제외되고, 두 번째 세 번째 원정에서 모진 사고를 겪었음에도 그 열정이 사그라들지 않았다. 2년 동안 공들인 1989-90년 에베레스트 원정은 최종 대원 선발에서 제외되는 바람에 아쉬움만 남겼고, 1992년 낭가파르바트(8,125m)에서는 심각한 고소증에 걸려 어렵사리 데리고 내려오던 후배 대원이 추락, 죽음 직전에 이르는 사고를 겪기도 했다. 그는 고소능력이 남달리 뛰어났던 것도 아니었다. 하지만 이런 자신의 약점을 불굴의 의지로 이겨내고 끊임없이 도전하는 모습을 보여 준 그의 등반 역정은 후배들에게 큰 귀감이 되고 있다.

1 산을 통해 인생관이 바뀌었나? 바뀌었다면 그 이유는?

처음에는 산을 맹목적으로 다녔지만 지금은 그렇지 않다.
지난날에는 산에 가기 위해 다니던 직장을 그만두고
산에 다녔다. 하지만 산을 오래 다니려면 직장이 있어야
산 후배들에게도 베풀 수 있고, 연 월차를 사용해서
산에 갈 수 있다.

2 파트너를 선택하는 조건은 무엇인가?

서로를 존중하는 마음이 있어야 최고의 파트너라고 생각한다.
파트너는 나와 등반능력도 비슷한 수준이어야 한다. 많은
등반가로부터 존경받으며, 많은 등산인을 이해하고 서로 등반을
위해 토론하면서 더 쉽고 안전하게 등반해야 될 것 같다.

3 자신이 가장 영향 받은 인물은?

산악회 정성민 선배이다. 그는 내가 처음 바위를 배울 때,
캠프장에서 볼더링을 하는데 올라가지 못하면 밥도 주지 않고
고스를 알들해야 밥을 줄 정도로 후배들에게 최고가 아니면
안 된다고 하시면서 시범도 보여 주고 최고가 될 수 있도록
지도해 주신 선배님이시다. 산을 떠난 지 30년 만에 복귀해
지금은 파트너로서 열심히 등반하고 있다.

4 본인이라면 에베레스트를 어떻게 오르겠는가?

안전하게 오르고 싶다. 몇 년 전 산에서의 사고로 동료를
가슴에 묻고 동상으로 손가락이 잘리고 응어리진 마음으로
동료들을 생각하며 안전하게 정상에 올라 대원들의 정상을 향한
못다 한 꿈을 이루어주고 싶다.

5 가이드 등반을 어떻게 평가하나?

등반을 가고 싶지만 등반 대상지에 대원이 없어 가이드와
동행해 안전을 확보하며 정상을 향해 오를 수 있는 등반은
좋다고 생각한다.

6 본인의 약점은 무엇이라고 생각하나?

등반은 팀플레이인데, 어느 등반 과제가 나타나면 끝까지
과제를 풀어야 하산하는데 다른 팀원들에게 미안한 마음이다.

7 평소 컨디션 관리와 트레이닝 방법은?

출퇴근 시간에 자가용을 이용하지 않고 30분을 걷고,
점심시간에도 30분 정도 걷기 운동을 한다. 주말에 암벽장을
오를 때면 하중 훈련을 하기 위해 다른 사람보다 짐을
5~10kg 이상 더 짊어진다. 등반이 없을 때는 자전거를
50~100km 정도 탄다.

8 가장 감명 깊게 읽은 책이나 영화, 음악 등은?

헤르만 불의 낭가파르바트 초등기인 〈8,000m 위와 아래〉.
1990년도 초반 히말라야 등반이 활발하지 않을 때
광주전남에서 2개의 원정대가 있었다. 하나는 에베레스트,
다른 하나는 낭가파르바트이다. 불행히도 한 선배가
낭가파르바트 정상 공격 중 실족사해 나에게는 운명의 산이
되었다.

9 현재 히말라야의 상황을 어떻게 보고 있나?

지구온난화의 영향으로 히말라야의 빙하가 녹고 있다.
빙하가 없어지면 히말라야 등반이 가능할지 생각한다.
등반을 가는 원정팀들은 소규모의 원정대로 자연에 순응하고
환경을 생각하며 등반해야만 히말라야의 자연을 후세에
전해 줄 수 있을 것이다.

10 외국 알피니스트에게 배울 점이 있다면?

외국 등반가들이 더욱 어려운 등반을 시도하고 새로운 대상지를
등반하는 것을 보면서 우리도 새로운 벽과 동계 등반을
시도하면서 새로운 세계로 나가야 하지 않을까 생각한다.
여기에 더해 새로운 등반지에 대해 연구하면 외국 등반가처럼
되지 않을까 생각한다.

11 한국 산악사에서 최고의 등반을 꼽는다면?

2005년 낭가파르바트 루팔 벽 원정대이다. 고소 셰르파 없이
대원들로만 이루어진 등반으로서 루트 작업 짐 수송은
다른 원정에서는 찾아보기 힘든 등반이다. 루팔 벽 등반은
세계 2등으로서 한국 등반대의 새로운 도전정신이 이루어 낸
빛나는 성과라 볼 수 있다.

27세에 새 루트 시도했던 그가
러시아어를 배우는 이유는?

소속	경북대학교산악회 OB
2015	일본 동계 북알프스 훈련등반
2016, 17, 18	일본 동계 아츠가다케 훈련등반
2016	카자흐스탄 텐산산맥 캉텐그리(7,010m) 등반
2017	인도 다람수라(6,446m), 팝수라(6,451m) 코리안웨이 신 루트 개척
2018	키르기스스탄 단코바(5,982m) 등정
2019	러시아 동계 엘브루스(5,642m) 등정

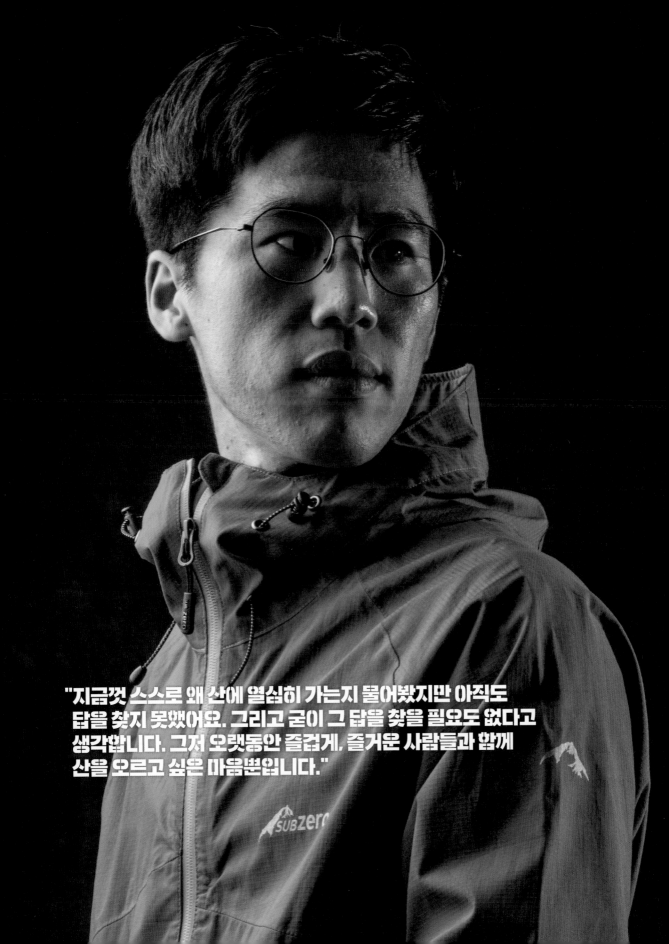

"지금껏 스스로 왜 산에 열심히 가는지 물어봤지만 아직도
답을 찾지 못했어요. 그리고 굳이 그 답을 찾을 필요도 없다고
생각합니다. 그저 오랫동안 즐겁게, 즐거운 사람들과 함께
산을 오르고 싶은 마음뿐입니다."

故 김창호 대장은 2013년 세계 최단기간 히말라야 14좌 무산소 완등 이후 깊은 고민에 빠진다. 어떤 산을, 어떻게 오를지, 즉 알피니즘에 대한 고민이다. 그 고민의 씨앗은 2017년 '코리안웨이 신 루트 개척'이라는 결실로 이어진다. 단순히 어렵고 모험적인 등반을 했다는 것보다, 미래 한국 등반을 짊어질 젊은 대원들과 원정을 함께했다는 점에서 더욱 높이 평가받는 등반이었다. 그때 김창호 대장의 등 뒤를 좇았던 앳된 얼굴의 젊은 대원 중 한 명이 바로 구교정이다.

"김창호 대장님만 한 프로 없어"

원래 구교정은 평범했다. 뭇 산악인처럼 어릴 때부터 산을 올랐다든지, 암벽등반에 재능이 있었다든지 같은 비범한 싹수도 없었다. 오히려 그는 20세까지 운동이라곤 모르고 살았다. 산을 처음 접한 것도 오롯이 우연이다. 대학에 들어와 공강 때 쉴 곳을 찾다 우연히 산악회에 가입한 것.

"운동을 해본 적이 없으니 산행이 엄청 힘들었어요. 그래서 매주 어떤 변명으로 산행을 빠질까 궁리만 했었죠."

그랬던 그는 대학산악연맹 동기들과 선후배들을 만나면서 점점 산에 빠져들기 시작했다. 산에 가는 모든 과정에 재미가 붙었다. 자연스럽게 재학생 부장은 물론 대구경북학생산악연맹 재학생 대표까지 맡았다. 그러면서 일상이 산이 됐다. 대학 졸업까지 3일을 남겨둔 날, 러시아로 출국해 엘브루스(5,642m)를 등반한 것도 그의 산에 대한 진심을 확인할 수 있는 대목이다.

"2014년 9월쯤 친구들과 술 마시다 문득 '우리도 흰 산에 가봐야 하지 않겠냐'는 말이 나왔어요. 그리고 바로 그해 겨울에 일본 북알프스를 가기로 결정했죠. 동계 북알프스 원정은 모든 상황이 새롭고 어려웠어요. 그렇게 많은 눈을 밟아본 적도 없었고, 눈사태에 노출된 사면에 텐트를 치고 밤을 지새우기도 했어요. 특히 이 얼음이나 지형이 안전한지, 건너도 되는지 판단할 수 없어서 너무 어려웠어요."

그는 일본 북알프스 원정 이후 4년 연속 일본에서 동계 원정 훈련을 소화했다. 2016년부터는 3년 연속 아츠가다케에서 암설벽 혼합등반을 했다. 패기와 열정이 넘칠 때라 11일치 식량을 구매하는데 20만 원도 채 쓰지 않아 굶주려 가면서도 산을 향해 한 걸음 더 나아갔다.

그가 등산에 진심인 편이란 사실이 알려지는 데는 그다지 오래 걸리지 않았다. 2016년 여름 그에게 첫 고산등반의 기회가 생겼다. 경북대 창립 60주년을 맞아 구성된 카자흐스탄과 키르기스스탄, 중국 3개국의 경계에 솟아 있는 텐산산맥 캉텐그리(7,010m) 원정이었다.

"꿈에 그리던 고산등반이 현실이 됐을 때, 현실은 꿈과 다르다는 걸 금세 깨닫게 됐죠. 18일이라는 짧은 기간 동안 7,000m급 산을 오른다는 건 너무나 고통스러운 일이었어요. 캠프3(6,100m)까지 고정로프에 매달린 채 올라갔고, 지금 되돌아봐도 매순간 고소증세로 힘들었던 기억밖에 없어요. 전혀 즐겁지 않았죠."

구교정은 캉텐그리에 다녀온 이후 다시는 고산에 가지 말아야겠다고 생각했다. 하지만 탁월한 암벽등반능력과 혼합등반능력, 그리고 잠재력을 눈여겨 본 김창호 대장에게 발탁돼 2017 코리안웨이 원정대에 합류한다.

"많은 사람과 같이 산에 다녔지만 창호 형 같은 프로는 못 봤습니다. 동고동락하는 그 모든 순간 동안 한 번도 흐트러진 모습을 보여 주지 않으셨어요. 그렇다고 너무 딱딱하지도 않고 유연한 모습도 보여 주셨죠. 등반 대상인 산에 대한 정보는 물론, 카라반 도중 나오는 지명의 뜻이나 의미, 지역의 신화까지 다방면으로 파악하는 모습을 보며 더욱 의미 있는 원정을 만드는 방법도 배울 수 있었습니다."

구교정은 코리안웨이 원정에서 2개 봉우리를 연속으로 등정(더블헤더)하는 패기를 보여 줬다.

키르기스스탄
단코바 정상에
오른 구교정.

다람수라(6,446m)와 팝수라(6,451m)다. 물론 과정은 순탄치 않았다. 고소적응을 위해 먼저 올랐던 피크5620에선 습한 날씨라 인근에 내리친 번개가 공기 중에 흘러 머리가 찌릿한 상태에서 하산해야 했다.

다람수라 등반 중에는 급경사의 좁은 설벽에 텐트를 설치해 춥고 불편한 하룻밤을 지내야 했다. 그는 "그렇게 힘든 밤이 지난 후 아침을 맞았는데 노랗게 물든 구름 위로 솟은 히말라야 연봉들이 빚어낸 경관은 정말 잊을 수 없이 아름다웠다"고 했다. 또한 다람수라 정상에 오르느라 체력을 다 써버려 끔찍하게 힘든 하산을 견뎌야 했다. 베이스캠프에 도착한 후 잠들었을 때 끊임없이 빙하를 걷는 꿈을 꿀 정도였다고 한다.

등반 위해 러시아어 공부하는 알피니스트

김창호 대장과 원정을 통해 한층 성장한 구교정은 이듬해인 2018년 키르기스스탄 단코바(5,982m)를 등정한다. 이 원정은 대부분 졸업을 앞둔 4학년으로 구성됐고, 구교정이 대장을 맡았다. 그로서는 김 대장의 가르침을 동기들과 나눌 수 있는 장이었다. 대상지 선정부터 베이스캠프 위치, 운행과 행정까지 전부 원정대 스스로 판단, 결정할 정도로 주도적인 원정이었다.

원래 계획은 북벽 신 루트 개척이었지만, 막상 붙어보니 녹록하지 않았다. 이틀간 전개한 등반 끝에 가파른 설벽에 엉덩이만 붙이고 추운 눈바람에 떨며 밤을 지새운 뒤 개척을 포기, 기존에 등정된

키르기스스탄 단코바
설사면을 오르고 있다.

2018년
키르기스스탄
단코바 정상에서.

바 있던 남서릉으로 정상에 올랐다.

"원정이 끝난 후 대원들에게 물어봤는데 피로도가 굉장히 높았었다고 해서 무척 미안했어요. 정해진 일정 안에서 더욱 많은 지형을 탐사하고, 다른 암벽도 살펴보고 싶은 욕심에 무리하게 운행했거든요. '대장'이란 말의 무게감을 다시금 느낀 일이었죠."

원정에서 다른 등반지의 정보까지 세밀하게 탐색하는 건 김창호 대장을 꼭 닮은 습관이다. 구교정은 "러시아 원정을 계획 중인데 산뿐만 아니라 현지 문화도 이해하고 싶어 러시아어를 공부하고 있다"고 말했다. 해외원정을 위해 해당 국가의 언어를 공부하는 산악인은 극히 드물다.

트레일러닝 삼매경… 고통 속에서 희열을 찾는다

코로나로 아직 해외 원정이 원활하지 않은 지금, 구교정은 트레일러닝 삼매경이다. 산악스키에서 더 좋은 기록을 내기 위해 시작한 운동이었지만, 지금은 그 자체의 매력에 푹 빠져 있다.

그는 "등반과 마찬가지로 온갖 고통을 받으며 계획된 코스를 완주했을 때, 녹초가 된 몸 속으로 성취감과 행복감이 몰려온다"고 설명하며, "강한 체력을 유지하는 훈련으로도 유용하다"고 말했다. 마지막으로 그에게 산으로 가는 이유를 물었다.

"지금껏 스스로 왜 산에 열심히 가는지 물어봤지만 아직도 답을 찾지 못했어요. 그리고 굳이 그 답을 찾을 필요도 없다고 생각합니다. 그저 오랫동안 즐겁게, 즐거운 사람들과 함께 산을 오르고 싶은 마음뿐입니다."

1 산을 통해 인생관이 바뀌었나? 바뀌었다면 그 이유는?

과거에는 그저 주어진 대로 수동적으로 살았지만, 지금은 많은
목표들로 인생을 채우고 싶다.
대학산악부를 통해 산에 다니기 시작하면서 목표를 이루었을
때의 성취감을 알게 되었다. 그 덕분에 하고 싶은 일에 대해
목표를 설정하고 계속해서 도전해 오고 있다. 이 과정에서 큰
산을 오르기 위해서는 작은 산부터 올라야하는 것이 당연하듯
어떤 일이든 단번에 이루어지는 일은 없다는 것을 깨달았다.
그 순간부터 정말 원하는 목표가 생기면 작은 일이라도
행동으로 옮기고 있다.

**2 정상이 눈앞에 있고, 나는 삶과 죽음의 경계에 있을 때
어떤 선택을 하겠나?**

당연히 돌아서 내려온다. 짧은 시간이지만 그동안 산에 다니고
등반을 해보니 산은 삶의 작은 일부분이었다. 내가 원하는
등반은 정상에 오름으로써 완성되는 것이 아니라 등반하는
행위 자체를 좋아하고, 같이 간 동료와 우리 등반 이야기를 다시
하는 것이다.

3 자신이 생각하는 최고의 등반(좋은 등반)이란?

등반 스타일이나 난이도를 떠나 함께하는 사람을 중요하게
생각한다. 같이 즐길 수 있는 사람들과 즐길 수 있는 고통의
한계에서 도전하는 등반이 가장 좋은 등반이다.

4 자신이 가장 영향 받은 인물은?

대구경북학생산악연맹의 07학번 형들에게 산을 처음 배웠다.
산악부는 작은 사회생활이었고 꼰대 같은 형들의 말 한마디가
일상에서도 많은 영향을 주었다.
그리고 첫 원정 이후 너무 힘들어서 다시 원정을 가고 싶지
않았는데, 큰 산을 바라보고 이해할 수 있게 알려주신
故 김창호 대장에게 영향을 받았다. 2017년 인도 원정에서
성공적으로 등반을 마쳤지만, 등반이 전부가 아니라는 것을,
더욱 산을 크게 보는 법을 배웠다.

5 산에 가기 전 정보 수집을 어떻게 하나?

2018년 웨스턴 콕샬투의 경우 국내 자료가 없어서 인터넷에서
해외 자료를 많이 찾아봤다. 영어뿐만 아니라 키릴문자로
키워드를 검색해 자료를 찾고 수집했다. 등반지에 대한
보고서를 많이 찾는 편이다. 최근에는 러시아에 다양한 자연과
등반지에 관심이 생겨서 검색 도중 인터넷에 없는 자료가
책으로 새롭게 출간된 것을 보고 이메일로 연락해서 개인적으로
국제 우편으로 구매하기도 했다.

6 평소 컨디션 관리와 트레이닝 방법은?

꾸준함이 가장 중요하다고 생각한다. 원정 계획이 있을 때
집중해서 훈련하기보단 상비군처럼 평소에 언제든지 떠날 수
있는 몸 상태를 유지하고 느리지만 아주 천천히 끌어올리고
있다. 무리한 등반은 잘하지 않는 편이라 그동안 10년 정도
산에 다니면서 크게 다친 적은 없었다.

7 산 이외의 특기는?

최근에 달리기를 한다. 이제껏 산에 가기 위한 기초체력을
위해서 달리기를 했었는데, 1년 전부터 본격적으로 달리기에
몰입하게 되었다. 단거리보단 장거리 러닝을 좋아한다.
그동안 산에 다니며 어느 정도 힘든 건 당연하다고 생각해서
그런지 천천히 길게 느끼고 뛸 수 있는 울트라 트레일 러닝을
좋아한다. 결국 또 산이다.

8 본인이 생각하는 알피니스트의 기준은?

원하는 산을 안전하게 오르기 위한 트레이닝과 난이도를 떠나서
새롭고 다양한 등반을 추구하는 등반을 하는 사람. 등반 자체를
즐길 줄 아는 사람.

**9 한국적 알피니즘, 한국의 산악계와 산악인들이
30년 후에 어떻게 변해 있을 것으로 예상하나?**

개인과 개인이 팀을 이룬 2∼3명 소규모 등반이 많을 것 같다.
산악회보단 암장이나 산에서 만나서 마음 맞는 사람들과 등반이
이루어지고, 개인주의적인 등반 성향이 생길 것 같다.

바위에 붙을 때
가장 자유롭다

소속	노스페이스 클라이밍팀
1997	설악 대승, 소승, 토왕, 소토왕폭 등반
1999	북미 요세미티 엘 캐피탄 등반
2001	카라코룸 멀티4 등반
2004~07	익스트림라이더 인공등반대회 1위
2006	알프스 그랑조라스(4,208m) 북벽, 타퀼삼각 북벽, 에귀디미디 북벽 등반
2006, 11	전국 빙벽등반 선수권 대회 여자부 1위
2008	남미 파타고니아 파이네 중앙봉(2,800m) 등정
2009	설악 적벽 에코길, 독주길 여성 최초 자유등반
2012	남미 파타고니아 피츠로이(3,405m) 아시아 여성팀 초등
2015	도봉산 강적크랙(5.13a) 여성 초등
2015	UIAA 청송 아이스클라이밍 월드컵 2위
2016	도봉산 남측 오버행크랙(5.12a) 여성 초등
2017	남미 세로토레 등반

"우리나라는 유독 '알파인 클라이밍'이란 단어를 우상화하는
경향이 있는 것 같아요. 그래서 마치 알파인 등반이 상위권의 등반인
것처럼 과시하죠. 나도 알피니스트지만 이런 부분은 못마땅했어요.
다른 등반도 어려움과 힘듦이 공존해요. 최고의 등반이
곧 알파인 등반은 아니거든요. 모든 사람들이, 각각 펼치는
그 모든 등반이 곧 최고의 등반이죠."

등반가 이명희는 단 한마디로 설명 가능하다. '한국 대표 여성 고산거벽 등반가'다. 여성 클라이머가 비교적 활동할 수 있는 공간이 적었던 시대에도, 거침없이 도전을 이어가며 여성 등반계를 선도해 온 클라이머.

이명희가 등반에 입문한 계기는 우연이었다. 친구와 북한산을 올랐다가 호기심에 만경대를 올랐고, 마침 만경대 리지를 타던 바위꾼 송태선의 도움을 받으며 등반의 맛을 본 것. 그후 이에 매료돼 타이탄 산악회에 가입해 본격적으로 등반을 배웠다.

"20대 초반 여자가 매일 산에 가니깐 아버지가 무척 반대했어요. 당시 산에 대한 인식은 '계곡에서 술과 고기를 먹는 행락'이었거든요. 그래서 산에 가는 걸 막으려고 배낭을 다 불태우거나 로프를 잘라 버리기도 하셨죠."

하지만 아버지 몰래 일탈을 도운 어머니의 도움으로 이명희는 산에 빠져들 수 있었다. 등반가로서 성공한 지금도 부모님이 반대하냐고 묻자 그는 웃으며 "지금도 등반같이 위험한 건 하지 말라고 잔소리를 하신다"며 "그런데 다른 사람에게 나를 소개할 때는 유명한 등반가 이명희라고 한다"고 전했다.

엘 캐피탄, 거벽을 만나다

1992년부터 등반을 시작한 이명희는 무서운 속도로 국내 암벽 루트를 연파해 갔다. 이명희를 움직인 건 본인 스스로 "미친 호기심"이라고 했다. 남이 하는 등반이나, 남이 하지 않는 등반이나 전부 해보고 싶었다. 더욱 다양한 등반에 대한 욕구가 가슴속에서 불탔던 그는 눈을 더 높고 어려운 벽으로 돌린다. 고산거벽이다.

"등반을 시작한 지 6~7년쯤 됐을 때 미국 요세미티 엘 캐피탄에 갔어요. 당시 최승철 선배랑 같이 등반하곤 했었거든요. 그때 엘 캐피탄 등반에 대한 얘기를 많이 들었어요. 이야기 속 엘 캐피탄의 모습이 너무나 흥미로워 또 다시 제 호기심을 자극했어요. 그래서 엘 캐피탄으로 갔죠."

엘 캐피탄에서는 거벽 등반의 새로운 어려움을 발견했다. 바로 생활. 이명희는 "같이 가기로 했던 채미선이 비자가 안 나와 다른 팀과 원정을 함께했다"며 "아무래도 의식주를 모두 함께해야 하는데 잘 모르는 사람과 같이 있다 보니 불편한 점이 많았다. 그래서 다음 원정부터는 정말 잘 아는 사람과 같이 가야겠다고 생각했다"고 말했다.

그래서 2001년 카라코룸 멀티4 원정은 마음이 맞는 사람들과 같이 갔다. 故 김창호, 최석문 등 걸출한 남성 등반가 6명과 함께 떠난 원정이었다. 그러나 이번에는 자신의 한계를 느끼고 큰 좌절을 겪게 된다. 그는 원정대의 유일한 여자였다.

"한국에서는 분명 등반력의 큰 차이가 없었는데, 고산에서 그 능력을 끌어내는 능력은 차이가 있더라고요. 그래서 벽에서 맥을 못 췄죠. 정말 엄청난 좌절감을 느꼈어요. 또 상상 이상의 낙석이 쏟아지자 불안감과 생존에 대한 두려움도 찾아왔죠. 마치 민폐녀가 된 느낌이었죠."

좌절감을 이겨낼 수 있었던 건 사랑이었다. 혼보르(5,500m)를 하산하는 도중 수백m의 크레바스에 빠질 뻔한 걸 최석문씨가 낚아챈 덕분에 살았다. 이 과정에서 서로 엉키며 날카로운 피켈이 최씨의 눈 위를 찍어 상처를 냈다. 최씨는 "흉터가 생겼으니 책임져야 한다"고 했고, 이명희는 "내가 데리고 살게"라고 답했다. 귀국 직후 곧 결혼식을 올렸다. 둘은 당시 4~5년 정도 교제하고 있던 사이였다.

이명희는 결혼 후 허니문베이비로 아들 보건씨가 생겨 당분간 육아에 전념했다. 집에 있는 시간 동안 그의 마음속에는 벽에 대한 호기심과 투쟁심, 그리고 자존심이 늘 꿈틀거렸다. 그는 산후우울증

남미 피츠로이 등반
중 브레차에서
상단벽으로
이어지는 설릉.

에 걸리고 말았다. 우울증을 이겨낸 건, 결국 등반이었다.

"아이가 조금 크자 다시 벽에 붙었어요. 애엄마가 되자 벽에 붙는 시간이 더 소중해졌죠. 아이를 맡기고 나온 순간이니깐 더 집중하고, 대충하지 않고 최선을 다하자고 마음을 다잡았어요."

"등반은 기록을 의식하면 안 돼"

이때부터 이명희는 익스트림라이더 인공등반대회 4년 연속 1위, 2006, 2011년 전국빙벽등반 선수권 대회 여자부 1위를 기록하는 등 탁월한 활약을 펼쳤다. 또한 자연 암벽에서도 기록을 쏟아냈다. 설악 적벽 에코길, 독주길 여성 최초 자유등반, 남미 피츠로이 아시아 여성팀 초등, 도봉산 강적크랙 (5.13a) 여성 초등 등 암벽과 자신, 그리고 성의 한계까지 모두 넘었다.

그러나 그는 단지 "한 번도 기록을 세우려 등반한 적은 없었다. 등반하고 나니 여성 초등이었다고 들은 경우가 대부분"이라며 "등반은 기록을 의식하면 안 된다. 기록을 의식하면 부담을 갖게 된다"고 말했다.

또한 여성 등반가들끼리 뭉쳐 원정을 떠나 성과를 올리기도 했다. 2006년 알프스 북벽 등반부터 남미 피츠로이도 그랬다. 이명희는 "혼성팀으로 가면 나도 모르게 남성에 등반적으로 의존하는 경

향이 있었다"며 "여성끼리 가면 타성에 젖지 않고 내가 등반의 주인이 될 수 있어 결과물에 대해서 더 희열을 느낄 수 있었다"고 설명했다.

수많은 등반 기록 중 이명희가 가장 소중하게 여기는 등반은 2015년 도봉산 강적크랙이다. 이 루트는 난이도 5.13a로 국내 크랙 등반 중 최고난도 루트지만, 이미 그보다 더 어렵고, 더 높고 긴 루트도 등반한 경험이 있었다.

"난이도 때문이 아니라 좌절과 한계를 너무 많이 느낀 등반이어서 그랬어요. 여긴 손가락만 넣어 재밍해야 하고, 각도도 세서 등반은 물론, 고통도 이겨내야 하거든요."

이명희는 강적크랙을 등정하기 위해 15번이나 루트를 방문했다. 한 번 가면 평균 3번 등반을 시도하니 총 45번이나 도전한 셈. 숱한 실패를 쌓으면서도, 그는 스스로 자신이 조금씩 향상되는 걸 느꼈다. 자신이 업그레이드되는 느낌에서 그는 "무한한 기쁨을 얻었다"고 했다.

교육자로 변신…공감클라이밍스쿨 운영

최근 이명희는 남편 최석문씨와 문성욱, 안종능씨와 함께 등반학교 '공감클라이밍스쿨'을 열었다. 이들은 30여 년간 한국은 물론 세계 곳곳을 돌아다니며 수많은 등반을 펼쳤고, 해외 클라이머들과 교류하며 직접 등반 기술을 체화한 국내 굴지의 등반가들이다. 그야말로 걸어 다니는 최고의 등반 교재인 셈이다.

"우리 때는 어디 가서 배울 곳도 없었고, 지금처럼 인터넷이 발달하지도 않아서 정말 맨 땅에 헤딩하듯 배워야 했어요. 지금의 등반가들은 우리처럼 고생스럽게 배우지 말고, 좀더 체계적으로 배웠으면 해서 공감클라이밍스쿨을 운영하게 됐습니다."

(왼쪽)강원도 화천 용화산 마담길 3피치의 크랙 구간을 오르는 이영희.

(오른쪽)도봉산 짱구바위의 무당크랙을 오르고 있다.

다양한 등반 교육과정 중에서도 가장 눈길을 끄는 건 '트래드 클라이밍'이다. 이명희, 최석문 부부는 국내 트래드 클라이밍 문화를 이끄는 대표 클라이머. 트래드 클라이밍이란 전통 방식의 등반을 의미하며, 바위에 박힌 볼트에 줄을 걸며(클립) 오르는 현대 스포츠 클라이밍과 다르게 확보물을 설치해 가며 오르는 등반을 의미한다. 위험성과 모험성이 크고, 인간의 흔적을 바위에 남기지 않을 수 있는 등반 양식이다.

"트래드 등반은 자연과 사람을 동시에 존중하고 등반지를 훼손하지 않고 보존할 수 있는 방식이에요. 등반지를 미래 등반가에게 온전히 남겨줘 그들의 창의성을 키워줄 수 있는 것이죠. 한국의 암벽 루트를 보면 확보물 설치가 충분히 가능한 크랙에도 무분별하게 볼트가 설치돼 있는 걸 볼 수 있어요. 수단과 방법을 가리지 않고 오로지 올라가는 것만 생각해서 일어난 비극이죠. 우리나라 등반계의 창피한 일면입니다."

마지막으로 그에게 알피니즘에 대해 물었다. 사실 2년 전 그는 여성산악인 토론회에서 "한국은 왜 알파인 클라이밍에 그렇게 목매는지 모르겠다"고 말한 적이 있었다.

"우리나라는 유독 '알파인 클라이밍'이란 단어를 우상화하는 경향이 있는 것 같아요. 그래서 마치 알파인 등반이 상위권의 등반인 것처럼 과시하죠. 나도 알피니스트지만 이런 부분은 못마땅했어요. 다른 등반도 어려움과 힘듦이 공존해요. 최고의 등반이 곧 알파인 등반은 아니거든요."

그래서 "그럼 최고의 등반이 무엇이냐" 묻자 그는 한마디로 정리했다.

"모든 사람들이, 각각 펼치는 그 모든 등반이 곧 최고의 등반이죠."

미국 요세미티
국립공원
헤븐루트.

1 산을 통해 인생관이 바뀌었나? 바뀌었다면 그 이유는?
청소년 시기의 호기심 많던 고교생이던 나는 산에서
좋은 사람들을 만났고 자연을 보면서 많이 성숙해졌다.
모든 일에 자신감과 긍정적으로 생각하며, 작은 것에도 감사한
마음을 가질 수 있게 변했다.

2 산에서의 특별한 버릇 같은 것이 있다면?
체크하는 버릇이 있다. 등반에 필요한 장비, 매듭, 루트, 하강 등
안전하게 등반하기 위해서 확인하고 또 확인한다. 경험자든
초보자든 누구나 실수를 할 수 있다고 생각한다. 안전한 등반을
위해 체크하는 습관이 필요하다.

3 자신이 생각하는 최고의 등반(좋은 등반)이란?
다양한 등반만큼이나 누구나 최고의 등반은 다를 것이다.
최고의 등반은 높이 올라가는 것도, 아주 험하고 어려운 것도
아니라 생각한다. 각자 목표로 하는 등반을 마치고 무사히
사랑하는 가족이 있는 집으로 오는 것이 좋은 등반,
최고의 등반이다.

4 자신이 가장 영향 받은 인물은?
항상 옆에서 자극을 주는 친구이자 남편이자 스승인 자일파트너
최석문이다. 항상 등반에 목말라 있고 노력하는 그를 보면서
자극을 받는다.

5 가이드 등반을 어떻게 평가하나?
자신의 능력으로 갈 수 없는 곳을 갈 수 있게 도와주고
안전하게 가이드 등반을 한다면 좋다고 생각한다. 다만 아직
우리나라에는 몇몇 사람을 제외하고 가이드 등반을 제대로 할
수 있는 분들이 없기에 아쉬운 부분이 있다. 외국에서는
가이드 등반을 아주 자연스럽게 생각하고 있다. 머지않아
우리나라도 그렇게 되지 않을까 생각된다.

6 평소 컨디션 관리와 트레이닝 방법은?
일주일에 3회 이상 실내 암장에서 지구력 운동을 주로 한다.
주말엔 자연으로 나가 등반하면서 정신력을 다잡는다.
체력도 기술도 중요하지만 정신적인 면이 등반에 중요하기
때문이다. '트래드 등반은 멘털이 80프로'라는 말이 있다.

7 가장 감명 깊게 읽은 책이나 영화, 음악 등은?
영화 '인 투 더 와일드'를 좋아한다. 음악, 영상 다 좋다.

**8 외국과 비교했을 때 한국 알피니스트로서 장점과
부족한 점은?**
아무래도 산이 작고 경험할 수 있는 등반대상지가 많지 않기
때문에 경험이 부족한 부분이 있다. 몇 해 전부터 국립공원에서
규제를 너무 많이 해서 제대로 훈련을 못 하는 경우도 있다.
하지만 "높은 산은 없지만 산악인의 등반정신은 크다"는
故 김창호 선배님의 말처럼 끈기와 열정은 높다고 생각한다.

9 외국 알피니스트에게 배울 점이 있다면?
기록에 관한 부분이다. 자신이 갔다 온 삶을 글로 남기고
영상도 만들어, 등반가의 감정들과 철학을 알 수 있게 되므로
책으로 출판하고 자취를 남긴다는 것은 배울 점이라 생각한다.

10 한국 산악사에서 최고의 등반을 꼽는다면?
2016년 故 김창호, 최석문. 박정용의 강가푸르나원정이
최고의 등반이라 생각한다. 등반계의 오스카상이라 할 수 있는
황금피켈상이 주는 의미를 다들 알 것이다.
한국 산악계는 물론이고 세계 산악계에서도 도전적이고
창의적인 등반으로 꼽았다.

11 현재 한국산악계에 가장 부족한 것은 무엇일까?
아직도 8,000m 히말라야 산, 혹은 7대륙 최고봉 산에 관심이
많은 것 같다. 높지 않지만 등반 가치가 있는 등반에 지원해 주고
젊은 알피니스트들이 성장할 수 있게 도움을 주면 좋겠다.

한국의 알피니즘,
변해야 산다

소속	대한산악연맹 사무처 차장 겸 교육원 전임교수
1997	북미 요세미티 하프돔, 엘 캐피탄 등반
1997~17	코오롱등산학교 강사
1999	캐나다 부가부 등반
2002	이탈리아 돌로미테산군 콜 데 보스, 친퀘 토리 등정
2004	설악산 장군봉 남서벽 6개 루트, 설악산 유선대 '그리움 둘' 리지 개척
2005	키르기스스탄 악수북벽 등반
2006	〈즐거운 암릉길〉 공저
2010~17	코오롱등산학교 교육센터장
2017	유럽 알프스 그랑드조라스(4,206m) 등반
2017	〈산악전문가〉 출간

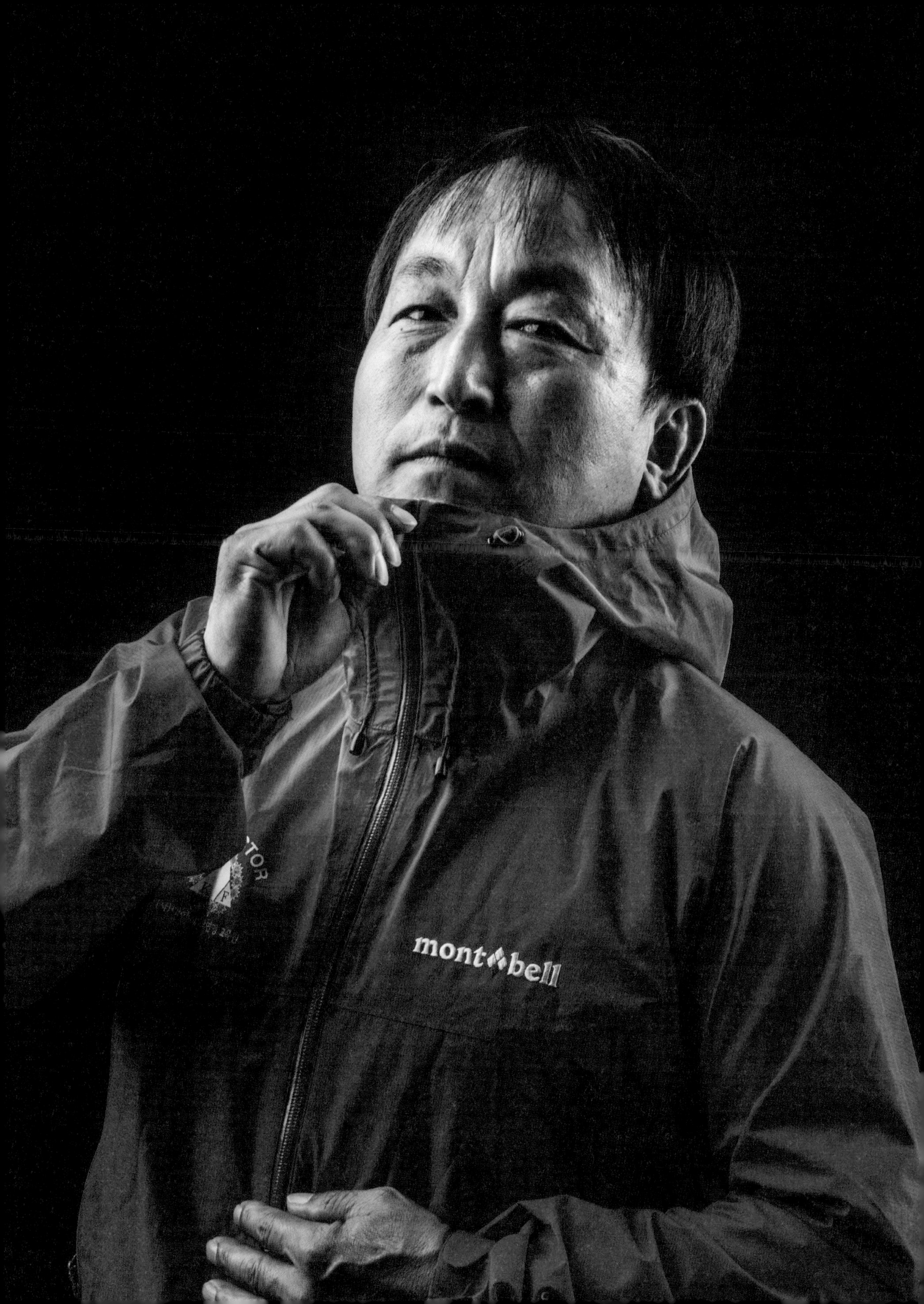
mont bell

"우리는 이제까지 '알피니즘'이라는 너무나 깊은 수렁에 빠져 있었어요.
물론 그게 필요하지 않다는 건 아니에요. 다만 많은 사람들이 등산을
통해 요구하는 것들이 빠르게 변화하고 있는데 그 변화를 잡아내지
못하고 있다는 거죠. 이제 변화해야 합니다. 그 변화의 과정에
산악인이자 교육자이자 기획자로서 힘을 쓰고 싶습니다."

산악인 김성기는 코오롱등산학교(이하 코등) 센터장으로 기억하는 이가 더 많다. 1997년부터 2017년까지 20년 동안 강사와 센터장을 거쳤으니 그럴 만도 하다. 그는 현재 대한산악연맹(이하 대산련)에 몸담고 있다. 자리는 바뀌었으나 미래의 산악인을 양성하고 산악문화를 전파하는 일을 하는 것은 매 한가지다. 그는 한 가지 타이틀을 더 달았다. 바로 '체육학 박사'이다.

코등 졸업 후 전문 등반인의 길로

김성기는 직장을 다니며 산악회 활동을 하다가 1994년 정규반 19기로 코오롱등산학교에 들어갔다.

"직장 선배 중 암벽등반을 하는 분이 저에게 같이 해보지 않겠냐고 권하셨어요. 그래서 불암산이나 북한산 수리봉 같은 데를 갔죠. 시키는 대로 곧잘 잘 오르니 계속 같이 다녔죠. 그러던 중 옆에서 등반사고가 나는 걸 봤어요. 그런데 제가 도울 수 있는 방법이 없는 거예요. 그때 등반을 체계적으로 배워야겠다고 생각하고 코등 정규반에 들어간 거죠."

당시 코등은 북한산대피소 앞마당에서 매주말 6주간 캠핑 생활을 하면서 교육을 했다.

"그때 처음으로 텐트 생활을 해봤어요. 등산은 단순히 산만 오르는 게 아니란 걸 배웠어요. 토요일 저녁에 배우는 산 노래가 어찌 그리 재미있던지. 인수봉도 그때 처음 올랐어요."

코등을 졸업한 후 동문 산악회인 '산바라기산악회'에 들어가면서 더 깊숙이 산에 빠져들었다. 그해 겨울 빙벽반까지 마친 그는 봄·여름·가을엔 바위, 겨울엔 얼음에서 살다시피 했다. 그리고 그 열정은 1997년 해외원정으로 이어졌다.

"1997년 여름에 요세미티Yosemite로 원정등반을 갔습니다. 코등 이용대 교장 선생님과 함께 갔었는데, 거기서 제가 엘 캐피탄El Capitan과 하프돔half Doom을 등반하는 모습을 눈여겨보셨던 것 같아요. 그리고 로열아치Royal Arch에서는 같이 등반을 했어요."

같이 줄을 묶으며 그의 등반실력을 확인한 이용대 교장은 원정이 끝나자 그에게 코등 강사로 합류하면 어떻겠냐고 제안했다. 그렇게 그해 가을부터 그는 코등 강사가 되었다.

그는 거벽등반을 주로 했다. 1986년 22세 나이로 결혼을 일찍 했고 아이도 넷이나 있는 직장인이었던 터라 해외원정에 대한 제약이 많았다.

"히말라야 등반은 비용이 많이 들고 40일 이상 나가 있어야 하니까 좀 힘들었죠. 위험하기도 하고요. 반면 거벽등반은 15일 정도니까 그나마 좀 나갈 수 있었어요. 당시는 히말라야 고산 등반이 산악인의 꿈이었지만 저에겐 선택지가 없었던 셈이었죠."

그렇게 1999년 캐나다 부가부bugaboo산군 스노패치Snow Patch를 시작으로 2002년 이탈리아 돌로미테 콜 데 보스Col dei Bos, 친퀘 토리Cinque Torri 등 해외의 거벽을 섭렵한다.

그에게 2003년은 가혹한 해였다. 코등 동기이자 늘 같이 원정을 다니던 악우岳友 박기정(당시 50세)과 코등 제자이자 후배인 최영선(당시 32세)을 산에서 잃었기 때문이다.

"늘 해외 원정을 같이 갔었는데, 하필 키르기스스탄 악수Aksu 북벽에는 개인사정으로 동참하지 못했어요. 그런데 두 사람이 하강 도중 낙석에 맞는 사고를 당한 거죠. 기정이 형은 말할 것도 없고, 영선이는 제가 중매를 서서 결혼한 지 1년밖에 되지 않았었어요. 나중에 코등 후배이기도 한 제수씨가 저한테 '형, 왜 나 시집보냈어'라면서 우는 거예요. 슬픔과 죄책감으로 미칠 것 같았죠."

두 사람의 시신을 내리고 헬기로 공항까지 운구하는 비용이 만만치 않았다. 4,000만 원을 먼저 내야 헬기를 띄울 수 있다고 했다. 당시 산바라기산악회 회장이었던 그는 회원들에게 '일단 되는 대로 돈을 모아보자'고 했다. 그런데 인터넷에 상황을 알린 지 단 하루 만에 7,000만 원의 돈이 모였다.

네팔 히말라야
아일랜드
전진캠프에서.

회원들의 큰 십시일반으로 두 사람은 한국으로 돌아왔다. 유골은 인수봉 '빌라길'이 바라다 보이는 캠프장에 뿌렸고 그곳에 나무 두 그루를 심었다. 평소 힘든 등반을 좋아하던 두 사람이 가장 좋아하던 루트가 바로 빌라길이었기 때문이다.

이후 코등에서 설악산 유선대에 6개 등반코스를 개척하는데, 그중 설악산 장군봉 남서벽이 바라다 보이는 곳에 개척한 '그리움 둘'은 두 사람을 기리는 마음으로 낸 길이다.

그는 인수봉을 오르면서 캠프장을 내려다보면 항상 두 사람 얼굴이 떠올랐다. 그래서 2005년엔 악수 북벽으로 추모등반을 하기로 했다.

"악수 북벽은 정말 무서운 벽이었어요. 매일 오후 2시 정도면 소나기가 내렸어요. 기정 형과 영선이는 이 소나기를 9일 동안 맞으며 등반했던 거죠. 낙석도 엄청났어요. 저희는 또 사고가 날까봐 3일차에 철수하기로 했어요. 코펠에 '박기정·최영선' 이름을 새기고 악수 북벽이 바라다 보이는 캠프장 바위에 걸어두고 된장찌개 끓여서 제사 지내고 돌아왔어요. 마음이 좀 가라앉더라고요."

알피니즘은 '현재'가 아니다

김성기는 코등 강사로서 등반교육에 열의를 다했고, 지금은 대산련 직원이자 교육원 교수로서 산악문화의 변화를 선도하고 있다.

"IMF 외환위기 이전까지는 코등에 40세 이하만 받는다는 연령 제한이 있었습니다. 그때의 교육

목적은 '산악인 후진 양성'이었어요. 그런데 IMF 외환위기가 일어나면서 젊은 사람들이 산에 오기 힘들어지니까 연령 제한을 해제한 거죠. 그러면서 다양한 연령과 성별, 사회적 위치에 있는 사람들이 코등에 들어오게 되었죠. '이제 그저 줄 깔아 주고 등반하는 모습을 보여 주는 교육의 시대는 끝났구나'라는 생각이 들었어요. 등산교육도 획기적으로 바뀌어야 한다는 걸 깨달았어요. 그리고 '강사인 나부터 바뀌지 않으면 누구도 바꿀 수 없다'는 것을 깨달았죠.

이때부터 늦깎이 만학도가 되었다. 스스로는 "어릴 때 하도 공부를 안 했던 탓인지, 나이 들어 하는 공부가 재밌었다"고 표현한다. 2주에 한 번씩 목포로 가서 9시간씩 강의를 들었다. 과제도 허투루 하지 않았다. 진심을 다해 공부한 결과, 목포대학교 레저스포츠학과에서 '올 A'라는 성적으로 석사와 박사(체육학) 과정을 끝냈다. 공부를 시작한 지 13년 만이었다.

"과거 산악계 선배님들의 정신은 알피니즘이었죠. 철학을 가지고 어려움을 추구해야 하고 이런 정신이었어요. 그런데 2019년 12월에 알피니즘이 유네스코 인류무형문화유산으로 등재되었잖아요. 이 의미는 알피니즘이 이제는 '현재'가 아니라 '보존'의 가치가 된 거라는 거예요. 산악회 조직을 제일 처음 만든 영국에서는 '알파인 클럽'이 있었죠. 현재 영국에서 가장 활동적인 산악회 조직은 '마운티니어링 협회'예요. 지금 유럽 선진국가의 산악회 조직은 알파인에서 마운티니어링으로 가고 있어요."

산에서의 난이도를 추구하던 알피니즘은 스포츠클라이밍, 알파인스키, 트레일러닝 등의 다양한 산악스포츠를 탄생시켰다. 이것을 체육으로 친다면 엘리트 체육만 있다가 생활체육의 저변이 넓어진

(오른쪽)유럽 돌로미테 치마그란데 등반 중 거벽에 앉아 쉬고 있다. 발 아래로 보이는 건물은 유명한 라바레도 산장이다.

(아래)코오롱 등산학교에서 학생들에게 등반법을 가르치는 김성기.

것과 같다.

"생활체육이 활성화되면 엘리트체육으로 넘어갈 수 있는 길이 넓어져요. 등산을 하다가 암벽등반을 배워 고산등반이나 거벽등반에 도전하게 되는 경우 같은 거죠. 그래서 소위 엘리트 산악인이라고 하는 사람들이 이런 생활체육 하는 사람들을 수용하는 마인드를 가져야 해요."

산악문화 변화에 힘쓸 것

대산련이 손중호 회장 체제로 바뀌면서 그는 그곳으로 자리를 옮겼다. 그리고 대산련과 문체부가 함께하는 대국민 교육사업 '오르락내리락'을 처음 제안하고, 현재 기획자로서 프로그램 전반을 담당하고 있다.

"개인적으로는 저의 첫 대산련 집행부이자 마지막 집행부입니다. 이번에 끝나면 정년이거든요. 벌써 손자가 초등학교 6학년, 2학년입니다. 하하."

그는 정년퇴직 후에도 산악문화 발전을 위한 연구에 매진하고 싶다고 말한다. '사회에서 이루어지는 등산을 이제 과학적으로 바라보는 시각이 필요하다'고 주장하는 그는 '등산사회과학'이라는 단어를 알려 주었다.

"우리는 이제까지 '알피니즘'이라는 너무나 깊은 수렁에 빠져 있었어요. 물론 그게 필요하지 않다는 건 아니에요. 다만 많은 사람들이 등산을 통해 요구하는 것들이 빠르게 변화하고 있는데 그 변화를 잡아내지 못하고 있다는 거죠. 이제 변화해야 합니다. 그 변화의 과정에 산악인이자 교육자이자 기획자로서 힘을 쓰고 싶습니다."

1997년 산바라기산악회 등반대로 요세미티 원정을 갔을 당시. (왼쪽부터) 故 박기정, 김성기, 박충길.

1 산을 통해 인생관이 바뀌었나? 바뀌었다면 그 이유는?
산을 통해 공정과 공평을 배웠다. 산은 출발선이 똑같고 노력한
만큼 올라갈 수 있는 것이다. 학연, 혈연, 지연이 통하지 않는
자연처럼 사회도 노력한 만큼 보상받는 사회가 되길 바란다.

2 산에서의 특별한 버릇 같은 것이 있다면?
침착해지고 겸손해지며 진지해진다. 자연에 들면
나의 나약함을 발견하기 때문에 이를 극복하기 위해서는
이렇게 될 수밖에 없다.

3 자신이 가장 영향 받은 인물은?
코오롱등산학교 강사일 때 많은 조언을 해준 유학재 선배.

4 평소 컨디션 관리와 트레이닝 방법은?
주 3회는 암장에 가려고 노력한다. 하지만 직장인이라
쉽지만은 않다.

5 본인이 생각하는 알피니스트의 기준은?
산의 능선이나 계곡을 따라 오르는 행위를 '트레킹'이라 하며,
트레킹을 하는 이들을 '트레커'라 부른다. 계곡과 능선을 벗어나
더 가파르고 높은 수직의 벽으로 상승하면 이들을
'클라이머'라 부른다.
클라이머는 등반이론과 기술을 실현하는 사람이다.
이론과 기술을 완벽하게 실현해 버리면 더 넓고, 높은
이즘ism의 세계로 상승하게 된다. 우리는 그런 사람을
'알피니스트'라 부른다.
트레커와 클라이머는 이미 만들어져 있는 코스를 실현하는
것이다. 알피니스트는 정해진 길을 가는 것이 아니라 없는 길을
열면서 가는 것이다. 아무도 가지 않은 곳. 불확실성 세계를
열어가는 것이다. 이것이 알피니스트의 세계이다.
알피니스트는 창의적이고, 창조적인 주체다. 알피니스트는
인간이 가진 탁월함을 극단까지 끌어올린 상태를 지향한다.
예술의 경지와 마찬가지로 일반적 사람들이 쉽게 도달할 수
없는 것을 추구하는 것이 알피니스트 세계인 것이다.

6 한국 산악사에서 최고의 등반을 꼽는다면?
1977년 에베레스트 한국 초등을 꼽겠다.

세상과 나누고 싶다,
산이 주는 행복

소속	블랙야크 알파인 클럽BAC 센터장
2001	캐나다 부가부산군 이스트 페이스 다이애그널 등반
2002	이탈리아 돌로미테 산군 콜 데 보스, 친퀘 토리 등반
2004	설악산 유선대 '그리움 둘' 암벽등반 코스개척
2007	유럽 알프스 몽블랑(4,807m) 등정
2008	일본 북알프스 설상등반, 말레이시아 키나발루(4,095m)등정
2009	북미 요세미티 하프돔, 엘캐피탄 등반, 아프리카 킬리만자로(5,895m) 등정
2011	네팔 히말라야 아일랜드피크(6,189m) 등정
2012	이탈리아 돌로미테 토파나, 치마 그란데 디 라바레도 등반
2013	일본 북알프스 종주, 중국 옥룡설산(5,100m) 등정
2014	일본 다테야마 츠루기다케 등정, 네팔 랑탕히말라야 체르코피크(5,860m) 등정
2015	캐나다 로키산맥&미국 서부 횡단 캠핑 & 트레킹 35일, 한 · 중 등산강사 암벽등반 교류, 일본 아츠가다케 설상등반
2017	스위스 마터호른 등반, 프랑스 샤모니 TMB 트레킹

"우리나라에서 알피니즘은 특정 산악활동을 하는 사람들만이 공유하는
가치로 인식되고 있죠. 그런 의미라면 저는 알피니스트가 아닙니다.
알피니즘이 유네스코 지정 무형문화재가 되고 보존의 가치를
인정받았다고 볼 수 있지만 등산을 하는 행위, 그 이면에 있는 가치를
각자가 되새겨보는 기준이 마련되었다고 볼 수도 있지 않을까요.

"알피니스트라는 수식어에 저는 전혀 어울리지 않는 사람입니다."

월간〈山〉의 인터뷰 요청을 받고 그가 되돌려 준 첫마디였다.

그는 자신을 산악전문가라고 소개하는 것에 거부감을 느낀다고 했다. 어디까지나 순수한 아마추어이며 위대한 등반을 한 적도 없다. 그저 산이 좋아 산을 오르며 이렇게 좋은 등산을 다른 사람에게 소개하고, 그들도 산의 매력에 빠질 수 있도록 이끌어주는 일에 보람을 느낀다고 했다. 그래서 차라리 '등산교육전문가'로 불러 달라고 주문했다.

이쯤에서 알피니스트의 정의에 대해 출발점에서부터 되물어봐야 한다. 고산과 거벽을 오르고 초인적인 업적을 남겨야만 알피니스트라고 부를 수 있을까. 가장 중요한 것은 산과 등반에 대한 순수한 열정과 그 열정을 일상생활에서도 지속적으로 유지해 나갈 수 있는 자세 아닐까.

국내 최고의 등산교육전문가

2019년부터 블랙야크의 등반교육 프로그램 'BAC아카데미'를 이끌고 있는 박미숙 센터장의 이력은 엘리트 알피니즘 시각에서 보면 대단한 성취가 아닐 수 있다. 그러나 산에 대한 사랑, 등산에 대한 정열, 자신이 산에서 얻은 것들을 일반인들과 같이 나누고자 하는 순수한 동기는 수년째 이어지고 있는 월간〈山〉 코너의 주인공으로 부족함이 없다고 생각한다.

그는 원래 유치원을 경영하던 유아교육 전문가였다. 그러면서 학업을 계속해 스포츠 마케팅으로 박사학위를 받았고 대학에서 가르쳤다. '일반 등반기술과 암벽등반 실기'(한림대), '청소년 프로그램 개발, 여가와 인간행동'(목포대), '스포츠클라이밍'(수원여대)…. 그가 이끈 커리큘럼은 좁은 영역의 등반만을 대상으로 하지 않는다. 대기업과 정부기관, 학부모를 상대로 등산과 삶의 질, 자녀교육에 이르기까지 산과 행복한 삶에 관한 폭넓은 주제를 아울렀다. 그를 한국의 알피니스트로 지목한 이유가 여기에 있다.

강연할 때마다 그는 사람들에게 질문한다.

"여러분이 살아오면서 '가장 잘했다'고 생각하는 선택은 무엇인가?"

이 질문을 하는 이유는 그의 삶에서 등산은 가장 중요한 '일'이자 '취미'이며, 그 자체가 '살아가는 이유'가 됐기 때문이다. 학생들을 가르치면서 암벽등반을 취미로 배웠고, 그 매력에 빠져 정말 열심히 등반했다. 좋아하는 암벽을 열심히 즐기다 보니 등산강사가 됐고, 강사 활동을 하면서도 직장을 놓지 않고 두 가지를 병행했으니 산에만 다닌 산쟁이는 아니었다.

그는 어릴 때 경찰관이었던 아버지 자전거 뒤에 꼭 붙어 앉아 동네 약수터를 따라다닌 기억을 등산과 관련된 가장 아름다운 추억으로 꼽는다. 학창시절 때 친구들과 잊지 못할 장면들도 산이었다. 직장 생활을 하면서 방전된 심신을 재충전한 곳도 산이었다. 그러던 중 혼자 떠난 한북정맥의 어느 산에서 길을 잃고 헤매다 살아서 내려온 교훈으로 등산을 체계적으로 배우기 위해 30대 후반에 등산학교에 들어가 암벽등반을 배우게 된다.

이 순간이 등산에 매력을 느낀 결정적 모멘텀이었다. 워킹 산행과는 전혀 다른 모습의 산을 보았고 그 매력에 빠져들었다. 등산학교 수료 6개월 후 캐나다 부가부 스노패치 거벽등반에 참여했다. 등반실력이 검증조차 되지 않은 햇병아리 수료생이었기에 트레킹팀 일원으로 가게 됐지만 등반팀에 합류하게 된 '사건'이 일어났다.

원정을 앞두고 불곡산에서 훈련하던 어느 날, 새벽 일찍 일어난 그가 마치 요술에 걸린 듯 하늘같은 선배들 장비를 착용한 채 솔로 등반을 해버린 것. 사실 그때 그는 암벽등반이 너무 재미있어서 틈

인수봉
암벽반 교육.

날 때마다 책과 비디오를 보면서 남몰래 혼자 연습하고 있었다. '사고친' 햇병아리는 원정팀에서 쫓겨날 각오를 했지만 그날 저녁 회식에서 원정대장(故 박기정)의 말은 "너, 등반팀 들어와"였다.

등산학교 수료 6개월 만에 800m 거벽 완등

등산학교 수료 6개월밖에 안 된 햇병아리가 800m 거벽등반을 해냈다. 아버지 사진 한 장 가슴에 품고 참가한 11일간의 등반은 그에게 평생 잊을 수 없는 진한 기억을 남겼다. 거벽등반 중 비를 맞고, 우박을 만나고, 번개가 치던 그 악천후를 극복할 수 있었던 것은 사람에 대한 믿음이었다. 원정대장을 믿었고, 등반대장을 신뢰했으며, 선배들이 구축한 등반시스템을 전폭적으로 지지했기에 가능했다고 그는 말한다.

"세월이 지나 제가 등반팀을 이끌고 등반에 나설 때 팀원 전체가 완벽하게 안전하도록 신경을 씁니다. 그들은 저를 믿고 따라왔을 테니까요."

등산교육을 하는 지금도 인수봉을 오르면서 무서워하는 교육생들에게 '등반시스템을 믿어라', '그러려면 시스템에 대한 정확한 인지가 필요하고, 여러분들을 인솔하는 강사를 믿으라'고 말한다.

그는 유치원 경영자로서 쌓았던 노하우가 등산교육에도 많은 도움이 되고 있다고 말했다.

"어린이 교육이나 성인 교육이나 그 기본 철학은 크게 다르지 않아요. 방법론에서 다를 뿐이죠. 유치원 경영은 교육과정 운영, 프로그램 개발, 어린이들 관리, 학부모 관리, 교사 관리, 수많은 시간 강

이탈리아 돌로미테
토파나 등반.

사들 관리 등등 총체적인 업무를 수행하는 과정이에요. 당연히 그 경험으로 지금 BAC센터를 운영하고 있고요. 교육기관을 오랫동안 운영해 와서 관찰하는 눈이 많이 발달됐어요. 사람들 심리도 잘 읽어내고요. 그래서 개개인에게 필요한 내용들을 꼭 집어서 간결하게 말하는 것을 잘합니다. 그러면 당사자는 정말 이해하기 쉽게 잘 가르친다고 생각하는 거죠."

"알피니스트? 부담스러워요~"

21세기 알피니즘을 새로 정의해 달라는 필자의 생뚱맞은 질문에 그는 등산교육가답게 답했다.

"우리나라에서 알피니즘은 특정 산악활동을 하는 사람들만이 공유하는 가치로 인식되고 있죠. 그런 의미라면 저는 알피니스트가 아닙니다. 알피니즘이 유네스코 지정 무형문화재가 되고 보존의 가치를 인정받았다고 볼 수 있지만 등산을 하는 행위, 그 이면에 있는 가치를 각자가 되새겨보는 기준이 마련되었다고 볼 수도 있지 않을까요.

LNTLeave No Trace 강의를 준비하면서 그 내용을 꼼꼼히 들여다보면 그 안에도 알피니즘이 있었어요. Plan ahead and prepare. 좋지 않은 계획과 예상치 못한 상황은 위험에 노출될 뿐만 아니라 자연 자원을 손상시킨다는 거죠. 그룹이나 개인의 안전을 보장하기 위해서는 떠나기 전에 사전계획을 잘 세워야 합니다. 알피니즘이 말하는 산의 윤리, 등산인의 윤리와 닮았다고 생각합니다.

LNT에서 흔적을 남기지 말라고 합니다. 산을 오를 때 단단한 지면을 골라서 디디라고 하죠. 산길이 훼손되면 어쩔 수 없이 이를 방지하고자 돌계단을 만듭니다. 그러면 그 계단을 피해 옆으로 길을 내어 걷습니다. 등산로는 점점 허물어지고 결국 또 그 길에 데크가 놓이죠. 사람들 반응은 전혀 그런 관점에서 생각해 보지 않았다는 것입니다. '앞으로 절대 샛길을 만들지 않겠다'고 다짐하는 분들도 있고요. 요즘은 한국형 알피니즘의 실천 덕목이 무엇인지, 어떤 마음가짐으로 산을 올라야 하는지에 대해 강의합니다. 다시 한 번 강조하지만 저는 아마추어입니다."

그는 인터뷰 내내 이 말을 호신구처럼 사용했다. 하지만 그는 결코 아마추어가 아닌 행동하고 실천하는 알피니스트다.

1 파트너를 선택하는 조건은 무엇인가?

공감 능력이 탁월한 사람. 쉽게 말해서 대원들끼리 소통을
잘하고 배려가 있는 그런 사람과 함께하고 싶다. 원정 목적을
달성하는 것도 중요하지만 더 중요한 것이 원정 기간 내내
서로 마음이 맞아서 함께하는 그 순간이 즐겁고 행복해야
하니까. 그래야 위급한 상황에서도 서로 챙겨주고 힘을 합쳐
위기극복을 할 수 있다고 본다. 해외 원정 때마다 소소한
위기들이 있었지만 대원들이 똘똘 뭉쳐 잘 극복해 냈다.
물론 다녀와서도 그 끈끈한 관계가 더 돈독해졌다. 몇 년째 함께
다니는 그들과 또 해외원정을 꿈꾸는 이유이다.

2 자신이 생각하는 최고의 등반(좋은 등반)이란?

내가 선등을 하는 것. 등반의 궁극적인 목적은 결국 내가
내 능력으로 그 벽을, 그 빙벽을 오르고자 하는 거니까.
토왕성빙폭을 선등했을 때 너무 행복했었다. 인수봉 첫 선등을
했던 취나드B코스, 선인봉 첫 선등을 했던 명심2코스, 그때의
떨림, 등반을 마치고 느꼈던 묵직한 감정들이 지금도 생생하다.

3 자신이 가장 영향 받은 인물은?

고미영. 그저 취미로 암벽등반을 하던 나에게 더 많은 일을 해낼
수 있다는 걸 눈빛으로 깨닫게 해주었다. 그리고 김성기 선배.
코등 졸업등반 후 선배가 몸 담고 있는 산바라기산악회에
입회하면서 본격적인 등반을 할 수 있었고 해외원정도 다닐 수
있는 발판을 마련해 주었다. 또한 본업인 교육자로서
등산교육에서도 그 빛을 발휘할 수 있도록 길을 제시해 주기도
했다. 등산강사 제도가 시작되었을 때 첫 번째 연수에
지원하라고 등 떠밀어 등산강사가 되었고, 선배가 대학원에
다니면서 저에게도 공부하라고 자극을 줘서 결국
내 인생 플랜에 없던 박사가 되었다.

4 가장 감명 깊게 읽은 책이나 영화, 음악 등은?

20대에 읽었던 막심 고리키의 〈어머니〉. 무엇이 내 가슴을
묵직하게 누르며 아프게 감동을 주었는지 지금은 그 기억도
희미하지만 오랜 세월 책장에 꽂아두고 내내 기억했던 책이다.
그리고 내가 암벽등반의 세계가 궁금해지도록 자극을 준 책,
닛타 지로의 〈아름다운 동행〉.

5 "이제 산악회는 죽었다"는 말에 대해 어떻게 생각하나?

산악회가 죽었나? 한국 고유의 정서가 반영된 산악회들이
사라지지는 않을 것이다. 요즘 '등린이'들도 그들만의 모임을
만들고 있다. 그 명칭만 달라졌지 산을 좋아하는 사람들의
모임은 사라지지 않을 것이다. 다만 산악회가 추구하는 철학이
예전과는 달라지는 것일 뿐. 시대의 흐름에 맞는 변화를 보이고
있다고 생각한다.

6 현재 한국산악계에 가장 부족한 것은 무엇일까?

산악 인재를 양성하는 시스템이 없다는 것.
한국의 알피니스트가 세계적인 알피니스트로 활약하도록
인재를 발굴하고 양성해서 그 역량을 더 큰 무대에서
펼칠 수 있도록 해야 한다.
또 하나 자연을 있는 그대로 보존할 수 있는 올바른 등산문화를
널리 알리고 보급하는 노력이 부족하다. 대한민국 모든 산길이
데크길이 되고 있는데 이를 바로잡을 수 있는 노력도
한국산악계가 해야 할 일이라고 본다.
환경보호와 자연의 모습을 그대로 보존할 수 있는 두 가지
미션을 만족할 만한 대안을 찾아서 국립공원공단과 산림청,
산을 관리하는 지방자치단체와 지속적으로 접촉하고 등산의
참 의미를 온 국민이 깨달을 수 있도록 노력해야 하지 않을까.

**7 한국적 알피니즘, 한국의 산악계와 산악인들이
30년 후에 어떻게 변해 있을 것으로 예상하나?**

코로나19로 등산에 유입된 '등린이'들이 대한민국을 대표하는
알피니스트로 또 성장을 해나가지 않을까 기대한다.
등린이가 클라이밍을 배우면서 등산학교로 가고 있다.
등산학교를 찾는 수강생들이 젊어지고 있다. 이들만이 공유하고
지향하는 등산스타일을 새롭게 창조해 나갈 것이다.
오랜 사고로 고전적 윤리 잣대로 그들을 평가하지 말고
새 시대를 살아가는 젊은 산악인들의 그들의 세계관으로
한국의 알피니즘을 이끌어 나갈 것을 기대한다.

그는 보이지 않는 곳에서
빛난다

소속	코오롱등산학교 교무
2001~02	대전시산악연맹 산악구조대 대원
2002	프랑스 샤모니 인근 알프스 등반, 인도 가르왈 히말라야 케다르돔(6,831m) 등반
2003	아프가니스탄 힌두쿠시산맥 일원 탐사
2004~06	(사)대한산악연맹 근무
2006	에베레스트 북동릉 등반
2007	대한민국 극지연구소 북극체험단 캠프 매니저
2008	한국 청소년 오지탐사대 알래스카 탐사
2014	네팔 랑탕히말라야 체르코피크(5,742m) 등정
2015	중국 양수오 암벽루트(rose korea, rose china) 개척
2016	네팔 랑탕히말라야 간잘라피크(5,675m) 등정
2017~19	중국 청도 황산고 암벽루트 개척
2019	중국 칭하이 캉시카산(5,125m) 등정

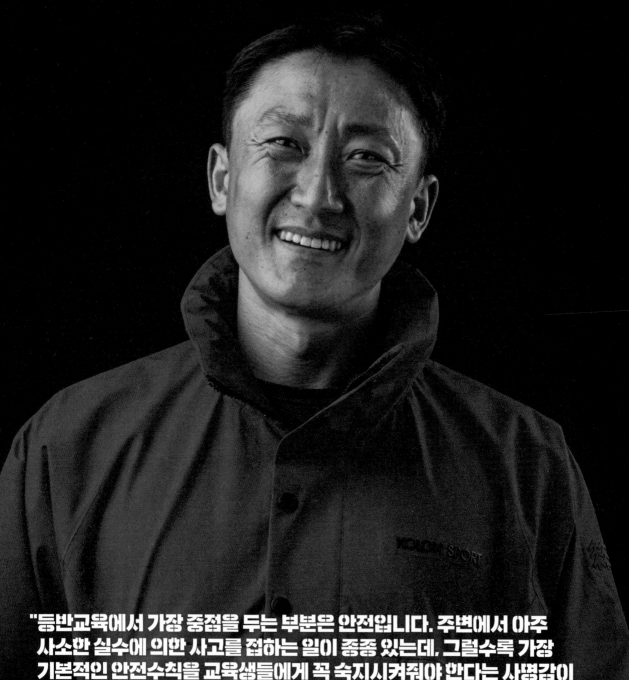

"등반교육에서 가장 중점을 두는 부분은 안전입니다. 주변에서 아주
사소한 실수에 의한 사고를 접하는 일이 종종 있는데, 그럴수록 가장
기본적인 안전수칙을 교육생들에게 꼭 숙지시켜줘야 한다는 사명감이
더해져요. 또 한 가지는 즐거움이죠. 등반이 고통스럽고 무섭기만
하다면 이렇게 등반인구가 늘지 못했겠죠. 공포의 세계를 즐거움으로
승화시키는 과정, 거부할 수 없는 위험의 매력을 깨닫는 방법,
이것이 등산교육이라고 생각합니다."

산악인 양유석에 대한 산악계의 평가는 '숨은 살림꾼'이다. 자기 PR의 시대임에도 불구하고 그는 결코 전면에 나서는 일이 없었다. 늘 한 발 뒤로 물러나서 올바른 산악문화 전파와 안전한 등반교육이 원활하게 진행될 수 있도록 보조하는 역할에 충실했다. 양유석은 이를 두고 "나는 세계 최고의 클라이머도, 세계 최고의 교육자도 아니다"라며, "다만 내가 가진 작은 것을 나누어 주는 시간이 가장 보람차다"고 말한다.

'새 가족'이 끌어들인 산

양유석은 1997년 충남대 농대산악회에서 처음 산을 배웠다. 처음부터 등반을 동경했거나 적극적으로 하고 싶었던 마음은 없었다. 학과 동기를 따라 나무로 만든 작은 임공암벽이 있고 퀴퀴한 등산장비 냄새로 가득한 산악부실에 들어가 처음 벽의 맛을 봤다. 한참 놀다가 부실의 문을 열고 들어온 96학번 선배가 사준다는 밥에 넘어가 아무 생각 없이 입회원서를 작성한 순간, 산악인 양유석의 길이 시작된다.

처음에 등산이나 등반에 대해 약간의 호기심은 있었지만, 적극적으로 산에 갈 마음은 없었다. 어쩌다 주말산행에 동기들과 함께 참석했다. 험난한 산행 이후 가입했던 동기 대부분이 탈퇴하고 말았다. 그는 웃으며 "나도 탈퇴를 꿈꿨으나 무엇보다 함께하는 선배와 동기들이 너무 좋았다. 새로운 가족이 생긴 것 같았다"고 말했다.

양유석은 1학년 설악산 하계등반을 마친 후 본격적으로 등반에 재미를 붙였다. 그는 "선등이 항상 공포와 두려움의 대상이었는데, 설악산 하계등반으로 이를 많이 극복했다"며 "지금은 이 공포와 두려움, 다시 말해 '정당화할 수 없는 위험'이 등반의 가장 큰 매력이란 걸 어렴풋이 느끼고 있다"고 말했다.

'대학 산악부'가 아닌 '산악대 대학부' 생활이라고 할 정도로 산에 몰입한 결과 대전충남지역 대학산악연맹 회장직을 맡게 됐고, 알프스와 인도 케다르돔 원정대도 참여할 수 있었다. 알프스에서는 콜뒤미디 인근의 에귀디미디 센트럴 필라, 프티조라스 등을 등반하며 첫 원정등반을 안전하게 마무리 지었다. 또, 첫 사고도 이곳에서 접했다.

"1학년 신입생과 제르바슈티 필라 루트를 1박2일로 등반하다가 첫날 오후, 10피치 이상 진행한 상태에서 사고가 났어요. 신입생이 홀드로 잡은 바위가 뽑히면서 후배 엄지발가락에 떨어졌죠. 주변에 아무도 없고 통신도 안 되는 상태라 베이스캠프까지 퉁퉁 부은 발을 절뚝거리며 걸어갔어요."

두 번째 사고도 연달아 일어났다. 후배가 크레바스 속으로 8m가량을 추락, 눈 속에 거꾸로 처박혔다. 그는 "그 광경을 보고는 하늘이 무너지는 듯 했다"고 했다. 매우 위험했던 상황이지만 다행히 후배는 잠깐 기절한 상태여서 그가 추락지점으로 하강해 어깨를 잡아 흔들자 금방 의식을 되찾았다. 등반에 있어 안전의 중요성을 다시 한 번 되새기는 계기였다.

등산교육의 길로 들어선 것은 이의재 당시 대한산악연맹 사무국장의 공이다. 2006년 대한산악연맹 직원으로 근무하던 양유석에게 코오롱등산학교 이직을 추천한 것. 이때 코오롱등산학교로 자리를 옮긴 양유석은 지금까지 16년 동안 수많은 등반가를 직접 키워 냈다. 그의 등산교육 방침은 두 가지, 안전과 즐거움이다.

"등반교육에서 가장 중점을 두는 부분은 안전입니다. 주변에서 아주 사소한 실수에 의한 사고를 접하는 일이 종종 있는데, 그럴수록 가장 기본적인 안전수칙을 교육생들에게 꼭 숙지시켜줘야 한다는 사명감이 더해져요.

2006년
에베레스트.

또 한 가지는 즐거움이죠. 등반이 고통스럽고 무섭기만 하다면 이렇게 등반인구가 늘지 못했겠죠. 공포의 세계를 즐거움으로 승화시키는 과정, 거부할 수 없는 위험의 매력을 깨닫는 방법, 이것이 등산교육이라고 생각합니다."

아줌마 등반가에겐 인수봉이 인생봉

양유석은 수천, 수만 명의 교육생에게 등반을 가르쳤다. 흥미롭게도 그중에서 가장 기억에 남는 교육생이 누구냐고 묻자 뜻밖의 이름이 돌아왔다. 바로 '아줌마'다.

"교육생 중에 나이가 조금 있는 여성 교육생 분들이 늘 기억에 남아요. 이분들은 자녀들을 어느 정도 키우고 난 뒤 북한산을 오르다가 인수봉에 개미처럼 붙어 있는 '미친 사람들'을 보고 '나도 해볼 수 있을까'라며 오는 경우가 많거든요.

학교에 여러 차례 전화해서 '내가 할 수 있는지', '위험하진 않은지' 수차례 확인한 다음에 결심해서 오셔요. 이들에게는 인수봉에 오른다는 것이 단순히 바위 하나를 오르는 것이 아니라 자신이 스스로 가둬 두었던 인생의 한 지평을 넘어 오르는 것과 같죠."

등반 강사로 일하면서 그는 등반과 개척에도 열을 올렸다. 양유석은 "다른 선배들의 개척활동이나 탐험정신에 비하면 아주 미미한 성과"라면서도 "2017~2019년 동안 진행했던 중국 청도 황산고 암장 개척이 가장 기억에 남는다"고 말했다.

원주 판대 아이스파크에서
선등하는 양유석.

용화산
오버행 등반.

중국 청도서 개척 활동 펼쳐

"3번에 걸쳐 한국과 중국 코오롱등산학교 강사진들이 참여한 프로젝트입니다. 중국 등반가들에게 한국의 설악산 같은 느낌의 암장을 만들어보고 싶었어요. 높이 230m에 폭 약 500m에 달하는 대암벽에 25개가량의 멀티피치 루트와 암릉등반 루트를 개척했죠. 열악한 환경이었는데 양국 강사진들이 정말 열정적으로 참여해서 이룰 수 있던 성과였습니다. 바다도 볼 수 있고, 대자연 속에서 등반을 마음껏 즐길 수 있는 그런 암장이죠."

마지막으로 양유석에게 그의 세평, '보이지 않는 곳에서 헌신하는 살림꾼'에 대해 아쉬운 점은 없는지 물어봤다. 양유석은 "코오롱등산학교를 처음 만들고, 37년 동안 유지시킨 선배들에게 누를 끼치지 않아야겠다는 마음뿐"이라고 말했다.

"단지 현재 생활에서 아쉬운 점이 있다면 1년에 3분의 2 이상의 주말을 가족과 함께 보내지 못한다는 것입니다. 등산학교는 물론 산악계도 주말에 행사나 교육을 진행하는 경우가 많거든요. 이 자리를 빌어 항상 주말마다 자리를 비우는 저를 이해해 주고 사랑해 주는 가족들에게 감사의 마음을 전하고 싶습니다."

1 산을 통해 인생관이 바뀌었나? 바뀌었다면 그 이유는?

산을 통해 삶을 영위하고 있다. 인생의 가장 긴 시간을 보내고 있고, 산을 통해 배우자를 만나게 되었고, 산을 통해 가족과 살아가기 위한 경제적인 방편이 되었다. 언제인지 모르게 나의 삶에 서서히 녹아들어 떼려야 뗄 수 없는 관계가 되었다. 산을 통해 만들어진 인생관으로는 '산이 나에게 주는 만큼. 그만큼은 아니더라도 나도 누군가에게 산과 같은 존재가 될 수 있는 삶을 살아가자' 이다.

2 자신이 생각하는 최고의 등반(좋은 등반)이란?

내가 준비했던 과정보다 약간 불확실성과 난이도가 더 있는 등반. 측정할 수 있는 범주의 문제는 아니지만, 준비의 과정보다 너무 쉽거나 어려워도 등반에 대한 만족도가 떨어진다고 생각한다. 자신이 생각했던 능력보다 조금 더 끌어올릴 수 있는 그런 등반. 관리할 수 있는 고난과 위험의 범주에서 등반하지만 약간은 더 높고, 더 넓고, 더 큰 등반을 꿈꿔 나갈 수 있는 계기가 되는 등반이라고 생각한다.

3 자신이 가장 영향 받은 인물은?

외국의 유명 산악인들도 있겠지만. 저에게는 등반이라는 세계를 열어준 충남대학교 농대산악부 선배들이다. 지금 생각하면 조금 부족할 수도 있겠지만, 내가 등반이라는 것을 알아가고 지속할 수 있게 해주신 정말 고마운 분들이다.

4 가이드 등반을 어떻게 평가하나?

가이드 등반 역시 하나의 등반분야라고 생각한다. 등반을 배울 때는 선배들이 가이드와 같은 존재라고 생각된다. 단지 금전적인 관계에 따라, 또는 알피니즘이 결여되었다고 해서 가이드 등반을 폄훼하는 것은 옳지 않다고 생각한다.

5 가장 감명 깊게 읽은 책이나 영화, 음악 등은?

MBC 드라마 '산'의 주제가인 전선미의 '저 산 너머'를 즐겨 듣는다. 언제나 이 노래를 들을 땐 대학 신입생 대학산악부 시절 골방과 이 산 저 산에 작은 텐트에 옹기종기 모여 따뜻하게 지냈던 시절이 떠오른다. 어느 정도 등반경험이 쌓인 뒤 노래의 가사를 곱씹어 보니 많은 생각들이 떠오른다.

6 산 이외의 특기는?

특기라고 하기에는 아마추어 수준이지만, 아내에게 배운 빵 굽기이다. 오븐에서 향긋한 냄새를 풍기며 부풀어 오르는 빵들을 보면 기분이 좋아진다.

7 "이제 산악회는 죽었다"는 말에 대해 어떻게 생각하나?

산악회는 죽지 않는다. 산악회도 작은 사회라고 생각한다. 사회는 절대 죽지 않는다. 다만 변화에 따라가지 못하는 일부 산악회가 있을 뿐이다.

8 한국산악사에서 최고의 등반을 꼽는다면?

1977년 에베레스트 등정. 당시의 시내싱황과 등반의 괴정. 대원들의 열정. 그리고 당시의 시대상황 등 여러 가지를 복합적으로 생각했을 때 한국 산악사에서 어떤 기준점을 만들어낸 최고의 등반이라고 생각한다.

9 현재 한국산악계에 가장 부족한 것은 무엇일까?

다양한 환경적인 규제. 사고 위험에 대한 거부감. 인위적으로 형성된 등반대상지 등 약간은 온실 속의 화초처럼 산악문화가 성장해 가고 있다고 생각한다. 우리가 이런 성향을 갖도록 교육받고, 사회에서 바라보는 등반에 대한 시각이 이런 문화를 만들어 가고 있다고 생각한다. 이제는 등반을 통해 느낄 수 있는 본질적인 가치들에 대해서 조금 더 깊게 생각하고 노력해 간다면, 유럽이나 미국처럼 다양한 분야에서의 등반문화들이 더 성숙해질 것으로 예상한다.

스키 알피니즘은
긴 호흡으로 산을 오르는 것

소속	화이트 스페이스 대표
2002	한국산악회 등산학교(8기)
2006	북미 데날리(6,194m) 등반
2008	엘브루스(5,642m) 등정
2009	안나푸르나 I (8,091m) 등정
2010	히말라야 초오유(8,201m)·시샤팡마(8,027m) 등반
2011	백두산 스키 등반, 데날리(6,194m) 스키 등정
2012, 15, 18, 19	알프스 오뜨루트(샤모니~체르마트 160km) 스키 등반
2012	경기도 등산연합회 마나슬루 줌마탐험대 대장
2015, 17	북미 데날리(6,194m) 스키 등반
2018	유럽 알프스 마터호른–몽블랑 등반
2018, 19	이탈리아 그랑 파라디소(4,061m) 등정
2019	안산시 무스탕 줌마탐험대 대장
2019	메라피크(6,476m) 스키 등정

"산을 오르는 행위는 다양합니다. 두 다리로 걸어 올라가기도 하고, 등반 장비를 이용해 바위를 오르기도 합니다. 겨울에는 아이스바일을 이용해 빙벽을 오릅니다. 등반행위의 목적이 '도전하고 모험을 즐기는 것'이라면 좀 더 효율적으로 산을 오르고 내려오는 방법을 배워야 합니다. 그런 맥락에서 설산을 효율적으로 오를 수 있는 산스키도 하나의 등반 도구가 되겠지요."

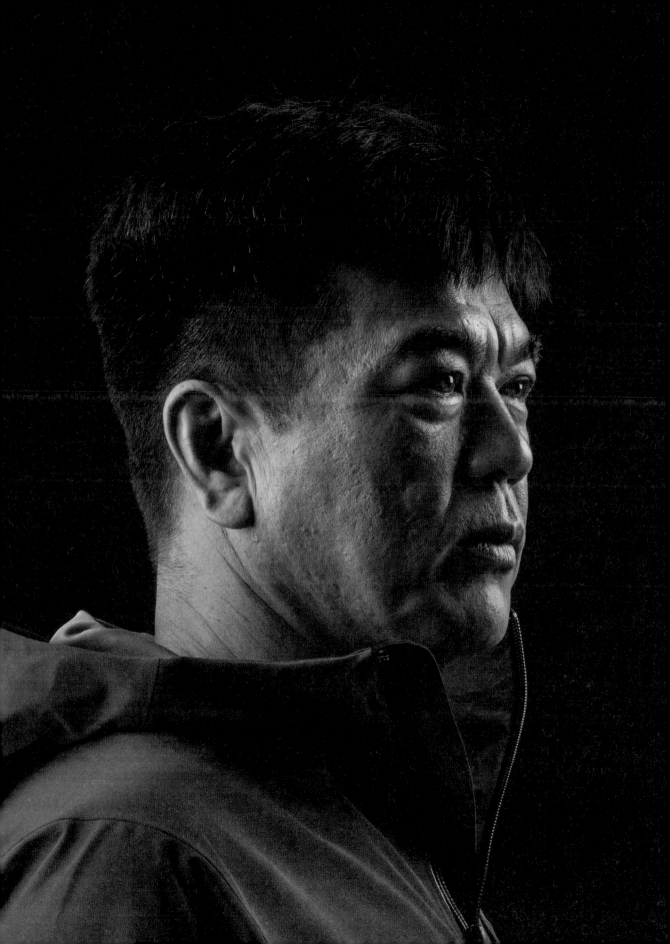

겨울은 스키어에겐 천국이다. 코로나로 집밖으로 나가는 것이 꺼림칙한 일이 된 세상이지만 스키장의 낭만은 여전하다. 요즘 흔히 즐기는 알파인스키 이전에 우리나라에는 '산스키(산악스키)'가 있었다.

대한산악스키협회 교육기술이사 등을 역임하고, 국내 유일의 산스키장비 전문 매장을 운영하며 우리나라 산스키 보급에 앞장서고 있는 산악인 강정국씨는 "산스키는 산악인이라면 당연히 배우고 행하는 '등반'의 과정"이라며 "산과 스키는 하나"라고 주장한다.

산스키도 등반의 과정이다

"일반적으로 '등산'은 '산을 오르는 행위'를 말하고, 그런 행위를 즐기는 사람을 '등산가'라고 부릅니다. 산을 오르는 행위는 다양합니다. 두 다리로 걸어 올라가기도 하고, 등반 장비를 이용해 바위를 오르기도 합니다. 겨울에는 아이스바일을 이용해 빙벽을 오릅니다. 등반행위의 목적이 '도전하고 모험을 즐기는 것'이라면 좀 더 효율적으로 산을 오르고 내려오는 방법을 배워야 합니다. 그런 맥락에서 설산을 효율적으로 오를 수 있는 산스키도 하나의 등반 도구가 되겠지요."

과거 우리나라에 스키를 보급하고 발전시킨 이들은 다름 아닌 산악인이었다.

"자료를 찾아보니 해방 전후 백두산, 금강산, 지리산, 한라산 등을 등반했던 산악회의 활동에는 언제나 스키가 있었습니다. 김정태 선생이나 전담 선생 같은 원로 산악인들은 오래 전부터 스키 등반을 했습니다. '스키인이 산악인이요, 산악인이 곧 스키인'이었습니다."

1974년 12월, 우리나라에 용평스키장이 생기면서 산스키는 점점 사라졌다. 그 즈음 산을 배운 산악인들은 '스키 탈 시간에 빙벽이나 한 번 더 오르지'란 인식이 팽배했다. '산은 산이요, 스키는 스키'가 되어 버린 것이다.

그는 "산스키 또한 알피니즘을 행하는 과정 중 하나"라고 말한다.

"산스키는 자신의 힘으로 산을 올라 성취감을 느끼고, 그 보상으로 다운힐downhill(활강)'의 스피드를 즐기는 정직한 스포츠입니다. 그런데 요즘은 산악운동으로서 산스키의 의미는 점점 퇴색하고 인공적인 슬로프에서 다운힐의 쾌락만 좇게 되었어요."

영국에서 나온 등산백과 사전에는 알피니즘Alpinism을 '눈과 얼음이 덮인 알프스와 같은 고산에서 행하는 등반'이라고 풀이한다. 이런 맥락에서 등반의 과정인 산스키 또한 알피니즘을 행하는 도구이자 과정인 셈이다. 산스키를 도구인 '마운틴 스키Mountain Ski'라고 부르지 않고 행위인 '스키 마운티니어링Ski Mountaineering'이라고 부르는 것도 이런 이유다.

"저는 '스키 알피니즘'이라는 것을 산스키를 이용해 긴 호흡으로 산을 오르는 것이라고 생각합니다. 긴 호흡으로 산을 오른다고 하는 것은 산이 깊고 높은 거거든요. 이런 산엔 겨울에 눈이 많이 쌓이겠죠. 이런 설산에선 등산화보다는 산스키가 훨씬 효과적입니다."

강정국씨는 2002년 한국산악회 등산학교 동계반에 들어가면서 산스키와 처음 만났다. 졸업 이후인 2006년, 한국산악회 멤버들과 알래스카 데날리 원정을 갈 일이 생겼다. 우리 원정대는 스노슈즈(설피)를 신고 설산을 걷는데, 외국 산악인들은 스키를 신고 산을 오르고 있었다.

"예전에 등산학교에서 봤던 그 산스키였어요. 잠깐 체험만 했을 때에는 몰랐는데, 이렇게 직접 필드에서 활용하는 걸 보니까 확실히 알겠더라고요. 산스키를 제대로 배워 보고 싶었어요."

국내로 돌아온 후 그는 대한산악연맹 산악스키위원회에서 개최한 산악스키강습을 수료했다. 이제 개인적으로 산스키를 타보고자 했는데, 문제가 생겼다. 우리나라에서 산스키 장비를 취급하는 곳

알프스 오뜨 루트
훈련을 위해 코스믹
산장까지 스키를 타고
업힐하고 있다.

이 없었다. 산악인 선배들이 개인적으로 해외에서 들여오는 장비가 전부였다.

"산스키 장비 구하기가 어려우니 진입장벽이 높아지고 산악인들조차 접근하기가 어려웠죠. 그래서 제가 산스키를 보급시키는 데 힘을 좀 보태야겠다고 생각했어요."

이런 결심으로 2009년 겨울부터 산스키 매장을 열고 장비를 취급했다. 규모는 작았다. 첫 해에는 2대를, 이듬해에 4대의 스키를 판 것이 전부였다. 이후로도 판매량은 크게 늘지 않았다. 몇몇 산스키 동호회의 공동구매 형식으로 적은 수량의 장비를 수입하는 데 그쳤다.

국내 유일의 산스키 장비점 차려

2013년부터 4년간 경기도 하남 검단산 아래 선배가 운영하는 아웃도어 매장에 숍인숍 형태로 들어가 있다가 2016년에 지금의 서울 강동구 암사동 지하 매장으로 자리를 옮겼다. 처음엔 '마차푸차레'란 이름을 붙였다가 지금은 '화이트 스페이스White Space'란 상호명을 쓰고 있다.

"우리나라에서 산스키 장비를 취급한다는 것이 정말 힘든 일이에요. 기존의 알파인스키 장비 취급점이나 수입상들도 이거 팔아서 별로 이익이 되지 않으니 발을 들여놓지 않아요. 저 또한 산스키 장비 팔아서 먹고살려고 했으면 벌써 접었을 거예요. 하지만 제가 좋아하는 산스키를 국내에 보급한다는 사명감과 최신 장비를 가장 먼저 접할 수 있는 재미에 푹 빠져 지금껏 계속 하고 있지요."

사실 그는 본업이 따로 있다. 그는 23년차 공인노무사다. 서울 영등포에 노무사 사무실이 별도로

몽블랑 코스믹 산장에서
발레블랑쉬로 스키
다운힐을 준비하고 있다.

있다. 스키 매장은 '부업'인 셈이다. 일주일 내내 영등포와 암사동을 왔다 갔다 하니 매장문을 항상 열어둘 수는 없다. 하지만 주인이 없어서 손님을 받지 못하는 경우는 거의 없다. 주로 단골손님이 오기 때문에 미리 전화만 주면 밤이고 새벽이고 매장 문을 연다. 먼 지방에서 밤늦게 올라오는 경우도 있는데, 그럴 때도 그는 귀찮은 기색 없이 반갑게 손님을 맞이한다.

"단지 손님이라기보다는 산스키를 타는 동료니까요. 그들과 산스키에 대한 이야기를 나누다 보면 제가 더 즐거워요. 그리고 산에 가려면 '비자금'도 마련해야 해요. 월급은 집에 갖다 바치고, 장비점에서 번 돈은 해외 산 갈 때 써야 하거든요. 하하."

산스키에 입문한 이후 그는 안나푸르나 I (8,091m)와 초오유(8,201m)·시샤팡마(8,027m) 등의 고산 등반도 했지만 그가 더 좋아했던 것은 스키등반이었다. 2011년에는 백두산을 스키로 등반했고, 북미 데날리는 2006년 이후 세 번이나 더 다녀왔다. 2012년부터는 4차례에 걸쳐 알프스 오뜨루트Haute Route(샤모니~체르마트 160km), 메라피크(6,476m) 등을 스키로 완주하기도 했다.

산스키로 마나슬루 등정 꿈꿔

그는 우리나라 산스키가 더욱 더 부흥하길 꿈꾼다. 산에 오르는 기능을 상실한 '반쪽짜리 스포츠'가 아닌, 산을 오르고 내리는 온전한 등반의 과정으로서 산스키의 전성기가 다시 찾아오기를 바란다.

"예전에 이탈리아 산악인 한스 카멀란더Hans Kammerlander가 마나슬루 정상에서 두 손으로 스키를 번쩍 들고 찍은 사진을 본 적이 있습니다. 저는 그 사진 속 주인공이 저라는 즐거운 상상을 항상 해요. 그리고 그 상상이 현실이 될 수 있도록 앞으로도 노력할 겁니다."

스키등반은 설산을 좀더 효과적으로 오르기 위한 등반 도구이다. 데날리 캠프4 부근을 지나는 강정국.

1 산을 통해 인생관이 바뀌었나? 바뀌었다면 그 이유는?
리더로서 충분한 의견 청취와 선택과 집중을 통한 빠른
판단력이 생겼다. 이는 산을 통해 바뀐 긍정적인 부분이지만,
한편으로 산을 통해 사회로부터 점점 고립되고 이기적으로
변해가는 부정적인 부분도 생겼다. 내 삶의 중요한 부분을
상실한 것으로, 회복하기 위해 노력하고 있다.

**2 정상이 눈앞에 있고, 나는 삶과 죽음의 경계에 있을 때
어떤 선택을 하겠나?**
당연히 삶을 선택한다. 죽음 앞에 정상은 의미가 없다. 등반이 곧
미지의 세계에 대한 탐구이고 위험을 내포하고 있지만, 정상이
목적일 수 없듯이 삶 속에서 등반이 목적일 수도 없다.

3 산에서의 특별한 버릇 같은 것이 있다면?
동일한 음악을 반복적으로 듣는다. 귀국한 뒤 산에서 듣던
음악이 나오면, 과거 등반한 기억이 떠올라 좋다.

4 파트너를 선택하는 조건은 무엇인가?
등반기술보다는 팀워크를 우선한다. 또한 파트너 스스로 자시을
표현할 수 있는 사람이어야 하고, 과감한 의사결정을 할 수
있어야 한다.

5 본인이라면 에베레스트를 어떻게 오르겠는가?
스키는 등반수단으로 목적이 될 수는 없지만 스키 등반을
시도하겠다.

6 가이드 등반을 어떻게 평가하나?
가이드 등반에 대한 거부감은 없다. 알피니즘은 산악인의
전유물이 아니며 누구나 경험하고 기질 수 있는 보편타당한
가치로 다양성을 인정해야 한다.

7 산에 가기 전 정보 수집을 어떻게 하나?
최근 나의 주 관심사는 스키로 등반하는 것이다. 국내자료 및
문헌 어디에도 스키로 등반한 사례는 찾기 힘들다.
따라서 프랑스의 〈스키란도〉, 이탈리아의 〈스키알퍼〉 등
외국잡지에서 정보를 수집한다.

**8 외국과 비교했을 때 한국 알피니스트로서 장점과
부족한 점은?**
후원업체 및 지방자치단체의 지원으로 원정자금 마련이 쉽다.
그러나 다양성이 부족하다.

9 현재 히말라야의 상황을 어떻게 보고 있나?
어느 정도 정리되어 가는 느낌이다. 히말라야 14좌에 대한
매력은 흥미를 상실한 지 오래다. 그러나 산악인의 빈 자리를
트레커들이 방문하고, 최근에는 네팔 셰르파들이 한국인을
상대로 직접 영업행위를 하고 있다. 히말라야는 누구나 방문할
수 있고 여유가 있다면 8,000m 거봉에도 충분히 도전할 수
있는 시대가 되었다.

10 외국 알피니스트에게 배울 점이 있다면?
다양성이다. 이 문제는 등반사조와는 다른 문제로 에릭보우의
〈럼두를 등반기〉를 읽으면서 '등반을 이렇게도 할 수 있구나'
라고 인정하는 것과 동일하다. 그들의 등반이 허구일 수 있지만,
또한 그들의 등반세계를 이해하는 노력도 필요하다고 생각한다.

11 한국산악사에서 최고의 등반을 꼽는다면?
스키를 등반 도구로 사용했던 1942년 김정태 선생님의
백두산 등반.

**12 한국적 알피니즘, 한국의 산악계와 산악인들이
30년 후에 어떻게 변해 있을 것으로 예상하나?**
한국적 알피니즘을 이해할 수 없다. 마치
귤화위지橘化爲枳(환경에 따라 기질이 변함)와 같은 느낌이다.
30년 후에는 산악계와 산악인들이 존재하지 않을 것이다.
또한 30년 후에 산악계와 산악인이 소멸하지 않으려면 어떻게
해야 하는가에 대한 질문이 있다면 나는 굳이 그런 노력을
기울일 필요가 없다고 대답할 것이다.

13 자신이 가장 영향 받은 인물은?
한스 카멀란더가 에베레스트 정상에서 두 손으로 스키를 들고
찍은 사진은 매우 감동적으로 그의 모습에 나를 투영해 보고,
나의 상상이 곧 현실이 될 수 있기를 계획한다.

나의 알피니즘은
'즐겁고 행복한 등반'입니다

소속	대한산악연맹 환경보전 이사
2010	전국체전 동호인 종목 산악 부분 은메달
2011	대한산악구조협회 한·중·일 합동훈련(중국 쓰촨성 쓰쿠냥산 일원)
2013	전국체전 동호인 종목 산악 부분 금메달
2014	중국 쓰촨성 뤄더만인(6,122m) 등정, 설보정(5,588m) 등반
2015	미국 앨버트 마운틴(4,401m) 등반
2018, 20	중국 쓰촨성 쌍교구 빙벽등반
2019	중국 쓰촨성 쓰쿠냥산 등반 및 쌍교구 빙벽등반
2019	네팔 랑탕 트레킹
2019	미국 마운틴 후드, 스미스락 등반
2019	키르기스스탄 악투봉(4,620m) 등반

"처음 저에게 산은 최고의 휴식처였지만 이제는 생활의 터전이자 일터가 되었습니다. 남들은 산에서 일하면 힘들지 않느냐고 묻는데, 저는 마냥 편하고 행복합니다. 얼마 전에도 12명을 데리고 울릉도로 3박4일 동계등반을 다녀왔어요. 서로 존중하고 배려하면서 등반 후에도 즐거운 추억으로 남을 수 있는 등반을 계획하고 이끌어 주는 역할을 하고 싶어요."

산은 누구에게나 열려 있다. 누구에겐 단순한 취미의 공간이기도 하고, 또 누구에겐 생계를 이어가는 삶의 현장이 되기도 한다. 또 누구에겐 지친 삶을 치유하는 공간이기도 하다. 이처럼 각자 산을 대하는 목적과 방식이 다르지만 산은 언제나 그 자리에 그대로 있다.

산악인 민현주에게 산은 최고의 휴식처였다. 그러다 자신도 모르게 산과 사랑에 빠졌다. 사랑하면 할수록 더 가까이 두고 싶고, 더 오래 같이 있고 싶었다. 마침내 산은 그의 삶 속으로 완전히 들어와 평생 함께 가는 존재가 되었다. 그에게 산은 '삶' 그 자체이다.

등반 배우기 위해 산악구조대 들어가

민현주는 고등학교 1학년 때 보이스카우트로 활동하면서 산에 다니기 시작했다. 다 함께 가는 활동이었지만 유독 그는 산에 가면 마음이 편해졌다. 이후 사회에 나와서도 직장일이 힘들 때면 자주 산에 올랐다. 많이 힘들면 배낭을 메고 무작정 지리산으로 가는 버스를 탔다.

혼자서 지리산을 오르다 보면 마음을 괴롭혔던 문제들이 자연스럽게 해결되었다. 그의 젊은 날에 산은 휴식의 공간이었다. 그리고 2008년, 30대 후반이 되어 우연히 암벽등반을 접하게 되었다.

"조금은 늦은 나이에 실내암장을 다니기 시작했습니다. 주말이나 공휴일엔 암장 동료들과 자연암벽도 등반했어요. 워킹산행만 하다가 암벽등반을 알게 되면서 더욱 산의 매력에 매료되었죠."

그때부터 그는 마음 맞는 선후배들과 산악회를 만들고 암벽등반에 더욱 빠져들었다. 취미로 등반을 즐기던 그는 조금 더 전문적인 등반에 도전해 보고 싶었다.

"광주산악구조대에 준대원으로 들어갔습니다. 전문등반에서 사용하는 기술을 많이 배웠습니다. 등산대회에 참가하기 위해 대원들과 같이 훈련하면서 더 다양한 등반기술을 배우고 싶다는 열망이 꽃피었습니다. 그래서 2011년부터 2015년 사이에 전국의 등산교육 및 강습, 등산대회를 찾아다니고 참가했습니다."

2011년에는 대한산악구조협회가 중국 쓰촨성 쓰쿠냥산 일원에서 개최한 한·중·일 합동훈련에 참가하면서 처음으로 고산등반을 경험했다. 3,000m급 산에서 등반훈련을 하는 것은 고된 일이었지만 한창 등반에 대한 열정이 불타오르던 그에게는 너무나 즐거운 '놀이'였다. 이 훈련은 그에게 또 다른 세상이 있다는 걸 깨닫게 해 그 이후로 다수의 해외원정을 가는 계기가 되었다.

'경험이 최고의 스승'이라고 했던가. 스스로 목표를 세워 배운 그의 등반실력은 일취월장해 있었다. 그리고 해외원정의 경험도 많아졌다. 그는 가장 기억에 남는 원정으로 2014년 중국 쓰촨성 뤄더만인 등반을 꼽는다.

"한국 초등 등반이었습니다. 거의 개척산행이었죠. 길을 찾고 등산로를 만들기 위해 몇 번씩 정찰하고 길이 아니면 되돌아오는 일을 계속 했어요. 배낭 무게를 최소화하기 위해 텐트와 침낭을 작은 것으로 들고 갔죠. 당연히 밤에 잠잘 때 텐트는 비좁고 침낭은 부족했죠. 캠프1에서 3~4인용 텐트에 5명이 들어가 침낭 3개로 잤는데, 너무 불편해 거의 뜬눈으로 밤을 샜어요."

캠프2로 가는 도중에는 더 큰 고생이 기다리고 있었다.

"남벽에서 북벽으로 넘어 서니 갑자기 바람이 거세지더라고요. 그래서 배낭에서 방풍 재킷을 꺼내려고 했는데, 그 순간 식량봉투가 빠져서 까마득한 설벽 아래로 떨어져 버렸죠. 바람은 눈보라로 바뀌고 있었어요. 같이 등반하던 영룡이와 상수는 하산하자고 하는데, 저는 이왕 여기까지 온 거 끝까지 올라가자고 했어요."

내려갈 힘도 없었거니와 능선을 50m 정도만 더 오르면 야영지가 나올 것 같았다. 힘을 쥐어짜

경남 사천 진널해벽을
등반하는 민현주.

능선에 올라서서 20m 정도 되는 칼날능선을 가로지르니 다행히 야영하기 괜찮은 곳이 나왔다.

"눈보라를 맞으며 텐트를 설치했지만 식량이 없어서 겨우 행동식과 차로 허기를 달랬죠. 하필 침
낭도 가벼운 것 한 개뿐이었어요. 그야말로 춥고 배고픈 밤이었죠. 그렇게 이틀 동안 밤을 보내고 나
서야 구름 한 점 없는 푸른 하늘로 바뀌더군요."

생활의 터전이자 일터가 된 산

지금 생각해도 아찔한 상황이었지만 그는 이에 굴하지 않고 다음해 미국 앨버트 마운틴(4,401m)을
등반하는 등 해외원정을 이어나갔다.

"원정을 다니기 위해서 직업을 바꾸었어요. 직장에 얽매여 있으면 제가 원하는 시간을 만들 수
없으니까요. 좀 더 자유롭게 일할 수 있는 일용직을 많이 했어요. 고층 안전망, 데크 설치, 인테리어,
실내외 암벽장 관리 등을 했어요. 한때는 식당을 차려볼까 해서 호텔조리학과에 다니면서 음식 공부
도 2년 정도 했는데, 식당을 하면 내 시간이 없을 것 같아서 포기하고 아르바이트로 조금씩 하고 있습
니다."

최근에는 코로나 때문에 산에서 하는 행사나 교육이 적어서 일을 더 많이 하고 있다. 그의 아내는
요즘 그가 산을 가지 않고 집에서 집안일을 모두 처리해 주니 산에 아예 못 다니게는 하지 않고 적당
히 다니라고만 한다.

(위,왼쪽)2014년
중국 쓰촨성
뤄더만인을 오르고
있다.
이 등반은 한국
초등으로, 그가
가장 기억에 남는
원정으로 꼽는다.

"처음 저에게 산은 최고의 휴식처였지만 이제는 생활의 터전이자 일터가 되었습니다. 남들은 산에서 일하면 힘들지 않느냐고 묻는데, 저는 마냥 편하고 행복합니다. 얼마 전에도 12명을 데리고 울릉도로 3박4일 동계등반을 다녀왔어요. 서로 존중하고 배려하면서 등반 후에도 즐거운 추억으로 남을 수 있는 등반을 계획하고 이끌어 주는 역할을 하고 싶어요."

이처럼 그에게 '알피니즘'이란 '즐겁고 행복한 등반'이다.

"얼마 전까지만 하더라도 저는 산에 가면 반드시 정상에 올라가야 하는, 앞만 보고 다니는 등반을 했습니다. 하지만 학생들과 극기체험 등반을 시작하면서 앞뿐만이 아닌 옆을 보고, 정상이 아닌 능선의 아름다움을 보게 되었습니다. 천천히 여유를 가지며 등반을 하는 것이 더 즐겁더라고요. 같이 가는 마음으로 제가 조금 더 움직이고 상대방을 좀 더 배려하면 좋은 등반으로 마무리되더군요. 앞으로도 산에서의 휴식을 즐기며 화내지 않고, 서로 다투지 않으며 즐겁게 동료들과 함께 오랫동안 등반을 하고 싶습니다."

산은 아는 만큼 안전해진다

그는 대한산악구조협회 구조강사, 대한적십자사 응급처치법 · 산악안전법 강사로 활동했다. 그는 "내가 산에 대해 아는 만큼 산은 더 안전하다"고 말한다.

"우리나라의 산은 접근성이 아주 좋습니다. 걸어만 다닐 수 있으면 어린이부터 노인까지 산에 오

를 수 있습니다. 하지만 수직의 산은 위험합니다. 높이 올라갈수록 산의 환경이 급격하게 바뀝니다. 특히 날씨의 변화가 심해 이것에 대처하지 못하면 바로 사고가 납니다. 동네 뒷산이라 하더라도 등산에 필요한 기본적인 장비와 보온 옷은 꼭 챙겨 다니는 문화를 만들어야 합니다. 멋도 중요하지만 안전이 최우선이죠."

그는 현재 대한산악연맹에서 환경보전 이사로 활동하고 있다. 올해에는 등산로에 무분별하게 설치된 등산리본을 제거하는 프로젝트를 계획하고 있으며, 등반가로서 코로나가 끝나면 중국에서 고산 빙벽등반을 하고, 키르기스스탄에서는 트레킹을 할 행복한 꿈을 꾸고 있다.

중국 쓰촨성
뤄더만인
베이스캠프에서
대원들과.

1 산을 통해 인생관이 바뀌었나? 바뀌었다면 그 이유는?
산을 다니면서 공부를 많이 한 것 같다. 산을 알면 알수록 더
아름답고 안전했다.

**2 정상이 눈앞에 있고, 나는 삶과 죽음의 경계에 있을 때
어떤 선택을 하겠나?**
산은 계속 그 자리에 있기에 나는 뒤돌아 내려올 것이다.
무리해서 등반하면 정상에 갈 수는 있지만 내려오긴 힘들다.
산은 즐기면서 최선을 다하는 것이다. 내가 만족하면
그 자리가 정상이다.

3 산에서의 특별한 버릇 같은 것이 있다면?
모든 것에 솔선수범한다. 내가 더 움직이면 팀이 재미있게
등반할 수 있다.

4 파트너를 선택하는 조건은 무엇인가?
기술보다는 생각이 비슷하면서 소통이 잘되는 파트너.

5 자신이 생각하는 최고의 등반(좋은 등반)이란?
같이 간 모든 동료가 안전하게 집으로 돌아오는 등반.

6 가장 감명 깊게 읽은 책이나 영화, 음악 등은?
영화 〈K2〉

**7 외국과 비교했을 때 한국 알피니스트로서 장점과
부족한 점은?**
장점은 과감한 행동력과 상황 대처력. 부족한 점은
여유가 부족한 것.

8 "이제 산악회는 죽었다"는 말에 대해 어떻게 생각하나?
맞다. 인터넷의 발전으로 정보를 쉽게 구할 수 있고 경험도
쉽게 공유하는 시대의 변화에 적응이 필요하다.

9 현재 히말라야의 상황을 어떻게 보고 있나?
체력과 준비를 적게 해도 되는 가이드 만능주의로 흐르고 있다.

10 본인이 생각하는 알피니스트의 기준은?
정상도 중요하지만 팀과 동료를 생각하는 마음이 커야
하지 않을까.

11 한국 산악사에서 최고의 등반을 꼽는다면?
1998년 공가산 등반.

12 현재 한국산악계에 가장 부족한 것은 무엇일까?
산악회 및 산악인에게 기부행사 및 기부금이 다른 선진국에
비해 너무 적다.

**13 한국적 알피니즘, 한국의 산악계와 산악인들이
30년 후에 어떻게 변해 있을 것으로 예상하나?**
명맥만 유지하고 있을 듯. 스포츠클라이밍이 대세인 세상일
것이다. 알피니즘보다는 능력 위주의 시대가 오지 않을까.

실패의 두려움을 이겨내고
피츠로이에 오르다

소속	메드아웃도어
1997~2002	정승권등산학교 강사
2000	미국 요세미티 조디악 등반
2000~03	설악산 빙벽대회 3연패
2001	미국 요세미티 노즈, 탠저린트립, 조디악 등반
2002	북미 데날리(6,194m) 등반
2006	유럽 알프스 산군 등반(그랑조라스 외 다수)
2008	파키스탄 트랑고타워 네임리스 등반(이터널프레임루트)
2011	유럽 알프스 산군 등반(그랑카푸친 외 다수)
2012	남미 파타고니아 피츠로이(3,405m) 등정(프랑코아젠틴루트), 한국산악회 김정태상 수상
2013	파키스탄 트랑고타워 네임리스 등정(이터널프레임루트)
2014	대한산악연맹 고산등반상 수상

"자연은 무궁무진하고, 거기서 에너지를 얻을 게 너무 많아요.
앞으로도 지금까지 해왔던 것처럼 행위의 형태를 구분하지 않고 다양한
방법으로 자연을 즐기고 싶어요. 등반이 될 수도, 자전거가 될 수도,
트레일러닝이나 또 다른 무언가가 될 수도 있겠죠."

채미선은 산 밑에 산다. 그녀를 만나려면 도봉산 입구 아웃도어 장비 매장으로 가면 된다. 그녀는 성인이 된 이후 줄곧 산에서 등반을 하며 여성 토털 클라이머로서의 삶을 살았다. 당연히 태어난 곳도 산 밑일 것 같지만 사실 그녀는 바닷가 마을에서 태어났다.

전남 장흥군 대덕면 바닷가가 고향인 그녀는 고교시절 태권도 선수로 활약하며 대회 우승을 차지할 정도로 운동에 소질이 있던 소녀였다. 그리고 1992년 서울로 올라오면서 산을 알게 되었다.

"서울에 살던 막내 고모가 등산을 자주 다니셨어요. 서울 와서 2월 즈음에 고모랑 처음으로 북한산에 갔었죠. 그게 서울에서 첫 등산 경험이었어요."

서울의 산은 그녀에게 놀이터가 되어주기도, 쉼터가 되어 주기도 했다. 3년 정도 워킹산행을 다니다 보니 암벽등반에도 호기심이 생겼다. "저렇게 바위를 오르려면 어떻게 해야 하나요?"라며 묻고 다니면서 마음 맞는 사람들끼리 모여 리지등반하던 실력으로 암벽등반을 조금씩 시작했다.

그렇게 그녀는 인수봉 아미동길에서 머리를 올렸다. 그런데 기쁨보다는 실망이 더 컸다.

"저는 생각보다 제가 등반을 되게 잘할 줄 알았는데 전혀 아니더라고요. 너무 겁을 먹고 실력도 모자랐어요. 슬랩에서 벌벌 떨던 게 자꾸만 생각나서 스스로 실망을 많이 했어요. 한편으론 '도대체 이 세계가 뭐지?'라는 오기도 좀 생겼어요."

1994년, 그녀는 마치 드라마 스토리처럼 자연스럽게 '운명'을 만나게 된다. 그녀는 좀더 산 가까이에서 살고 싶다는 생각으로 수유리로 이사를 하게 되었는데, 마침 집 근처에 '정승권등산학교'가 있었던 것이다.

"같이 등반하던 친구들이 '더 깊이 암벽등반을 배우고 싶으면 저기에 들어가면 된다'고 하더라고요. 집에서 가깝고 해서 들어갔어요. 그리고 거기에 있던 출중한 선배들 덕분에 저의 인생이 더욱 산 근처로 다가서게 되었죠."

경기등반에서 탁월한 실력 발휘

'초짜' 신입생에게 하늘같은 선배들이 늘어놓는 '무용담'들은 너무나 재미있는 이야기였다. 어떻게 산에 다녔고, 어떤 등반을 했는지 귀를 쫑긋 세우고 듣다 보면 시간 가는 줄을 몰랐다. 그런 모습에 선배들은 이 '귀여운' 후배를 더욱 아끼면서 등반기술 하나라도 더 가르쳐 주려고 했다.

"후에 해외원정을 가서 동료들과 이런저런 이야기를 하잖아요. '너 산에 어떻게 오게 됐어?' '어쩌다 등반하게 됐어?' 이런 이야기들을 풀다 보면 제 나이 또래 친구들은 거의 대부분 20대에 자기 자신에 대한 혼란기를 겪었던 것 같아요. 학교를 졸업하고 사회에 나오면서 나의 진로, 나의 삶 같은 걸 고민하다가 자연스럽게 산으로 갔는데, 그게 운명이 되어 제 인생에 너무 많은 것들을 얻은 것 같아요."

좋은 선배들을 만나면서 그녀의 실력은 일취월장했다. 스포츠클라이밍뿐만 아니라 자연스럽게 암·빙벽 등반과 거벽, 고산 등반까지 섭렵했다.

"당시에는 그런 영역이 없었죠. 선배들은 당연히 편견 없이 이 모든 것을 할 줄 알았고, 심지어 모든 걸 잘했어요. 그런 선배들 밑에서 배울 수 있었던 저는 참 행운이라고 생각해요."

그녀는 1998년 제3회 토왕폭 빙벽대회에서 3위에 오른 것을 시작으로, 이듬해에는 같은 대회에서 2위, 1999년과 2001·2002년에는 우승을 차지하고, 이어 중국에서 열린 국제 빙벽등반대회에서도 우승을 차지하며 우리나라를 대표하는 여성 클라이머로 떠올랐다. 이처럼 경기등반에서 출중한 능력을 보여 주던 그녀는 어느 날부터인가 대회에서 모습을 나타내지 않았다.

"제 성격이 원래 경쟁을 잘하지 못하는 면이 있어요. 스포츠는 필연적으로 경쟁을 해야 하는데 그런 것에서 스트레스를 좀 받았죠. 그래서 좋은 성적을 내도 즐겁지가 않았어요. '이걸 해서 내가 과연 추구하는 게 뭐지?'라는 생각이 들었죠. 저한테 맞지 않는 옷이었어요. 그래서 경기등반은 더 이상 나가지 않았어요."

그녀는 다른 사람과 경쟁하는 것보다 대자연 속에서 자기 자신과 싸우는 행위가 더 즐거웠다. '경쟁'이라는 부담을 버리니 다시 산에 가는 게 행복해졌다.

그녀의 첫 해외원정은 2000년이었다. 원래 후배이자 친구인 이명희와 해외원정을 가려 했지만 그녀의 비자가 나오지 않아 무산되고, 이듬해 김세준, 김점숙과 함께 요세미티 엘 캐피탄El Capitan 조디악Zodiac으로 향했다.

"처음 간 해외원정이니 설레기도 하고 신기하기도 했어요. 근데 사실 많이 어리고 미숙했죠. 조디악 7피치까지 올라가서 물통이 터져버렸어요. 홀링해서 올리다 보니 바위에 부딪히면서 터진 거죠. 어쩔 수 있나요. 도로 내려가서 다시 준비해서 올랐죠.

원래 계획은 조디악을 빨리 하고 다른 코스를 등반하려고 했는데, 체류기간이 정해져 있다 보니 조디악만 끝내고 와야 했죠."

여성원정대로 세계를 누비다

첫 해외원정은 조금 아쉬웠지만 그녀에게 더욱 큰 세상을 열어준 열쇠와 같았다. 2001년에는 김점숙, 오경아와 함께 요세미티 노즈Nose, 탠저린트립Tangerine Trip, 조디악을 등반하고, 2002년에는 북미 알래스카 데날리(6,194m)를 올랐다. 그리고 2006년에는 김점숙, 김동애, 이명희와 함께 한국 여성원정대 최초로 그랑드 조라스Grandes Jorasses(4,208m) 북벽을 등정했다. 이 등반은 알프스 3대 북벽 중 기술력을 가장 필요로 하는 혼합거벽을 여성 클라이머들만의 힘으로 등반해 냈다는 점에서 산악계의 높은 평가를 받았다.

"여성들만 가서 더 힘들지 않았냐고 많이 물어봐요. 물론 힘들기는 하죠. 그건 혼성등반도 마찬가지예요. 대신 정말 재미있게 등반하고 왔어요. 여성대원들은 모두가 일 번이 되고 마지막이 되어야 해요. 혼성등반가 1번, 2번, 3번… 이렇게 나열되는 것과는 달라요. 서열보다는 모두 동등한 입장에서 등반을 한다고 할까요. 그래서 마음이 더 편했어요. 등반도 성공적으로 많이 하고 왔고요."

2008년에는 김점숙, 김동애, 박정수와 함께 '클라이머의 로망'인 트랑고 네임리스 타워Nameless Tower(6,239m)로 향했다. 멤버도 좋고 날씨도 좋았으나 등반은 실패로 끝났다. 거벽의 기운에 압도되었고, 고소증세를 호소하는 대원도 나왔다. 아쉬운 실패였으나 채미선은 이 실패를 "등반인생에서 가장 행복한 실패였다"고 말한다.

그녀는 이후로도 여성원정대로서 원정을 이어갔다. 2011년에는 이명희, 한미선, 서화영, 김영미와 함께 '2011 Woman Alps Fun Expedition'을 꾸려 유럽 알프스 산군을 등반하고 왔다. 2012년에는 이명희, 한미선과 함께 '한국산악회 파타고니아 원정대'를 꾸려 파타고니아 피츠로이Fitz Roy(3,405m)를 올랐다. 아시아 여성원정대로서는 처음이었다.

"2008년 트랑고타워에서 실패했었기에 피츠로이 등반을 성공할 수 있었어요. 1~2년 동안 실패의 원인을 계속 곱씹었으니까요. 원인을 찾았어요. 벽에 대한 두려움이 아니었어요. 바로 '나에 대한 두려움'이었죠. 실패할까봐 두려웠던 거죠. 그걸 이겨냈기에 피츠로이를 등정할 수 있었어요."

2011년 유럽 알프스
산군 원정 당시.

무궁무진한 산…변함없이 즐길 것

해외를 넘나들며 거벽과 고산을 오르던 그녀는 어느 순간 등반보다는 자전거를 열심히 타다가 요즘은 트레일러닝의 매력에 푹 빠져 있다.

"자연은 무궁무진하고, 거기서 에너지를 얻을 게 너무 많아요. 앞으로도 지금까지 해왔던 것처럼 행위의 형태를 구분하지 않고 다양한 방법으로 자연을 즐기고 싶어요. 등반이 될 수도, 자전거가 될 수도, 트레일러닝이나 또 다른 무언가가 될 수도 있겠죠."

그녀는 "어떤 목표를 정하고 경쟁하며 이루기보다는 그냥 즐기면서 하는 게 좋다"고 말하면서 환하게 웃었다. 그녀는 산과 만난 이후 아직까지도 변함없이 연애 중인 행복한 사람이었다.

1 산을 통해 인생관이 바뀌었나? 바뀌었다면 그 이유는?
인생관이 바뀌었다기보다는 산을 통해서 삶의 안정을 찾았다는
게 맞을 듯하다. 산이 주는 에너지는 나를 긍정적인 사람으로
만들었고 정서적으로도 안정을 찾았다.

**2 정상이 눈앞에 있고, 나는 삶과 죽음의 경계에 있을 때
어떤 선택을 하겠나?**
쉽지 않은 결정이다. 두려움이 앞선다면 포기할 것 같고,
이겨낼 만큼의 에너지가 있다면 정상을 향해서 갈 것 같다.
물론 등반 파트너의 마음도 같아야 한다.

3 파트너를 선택하는 조건은 무엇인가?
등반을 향하는 마음이 나와 일치해야 한다고 생각된다.

4 자신이 생각하는 최고의 등반(좋은 등반)이란?
좋은 파트너와 함께하는 등반.

5 자신이 가장 영향을 받은 인물은?
여러 사람들에게서 등반의 영향을 받았지만, 특히 스테프
데이비스Steph Davis를 좋아한다.

6 가이드 등반을 어떻게 평가하나?
부정적인 편이다. 등산이든 등반이든 자신의 의지와
힘으로 올라야 한다고 생각한다.

7 평소 컨디션 관리와 트레이닝 방법은?
계절마다 컨디션 및 트레이닝 방법을 다르게 한다.
등반하기 좋은 봄 · 가을 시즌은 좀 많이 움직이는 편이고,
실내암장, 암벽등반 외 트레일 러닝을 많이 한다. 더운 한여름과
겨울 시즌은 웨이트 트레이닝 및 재활에 집중하는 편이다. 평소
컨디션을 위해 잠을 푹 자는 편이다.

8 가장 감명 깊게 읽은 책이나 영화, 음악 등은?
최근에 본 드라마 '비밀의 숲'과 '나의 아저씨'가 재미있었다.
음악은 비발디의 '사계' 중 '겨울'을 좋아한다.

9 "이제 산악회는 죽었다"는 말에 대해 어떻게 생각하나?
시대의 변화에 또 다른 진화를 하고 있다고 생각한다.
산악회에서 중요시되었던 회칙이나 규율보다는 좀더 자유롭고
편리한 카페나 크루의 모임들이 또 다른 형태의 문화를
만들어갈 것이라고 생각된다.

10 본인이 생각하는 알피니스트의 기준은?
안락함과 편리함보다 불편하고 불안정한 등반을 추구해 가는
사람들.

11 현재 한국산악계에 가장 부족한 것은 무엇일까?
일 년에 한 번쯤 등반 관련 세미나, 토론 및 등반보고회 형식의
장이 마련되면 좋겠다.

**12 한국적 알피니즘, 한국의 산악계와 산악인들이
30년 후에 어떻게 변해 있을 것으로 예상하나?**
급변하는 한국 사회의 30년 후를 예측하기란 솔직히 너무
어렵다. 산을 좋아하고 등반을 사랑하는 사람이라면 여전히
그 속에 있지 않을까 생각된다.

Index

유학재   012

구은수   022

박정용   032

안치영   042

박희용   052

장헌무   062

천준민   072

윤욱현   082

손정준   092

최석문   102

강성규   112

이영준   122

전용학   132

조벽래   142

김진석   152

배경미   162

우석주   172

유석재   182

오영훈   192

김영미   202

INDEX

박명원   **212**

김점숙   **222**

민규형   **232**

문종국   **242**

최강식   **252**

주유혁   **262**

김세준   **272**

김주형   **282**

구교정   **292**

이명희   **302**

김성기 **312**

박미숙 **322**

양유석 **332**

강정국 **342**

민현주 **352**

채미선 **362**

Beyond
the
Ridge

한국의 알피니스트 아직 살아 있다

초판 1쇄 2022년 3월 25일

발행인 이동한
편집장 이재진
에디터 신준범 손수원 윤성중 서현우
디자인 김정웅
교열 박인이
사진 황문성, C영상미디어
광고 김성용
편집 02-724-6761~4

발행처 조선뉴스프레스
(03909)서울 마포구 상암산로 34 디지털큐브 13층(상암동)
등록 2001년 1월 9일 제301-2001-037호
출력 · 인쇄 · 제본 (주)조광프린팅 02-830-3671~9

값 25,000원
ISBN 979-11-5578-492-1